检察监督案例解析

秦前红　黄明涛 / 主编

法律出版社
LAW PRESS·CHINA
北京

图书在版编目(CIP)数据

检察监督案例解析 / 秦前红, 黄明涛主编. -- 北京:
法律出版社, 2023

ISBN 978-7-5197-7739-5

Ⅰ. ①检… Ⅱ. ①秦… ②黄… Ⅲ. ①检察机关-司
法监督-案例-中国 Ⅳ. ①D926.35

中国国家版本馆 CIP 数据核字(2023)第 053086 号

检察监督案例解析
JIANCHA JIANDU ANLI JIEXI

秦前红 黄明涛 主编

策划编辑 沈小英
责任编辑 杨大康 刘晓萌
装帧设计 汪奇峰

出版发行 法律出版社
编辑统筹 法治与经济出版分社
责任校对 王 丰
责任印制 吕亚莉
经 销 新华书店

开本 710 毫米×1000 毫米 1/16
印张 15.5 **字数** 256 千
版本 2023 年 6 月第 1 版
印次 2023 年 6 月第 1 次印刷
印刷 北京盛通印刷股份有限公司

地址:北京市丰台区莲花池西里 7 号(100073)
网址:www.lawpress.com.cn
投稿邮箱:info@lawpress.com.cn
举报盗版邮箱:jbwq@lawpress.com.cn

销售电话:010-83938349
客服电话:010-83938350
咨询电话:010-63939796

书号:ISBN 978-7-5197-7739-5
定价:96.00 元

凡购买本社图书,如有印装错误,我社负责退换。电话:010-83938349

作者简介

（按篇章顺序）

秦前红（主编之一），武汉大学法学院教授，武汉大学社会科学学部学术委员会委员，法学博士（武汉大学），最高人民检察院检察理论研究基地“武汉大学行政检察研究中心”主任，《法学评论》主编，教育部长江学者奖励计划特聘教授，担任中国法学会法学期刊研究会副会长等多项学术职务。出版专著20余部，发表学术论文近百篇，主持国家社科基金重大项目、重点项目、教育部人文社科研究专项任务项目、最高人民检察院理论研究重大项目多项，参与《立法法》《监察法》《人民检察院组织法》《检察官法》等多部法律立法修法专家咨询论证工作，有关资政报告多次获党和国家领导人批示。荣获教育部第八届高等学校科学研究优秀成果奖（人文社科）一等奖，最高人民检察院全国检察基础理论研究优秀成果二等奖，第一届、第二届、第三届“方德法治研究奖”一等奖，湖北省第十三届社会科学优秀成果奖二等奖。

刘洋，湖北省人民检察院第八检察部副主任，三级高级检察官，法学硕士（中国政法大学）。2015年7月以来从事公益诉讼检察工作，承办的天门市检察院诉拖市镇政府行政公益诉讼案入选最高检指导性案例，宜昌西陵区检察院诉利川市林业局行政公益诉讼案被最高法评为服务保障新时代生态文明建设十大典型案例。2021年被评为全国公益诉讼检察人才、湖北省公益诉讼检察业务专家。

肖哲西，湖北省随州市人民检察院第五检察部四级检察官助理，法学学士。在《人民检察》（湖北版）发表多篇文章，曾荣获2020年全省检察理论研究优秀成果三等奖、优秀论文学术新锐奖。参与撰写的多篇案例先后被评为2020年省院食药领域典型案例、最高人民检察院公益诉讼检察服务乡村振兴助力脱贫攻坚典型案例、省院“司法为民”八件实事典型案例。

黄明涛(主编之一),武汉大学法学院教授,法学博士(武汉大学),入选湖北省首届青年拔尖人才计划。现任最高人民检察院检察理论研究基地“武汉大学行政检察研究中心”副主任,兼任《法学评论》编辑、中国法学会宪法学研究会秘书处副秘书长、湖北省法学会地方立法研究会秘书长。主要研究领域为宪法基础理论、检察制度、比较宪法、一国两制与港澳基本法。出版专著4部,在《中国法学》等学术期刊发表论文40余篇,资政报告曾获政治局常委批示,荣获最高人民检察院2020年度全国检察基础理论研究三等奖。

陈家勋,华南理工大学法学院副教授,法学博士(武汉大学)。主要研究领域为检察学、行政监督,在《现代法学》《华东政法大学学报》《行政法学研究》等学术期刊发表文章数篇,参与编写《中国行政检察发展报告》《检察制度基础理论研究》等著作,荣获最高人民检察院2020年年度全国检察基础理论研究三等优秀作品奖。

张洋,陕西省人民检察院第九检察部四级高级检察官,法学硕士(武汉大学)。全国“法治进校园”巡讲团讲师、全国维护妇女儿童权益先进个人、陕西省检察业务专家、陕西省政法英模等多项荣誉称号获得者。在《人民检察》《中国检察官》等国家级期刊发表多篇文章,先后荣获中国法学会未检专业委员会一等奖、全省政法调研成果一等奖等奖项,《关于陕西省监督落实“一号检察建议”的报告》曾获最高人民检察院和省委主要领导的批示肯定。

陈云衢,中共湖北省委政法委员会干部,法学硕士(武汉大学)。曾在法院、检察院刑事检察部门工作11年,撰写多篇论文,参与编写《刑事错案预防与纠正机制研究》等多部著作。

韩树军,珠海市香洲区人民检察院检察长,三级高级检察官,法学博士(武汉大学），广东省检察业务专家。主持完成最高人民检察院、广东省人民检察院多项课题。

刘忆冰，珠海市斗门区人民检察院五级检察官助理，法学硕士（中南财经政法大学）。

余响铃，四级高级检察官助理，法学硕士（武汉大学）。广东省“青年讲师团”讲师、“五一劳动奖章”获得者，《检察日报》“检察新语”专栏作者，广东省检察官学院兼职教师。在《学习时报》《中共中央党校学报》《新华文摘》等期刊发表论文60余篇，主持并执笔最高人民检察院、省检察院课题13项。荣获最高人民检察院应用理论优秀成果评选全国一等奖、广东省检察学理论年会一等奖等40余项奖励，在两级检察院共办理各类刑事案件500余件。

石泽华，武汉大学法学院讲师，法学博士（武汉大学）。主要研究领域为宪法学、监察法学和司法制度。在《法学》《法学论坛》《中国法律评论》《行政法学研究》《国家检察官学院学报》《武汉大学学报（哲学社会科学版）》等学术期刊发表文章10余篇，数篇被《中国社会科学文摘》、《新华文摘（数字版）》、中国人民大学书报资料中心《复印报刊资料》转载。获2020年年度全国检察基础理论研究优秀成果奖二等奖、2016年湖北省法学会宪法学研究会优秀论文一等奖等。

赵溢鑫，南阳师范学院法学院讲师，校长办公室副主任兼法制办主任，法学博士，武汉大学法学院博士后。兼任河南省教育厅法律服务专家库成员、河南省南阳市人民代表大会法律专家咨询委员会委员等。在核心期刊发表多篇文章，主持完成最高人民检察院、省社科规划项目等多项省部级课题。

序

2018年以来,我国检察制度开启了新一轮的改革。在《宪法》完成最新一次修改,将人民代表大会制度下的"一府两院"国家机构基本架构发展为"一府一委两院"的新架构之后,各级人民检察院更自觉地担当起了法律监督机关的角色,于是,有着鲜明中国特色的法律监督制度也迎来了具有历史意义的新发展、新局面。

目前,根据党中央的决策部署,在最高人民检察院的统一筹谋之下,各级检察机关已经完成了内设机构的改革与业务范畴的重组,形成了"四大检察"的基本工作格局。在这个新格局的形成过程中,刑事检察工作在职能调整之后得到继续巩固和加强,民事检察、行政检察和公益诉讼工作则需要主动把准时代脉搏、深挖制度潜能、创新工作机制,以便补齐过往检察实践之中的"相对短板",更好地发挥检察机关独有的法律监督功能。

检察机关法律监督职能的发挥,仍然是依靠办案,这是由我国检察机关的宪法定位、机构属性、业务专长所决定的,也是这次检察制度改革所坚持的正确路径。正所谓"在办案中监督,在监督中办案"。办案既是检察机关履行法律监督职责的基本手段,也是彰显法律监督效用的重要途径。在"四大检察""十大业务"的工作格局下,检察机关只有不断加大办案力度,才能在案件办理中找准法律监督着力点,精准履行法律监督职责。同时,要敢于监督、善于监督,也就是要把监督落实到每一个办案环节,在办案中发现执法司法中的违法线索和问题,发现社会治理中的顽症痼疾,有效延伸办案效果,把法律监督做细做实。

为了实现各级检察机关的高质量、高水平办案,确保法律统一正确实施,需要制度层面的多管齐下、多头并举。除必须始终坚持检察队伍的专业化建设方向,从理论素养、知识结构、监督意识等方面不断强化广大检察干警,尤其是一线检察官的办案能力之外，检察案例也发挥着极为重要的作用。时任最高人民检察院检察长张军在2019年就指出，要"增强案例意识，总结、制发好指导性案例，用案例统一制发思想和司法尺度"。事实上，经过严格遴选而确立为指导性案例的检察案例，能够发挥统一办案尺度、提升办案能力、开拓办案领域等多方面的基础功能。可以说，案例制度既是检察能力提升的制度保障，也是检察制度本身的构成要素。用好检察案例，发挥指导性案例和其他典型案例、精品案例的示范作用，是我国检察监督工作的重要课题、长期课题。

用好检察案例，需要我们同时做好两方面的工作。一方面，是案例的整理、遴选和权威传播；另一方面，是对案例本身的研究、学习。案例制度实际上必须包含这两个方面，并且两者之间是互为支撑、相辅相成的关系。好的案例，来自检察监督工作的实践。对案例加以严谨、科学、有针对性地遴选，乃至经过既定程序最终确定为指导性案例，可以发挥案例的最大效用。在这整个过程中，对案例本身的研究都是须臾不可或缺的。实际上，典型案例对于检察监督疑难问题的破解意义、对于类案办理的启示意义，甚至对于进一步制度完善的探索意义，都需要对案例做及时地研究、持续地研究、深入地研究，才能清晰地展现出来。从某种意义上讲，缺乏对检察案例的研究，也就不可能有真正科学有效的检察案例制度。因此，在人民检察制度正迈向新时代的新发展阶段时，不断加强检察案例研究工作，确实是大势所趋、时代所需。

我国法学界历来重视检察制度研究，学术成果丰硕。自2018年以来的检察制度改革进程中，理论界与实务部门之间精诚合作，续写着检察研究的新篇章。为加强对新时代检察机关法律监督工作的学术支持、智力支持，最高人民检察院于2019年开始授牌设立"检察理论研究基地"，武汉大学行政检察研究中心是首批基地之一。遵循着"以案例研究推动检察监督理论建设"的宗旨，我中心在精心策划、严格拣选的基础上，推出这部检察案例解析专书，希望为新时代的检察案例研究工作和检察案例制度的进一步健全完善，做一点探索或铺垫的工作。

本书的主要特点如下。

第一，案例选编强调权威性。入选本书的检察案例，绝大多数都是近年来最高人民检察院发布的指导性案例（案例中部分当事方名称存在化名或技术性处理）。这保证了案例本身具有很强的典型意义、指导意义，对这些案例进行深入研究、解析,有利于理论与实践之间的紧密结合,并且也有利于确保理论研究遵循着正确的方向前进。

第二,案例解析突出学术性。与目前公开出版的其他案例研究成果相比,本书的写作方法力求突出学术性。每一篇案例解析在结构上分为“摘要及关键词”“案情与程序”“检察机关履职情况”“类案学理研讨”“规范与文书”五个部分,并且在篇幅安排上向“学理研讨”倾斜,最大限度地深挖个案背后所反映的检察监督在理论基础、制度定位、改革方向等方面的问题。

第三,写作团队体现实用性。参与本次案例解析写作的作者,既有任职于高校、科研单位的学者、专家,也有来自各级检察机关的业务骨干、一线干警。无论是理论界的作者,还是实务部门的作者,都是拥有法学专业的教育背景,这使本书能够做到兼顾理论前沿性与实践针对性,并且在专业水准、文字表达等方面值得信赖。

本书是武汉大学行政检察研究中心专门为检察案例研究编写的第一本案例解析。在编写过程中,我们得到了最高人民检察院第七检察厅、检察理论研究所的亲切关怀和指导,也得到了湖北省人民检察院以及全国各地多家检察机关的热忱协助和支持,在此特表感谢。希望本书的出版,能够为人民检察事业贡献一份学术力量,个中瑕疵错误在所难免,也诚恳地期待理论界与实务界所有关心检察制度发展的同仁不吝批评指正。

武汉大学法学院硕士研究生张绍娜、沈鹏飞参与了本书的编辑、统稿、校订工作。

秦前红　黄明涛

2023 年 3 月 6 日

内 容 提 要

一、湖北省某县水利局申请强制执行肖某河道违法建设处罚决定监督案

就违法建筑由谁强制拆除一事，某县人民法院与水利局均认为自己没有行政强制执行权。当地检察院对法院与水利局分别发出检察建议，要求某县水利局积极履行职责，强制拆除违法建筑物，恢复原状；还要求某县人民法院正确理解相关法律适用，建立非诉行政执行案件内部移送机制，避免要求行政机关二次申请现象再次发生。最终法院与行政机关理顺职责，案涉违法建筑物被顺利拆除。行政非诉执行检察一直是检察工作中的短板、弱项，检察机关办理相关监督案件时，应当准确把握法律授权规定，查明行政非诉执行的主体责任，严格界定强制执行权限，将具体职责正确分流至法院和行政机关，疏通行政执行义务相互推诿的症结。同时加强不同检察监督职能的互补并行，开展全面监督、多元化监督，形成叠加监督的良性效应，实质性化解行政争议，以保障人民权益。

二、B 公司诉 A 市住房和城乡建设局征收补偿认定纠纷抗诉案

针对关键事实证据存在变造嫌疑，当地市检察院及时开展多轮审查，谨慎甄别案涉材料，准确把握相关法律适用，其抗诉得到支持，法院审理后撤销了原行政判决，纠正了错误认定。国家利益损失也得以挽回。人民检察院对于行政诉讼案件裁判结果认为存在主要证据不足、适用法律、法规确有错误，且裁判结果将给国家利益、社会公共利益造成损害的，应当依职权进行监督，发挥能动作用。在履行监督职能时，检察院应当畅通线索来源，做好移送衔接，建立线索评估机制，扎实做好调查核实工作，完善核查程序。这既积极引领了社会法治意识，促进了依法行政，也维护了国家、公共利益，体现了人民检察院依法为民的高度政治站位。

三、吉林省白山市江源区卫生和计划生育局及江源区中医院行政附带民事公益诉讼案

吉林省白山市江源区中医院建设综合楼时存在多种污染行为，而江源区卫生和计划生育局未及时制止违法污染情况，当地检察院依法提起了行政附带民事公益诉讼，维护了公共利益。违法民事行为在违法行政行为的支持或放任下对公共利益造成损害，对此既需要解决行政行为的合法性问题，又要纠正违法民事行为，而由检察院提起行政附带民事公益诉讼的方式，为解决这一问题提供了平台，同时节约了司法资源，提升了办案效率。立案时，一般由行政机关对应的同级检察机关管辖，或者由该检察机关将案件交由管辖民事公益诉讼的基层检察机关办理；在提起诉讼时，办案机关应将案件移送给中级人民法院所对应的市人民检察院。在办案过程中，检察机关应保障诉前制度等检察程序的有效运行，并协调好两种公益诉讼诉前程序的畅通。最后检察机关在处理民行交叉问题时应保持一定的限度，优先处理行政公益诉讼检察工作，审慎对待民事公益诉讼检察。

四、齐某强奸、猥亵儿童案

齐某涉嫌强奸、猥亵儿童一案中，经过重审、再审，某省高级人民法院作出终审判决，而省检察院认为，该案适用法律错误，量刑不当，应予纠正，其抗诉得到了最高人民法院的支持，最终最高人民法院依法改判，维护了被害人的权益。在法律适用上，奸淫幼女型强奸罪"情节恶劣"加重情节的认定，应综合分析其实质危害性。对"在公共场所当众"猥亵儿童的判断，应从法规范的保护目的出发，对于人数较多、人员不固定、多数人随时进入、现场不具有排他性的场所可以认定为"公共场所"，再结合行为人的作案时间、手段、地点、次数、猥亵部位、猥亵人数等，综合判断"公共场所当众"是否"情节恶劣"，以及其应作为入罪情节还是量刑情节。此外检察院也应当立足检察职能参与社会治理，从严惩治侵害未成年人犯罪，助力形成未成年人保护大格局。在司法过程中严格审查证据，准确把握司法适用标准；依法提出抗诉，充分释法说理，同时要积极完善未成年被害人保护救助体系，推行"一站式"取证机制，建立教职工准入查询性侵违法犯罪信息制度和侵害未成年人案件强制报告制度等。

五、宣告缓刑罪犯蔡某等 12 人减刑监督案

在审查罪犯蔡某等 12 人宣告缓刑一案时，南京市人民检察院认为，南京市中级人民法院对没有重大立功表现的缓刑罪犯裁定减刑，违反了相关法律规定，南京市中级人民法院根据南京市人民检察院的纠正意见，分别裁定撤销原减刑裁定、原再审减刑裁定，对蔡某等 12 名缓刑罪犯不予减刑。减刑、假释、暂予监外执行等刑罚执行制度，在司法实践中容易滋生腐败、产生执法司法不公。而减刑撤销制度的缺失也滋生了一些法律漏洞。立法机关应当在调查研究和综合评估的基础上，结合减刑撤销案件的特点，制定"刑事执行法"，设置减刑考验期限，明确减刑撤销启动程序，构建减刑撤销的参与制度与审理程序、申诉程序，从而搭建起完善的减刑撤销制度。同时应明确检察机关在减刑撤销程序中的法律监督职权，通过完善检察机关的审核权，强化检察机关的纠正权与抗诉权，确保检察建议书与纠正违法通知书的强制执行力等，强化检察机关的法律监督职能，最大限度保证减刑监督的效果，杜绝在减刑过程中腐败现象的发生。

六、盛科公司污染环境刑事附带民事公益诉讼案

南京市盛科公司利用暗管向长江违法排放高浓度废水、废液，并利用篡改数据等方式逃避监管，造成严重环境污染。南京市鼓楼区人民检察院提前介入该案，开展多轮调查，提起刑事附带民事公益诉讼，并积极开展调解以确定被告人承担赔偿责任的数额、方式。现有行政法律法规所规定的处罚措施，难以覆盖重大污染事故造成的所有环境损害，而环保组织在重大环境污染案件公益诉讼中参与程度不高，这些都体现了检察机关对重大环境污染案件提起刑事附带民事公益诉讼的必要性及优势所在，本案中检察机关的刑民一体取证办案、参与法庭调解创新责任承担方式、行政公益诉讼与刑事附带民事公益诉讼协同并举参与社会治理等诸多可借鉴经验，为检察机关办理生态环境损害刑事附带民事公益诉讼提供指引。

七、刘某某贩卖毒品抗诉案

针对刘某某涉嫌贩卖毒品一案，广州市中级人民法院一审以证据不足、事实不清为由判决刘某某无罪。随后，广州市人民检察院通过积极寻找新证据，深入实践

复核关键证据,争取上级支持等措施,最终成功抗诉。广东省高级人民法院作出终审裁判:撤销原判决,判处原审被告人刘某某犯贩卖毒品罪。检察机关要发挥检察一体化办案优势,在办理疑难复杂、检法争议较大的案件时,上级检察机关要及时指导、大力支持,帮助解决办案中的实际问题。检察机关在综合全案证据、穷尽补证空间、充分论证事实之后,要达到排除合理怀疑的证明标准。对此要善于从毒品犯罪"上下家"关系,补充完善证据,及时释疑解惑。要亲历性复核关键证据,及时追诉漏罪漏犯,以客观性证据为核心构建证据体系。

八、陕西省宝鸡市环境保护局凤翔分局不全面履职监督案

陕西省宝鸡市环境保护局凤翔分局(以下简称凤翔分局)责令长青能源化工有限公司限期改正生产甲醇环保违规行为,但陕西省宝鸡市人民检察院认为,凤翔分局存在履职不尽责的情况,相对人的违法污染排放并未停止,遂依法提起行政公益诉讼。当地法院最终确认被告凤翔分局未依法全面履行监管职责的行为违法。在行政公益诉讼实践中,行政机关是否"依法履职"是检察机关提起诉讼的前提条件之一,但对"依法履职"标准的认定,存在"行为标准"与"结果标准"的争议。"行为标准"不以国家利益或社会公共利益受侵害状态得以消除为必要条件。主张在国家利益或社会公共利益保护最大化的情况下穷尽监管措施,实现对依法行政客观法秩序的维护,符合"依法履职"的基本语义。"结果标准"认为启动行政公益诉讼的目的在于维护公共利益,最终应当达到使受损的国家利益或社会公共利益解除受侵害状态的结果,这符合公益诉讼目的的基本内涵。而从"因果关系"的视角进行检视,两种标准在必然因果关系下实质上是相同的。随着行政公益诉讼司法实践的不断丰富,单一的"行为标准"或"结果标准"已不能准确适用于复杂多样的行政公益诉讼案件中,需要兼采两种标准,并结合职权要件来综合判断。

九、某牧业公司被错列失信被执行人名单执行监督案

某牧业公司等与他人发生民间借贷纠纷,被法院判决归还借款本金及利息。判决生效后,原告申请强制执行,法院裁定冻结被执行人财产,并将其纳入失信被执行人名单,被告生产经营由此陷入困境。经检察院审查核实,被执行人被冻结、查封的财产足以清偿生效法律文书确定的债务,不符合纳入失信被执行人名单的

法定情形，检察院据此提出的检察建议，得到了法院采纳，违法执行行为被纠正。失信被执行人名单制度是应对“执行难”问题的一大创新举措，但其自身也存在一定的权利侵犯问题和执行偏差问题，法院对此的裁量空间也存在模糊之处。检察院应当积极发挥法律监督职能，对被执行人列入失信被执行人名单中的各类程序、实体问题给予纠正，确保失信被执行人名单制度规范运行，此外“社会治理检察建议”等多元化的制度新探索也可以提上日程，以助力优化营商环境。

十、尚衡华松被诉股东损害赔偿责任纠纷抗诉案

本案中兰溪市人民法院一审认为，尚衡华松是浩晔公司的绝对控股股东，存在滥用公司法人独立地位和股东有限责任的行为，对浩晔公司进行不正当支配和控制。检察机关充分运用调查核实权，精准把握抗诉标准，严格适用股东有限责任等产权制度，通过抗诉和再审检察建议，实现对民商事生效裁判结果的监督，维护了当事人合法权益。公司人格独立、股东有限责任是现代公司制度的基石，而公司人格否认、股东连带责任只是该项制度的特殊情形和例外。因此，检察机关履行检察监督职权时应秉持谨慎态度，严格区分企业正当融资担保，与恶意转移公司资产逃避债务损害公司债权人利益违法行为的界限。若股东未滥用公司法人独立地位逃避债务并严重损害公司债权人利益，就不应对公司债务承担连带责任。准确认定有利于推进民事诉讼监督的高质量发展，保护民商事主体的合法权益，优化营商环境。

目　录

湖北省某县水利局申请强制执行肖某河道违法建设处罚决定监督案*

摘要与关键词

摘要：行政非诉执行监督作为行政检察中关于执行监督的制度设计，具有督促法院规范其行政非诉执行行为、保护人民群众合法权益、防范化解社会矛盾等价值功能，对做实、做强行政检察工作具有重要意义。但因行政非诉执行相关法律规定不明确、配套制度不健全等，行政非诉执行检察一直是检察工作中的短板，相关争议也颇多。检察机关办理行政非诉执行监督案件，应当查明行政非诉执行的主体责任，对行政机关是否具有行政事项直接强制执行权严格按照法律规定和立法精神进行区分，将行政执行的具体职责依法分流到法院和行政机关，疏通行政执行义务相互推诿"症结"；对法院办理行政非诉执行案件中存在的普遍性错误和违法做法进行类案监督，提升监督质效，缓解法检矛盾，构建良性沟通渠道。同时，充分发挥行政检察"一手托两家"的功能作用，通过不同检察监督职能互补并行，开展全面监督、多元化监督，形成叠加监督的良性效应，共同服务于社会和谐健康发展。此外，检察机关办理行政非诉执行案件还要注重法律效果和社会效果的统一，把是否为人民群众解决实际难题、是否符合实质公平正义作为衡量案件办理质量的重要标准，要做到"案结事了人和政和"，情法兼顾，解开当事人心结，实质性化解行政争议。

关键词：行政非诉执行监督；检察公益诉讼；河道违法建设；强制拆除

---

* 本案例来自最高人民检察院第十五批指导性案例（检例第 59 号），本文作者：刘洋、肖哲西。

案情与程序

2011年9月,湖北省某县村民肖某在向邻近村村民郑某、王某购买位于某水库库区(河道)管理范围内316国道某大桥下的地皮后,违反《水法》的相关规定,擅自在某水库库区(河道)管理范围内316国道某大桥下建房(房基)5间,占地面积289.8平方米,妨碍河道行洪,危害河岸堤防安全。2011年11月3日,某县水利局根据《水法》第65条的规定作出水罚字〔2011〕40号行政处罚决定书,要求肖某立即停止在某水库库区(河道)管理范围内桥下建房的违法行为,限7日内拆除所建房屋,恢复库区(河道)原貌;罚款5万元;并告知肖某不服处罚决定申请复议和提起诉讼的期限,注明期满不申请复议、不起诉又不履行处罚决定,将依法申请人民法院强制执行。

因肖某在规定的期限内未履行该处罚决定,亦未申请行政复议或提起行政诉讼。2012年3月29日,某县水利局向法院申请强制执行。2012年4月23日,某县人民法院作出行政裁定书,裁定:"1.准予执行水罚字〔2011〕40号行政处罚决定书;2.被执行人肖某在收到本裁定书之日起十日内履行上述行政处罚决定书所确定的义务。"然而,肖某自建房起从未停止违法建房行为,某县水利局也未组织实施强制拆除其违建房屋。

检察机关履职情况

2017年4月,某县人民检察院通过新闻媒体渠道摸排线索时,发现某日报刊载《"踢皮球"执法现象何时休?》,并报道称,某县人民法院与某县水利局对违法建筑物未被强制拆除的原因则各执一词。法院认为,对违反《水法》的建筑物,水利局是法律明确授予强制执行权的行政机关,法院不能作为该案强制执行主体;但水利局认为,其没有强制执行手段,应当由法院强制执行。某县人民检察院决定依职权启动监督程序,立案监督。

某县人民检察院采取阅卷、询问当事人等调查方式,核实查明:(1)肖某自收到水罚字〔2011〕40号行政处罚决定书后,既未履行行政处罚决定书所确定的义务,也未在法律规定的期限内申请行政复议或提起行政诉讼,继续其违法建房行为。

(2)截至 2017 年 4 月,肖某已在河道区域违法建成四层房屋,建筑面积约为 520 平方米,威胁河道行洪、防洪安全。(3)2012 年 3 月 29 日,某县水利局已向法院申请执行该行政处罚决定书;2012 年 4 月 23 日,某县人民法院作出裁定准予执行行政处罚决定,责令肖某履行处罚决定书确定的义务。

某县人民检察院经审查认为,某县人民法院在审查某县水利局与肖某行政非诉执行申请一案中存在以下不当情形:对行政处罚决定书裁定准予执行错误。法律没有赋予水利部门采取查封、扣押、冻结、划拨财产等强制执行措施的权力,对于水罚字〔2011〕40 号行政处罚决定书中罚款 5 万元的行政处罚,某县水利局可以向法院申请强制执行;但根据《行政强制法》和《水法》等相关规定,水利局对于河道违法建筑物具有强行拆除的权力,对于水罚字〔2011〕40 号行政处罚决定书中拆除违建房屋的行政处罚,不应当向法院申请强制执行。某县人民法院未对行政处罚决定内容进行合理区分,亦未对行政处罚决定的内容是否符合由法院强制执行的条件进行实质审查,即裁定准予执行,存在违反规定情形。

某县人民检察院在办理案件过程中还发现,某县人民法院存在以裁执分离为由,要求行政机关对法院行政庭已裁定准予强制执行的案件,再次向法院执行局申请强制执行的不当情形。

2017 年 5 月 25 日,某县人民检察院向某县人民法院提出检察建议。建议规范行政非诉执行案件受理工作,对不符合受理条件的案件裁定不予受理。

此外,针对肖某在水库库区管理范围内河道非法建设房屋,威胁河道行洪、防洪安全,损害国家利益和社会公共利益的行为,向某县水利局发出公益诉讼诉前检察建议。建议按照相关法律规定积极履行职责,强制拆除违法建筑物、构筑物,恢复原状;针对某县人民法院错误理解和适用行政非诉执行案件"裁执分离"模式以及要求行政机关到法院立案庭办理立案执行手续的违法行为,向某县人民法院提出检察建议。建议严格按照法律和司法解释规定,建立非诉行政执行案件内部移送机制,加快内部流转衔接,避免要求行政机关二次申请现象再次发生。

某县人民法院采纳了检察建议,认为在案件办理过程中确实存在审查不严的问题,导致对不符合受理条件的案件进行了受理并作出了准予执行的裁定,表示在今后的工作中要加强对行政机关执行权的审查,对行政机关具有执行权而向法院申请强制执行的案件裁定不予受理。对错误理解和适用行政非诉执行案件"裁执分离”模式以及要求行政机关到法院立案庭办理立案执行手续的违法行为，某县人民检察院会同某县人民检察院多次沟通协调，已达成共识，对行政机关申请法院非诉执行的案件，统一由法院行政审判业务部门作出准予执行裁定后移送立案庭办理执行登记，再移交法院执行业务部门强制执行。

某县水利局采纳了公益诉讼诉前检察建议，成立工作专班，制定工作方案，及时向县政府汇报，在县委、县政府的大力支持下，于2017年5月26日对肖某非法建设房屋依法强制拆除。

同时，本案中因当地镇政府、国土部门在审批中存在审核不严、违法审批情形，错误向郑某、王某发放土地权证，存在一定过错，肖某亦是基于对政府颁发土地权证的合理信赖作出的违建行为，为保护政府诚信与肖某信赖利益，故县人民政府虽组织拆除违建房屋，但仍决议对肖某给予一定补偿，县水利局对肖某罚款5万元的行政处罚未向法院申请执行，镇政府、国土部门审核不严、违法审批的相关人员已被纪委予以违纪处分。

类案学理研讨

一、行政非诉执行监督是检察机关法律监督的重要内容

行政非诉执行直接关系行政机关行政决定能否实现，是政府和法律权威的后盾，在全面依法治国方略中具有非常重要的地位。检察机关加强对行政非诉执行的监督，有充分的法律基础、现实需求和实践依据。

第一，检察机关开展行政非诉执行监督工作具有充足的法律基础。我国《宪法》第134条规定：“中华人民共和国人民检察院是国家的法律监督机关。”《民事诉讼法》第14条规定：“人民检察院有权对民事诉讼实行法律监督。”第242条规定：“人民检察院有权对民事执行活动实行法律监督。”《行政诉讼法》虽然没有明文规定人民检察院有权对行政执行活动实行监督，但该法第101条规定：“人民法院审理行政案件，关于期间、送达、财产保全、开庭审理、调解、中止诉讼、终结诉讼、简易程序、执行等，以及人民检察院对行政案件受理、审理、裁判、执行的监督，本法没有规定的，适用《中华人民共和国民事诉讼法》的相关规定。”因此，法院的行政

执行活动属于检察机关监督范围。而行政非诉执行作为行政执行活动的重要组成部分,显然也属于检察机关监督范围。

第二,检察机关开展行政非诉执行监督工作具有迫切的现实需求。在行政执行案件中,行政非诉执行案件占绝大多数,且直接关系行政决定明确的法律义务能否实现,在促进依法行政、构建法治政府、维护法律权威方面具有重要意义。但在制度层面,行政非诉执行制度的相关理论研究滞后、立法存在疏漏、行政法律法规和司法解释存在矛盾以及相关配套制度不完备情形,导致不同地方法院对同类非诉执行案件的裁定结果、执行方式不一,影响法律统一正确实施。在执行能力方面,法院难以满足大量案件的执行需求。为更好地限制行政权、防止行政权力的过度扩张,法律对授予行政机关强制执行权持谨慎态度,仅赋予个别行政机关以强制执行的权力(如公安、税务等),以便对行政权力的合理运行进行有效管控,大部分行政决定的最终执行主要依靠行政机关申请人民法院强制执行。但法院自身还承担司法审判和司法案件执行的职能,精力有限,而申请执行的行政决定总体基数过于庞大。在制度具体落实方面,部分行政强制执行案件,特别是强制拆除类案件执行难度大、风险系数高,为规避信访、闹访等负面风险,法院主观上也有怠于履行行政强制执行义务的意图倾向。此外,部分法院还存在即使裁定准予执行,但裁定书内容载明由当地政府或行政机关实施强制执行行为,法院自身仅派员参与执行,有的法院甚至一裁了之,不再关注执行结果。这种执行方式亦存在其问题:首先,法院能否在裁定书中为政府设定执行义务有待商榷,即使能够设定义务,怠执行或者乱执行的法律责任最终由哪个主体承担,目前也不明确;其次,此种方式会激化法院和行政机关矛盾,存在法院和行政机关相互推诿、怠于执行强制执行义务的风险,致使当事人权益或社会公共利益无法及时获得保障;最后,绝大多数申请法院强制执行的行政机关并没有实施强制执行的队伍和能力,法院裁定由此类行政机关实施执行的,效果欠佳。

第三,检察机关开展行政非诉执行监督工作具有坚实的实践依据。在《民事诉讼法》《行政诉讼法》修改之前,检察机关就开始行政非诉执行监督工作的探索和实践。自最高人民检察院开展行政非诉执行监督专项活动以来,行政非诉执行逐步成为基层人民检察院做实、做强行政检察工作的一个突破口,取得了比较好的效果。从近年来的实践看,检察机关介入行政非诉执行开展监督具有其天然的优势。

其一,检察机关作为法定的法律监督机关,其监督面涵盖刑事、民事、行政、公益诉讼等领域,检察机关在开展行政非诉执行监督时,不仅可以对法院的审查和执行行为进行监督,对行政机关不依法及时履行监管职责的行为,检察机关也可以作为公益诉讼或者社会治理类案件办理,通过探索不同检察职能优势互补,打好法律监督组合拳,对依法行政和公正司法问题进行追根溯源,从根本上全方位解决问题和争议。其二,检察机关、审判机关、行政机关虽分工不同,但促进依法治国的目标一致。对于行政非诉执行活动中的违法情形,检察机关主要采取检察建议的方式监督。检察建议具有制发灵活、监督柔性、适用范围广等特点,协商性和柔性色彩强,既有利于法院接受监督意见,也有利于在法院和行政机关之间建立起更好的沟通渠道,协调、督促和引导法院规范其行政非诉执行案件的审查和执行行为、行政机关规范其行政执法行为,提升办案质效,发挥行政检察"一手托两家"的功能作用,促进实质性化解行政争议。

二、依法厘清行政非诉执行相关主体职责

行政非诉执行监督工作涉及审判机关和行政机关两个主体,依法查明行政机关对相关事项是否具有直接强制执行权、厘清职责主体,是检察机关开展监督的前提。

对行政决定具有行政强制执行权的行政机关不能申请法院强制执行。我国《行政强制法》规定的行政强制执行,包括行政机关直接强制执行和行政机关申请人民法院强制执行两种类型。《行政诉讼法》第 97 条规定:"公民、法人或者其他组织对行政行为在法定期限内不提起诉讼又不履行的,行政机关可以申请人民法院强制执行,或者依法强制执行。"《行政强制法》第 46 条第 3 款规定:"没有行政强制执行权的行政机关应当申请人民法院强制执行……"根据上述规定可知,《行政诉讼法》和《行政强制法》相关规定已经明确没有行政强制执行权的行政机关应当申请人民法院强制执行,但都未对有行政强制执行权的行政机关能否向人民法院申请强制执行作出明确规定。对此,2000 年最高人民法院《关于执行〈中华人民共和国行政诉讼法〉若干问题的解释》(已失效)第 87 条第 2 款规定:"法律、法规规定既可以由行政机关依法强制执行,也可以申请人民法院强制执行,行政机关申请人民法院强制执行的,人民法院可以依法受理。"该解释在实践中给法院受理、审查有

行政强制执行权的行政机关提出的强制执行申请带来一些困惑。针对这个问题,《行政强制法》的立法背景和精神明确,“一旦法律授予了行政机关强制执行权,该行政机关就不能主动放弃强制执行权,转而申请人民法院强制执行。法律赋予某些行政机关以强制执行权的主要目的是提高行政效率,迅速实现行政决定的目的。如果赋予行政机关直接强制执行权,又允许其申请法院执行,行政机关可能怠于行使自己的权力,这样会降低行政效率,达不到授权的目的”。[1] 例如,2013 年最高人民法院《关于违法的建筑物、构筑物、设施等强制拆除问题的批复》最终明确:“根据行政强制法和城乡规划法有关规定精神,对涉及违反城乡规划法的违法建筑物、构筑物、设施等的强制拆除,法律已经授予行政机关强制执行权,人民法院不受理行政机关提出的非诉行政执行申请。”

但是,前述法律和司法解释对行政非诉执行不统一、不明确的规定,仍然导致各地法院在实践中认识、做法不一,实践中存在个别法院、行政机关不敢担当、不愿作为,滋生相互推诿“踢皮球”现象。具体到本案中,由于行政机关和法院对于在河道管理范围内的非法建筑物的强制拆除责任认识不一,双方均认为应由对方履行强制执行权,致使河道内违法建筑物存续 7 年之久,这不仅降低行政司法效率,损害社会公益,也有损法律权威。笔者认为,法律赋予某些行政机关强制执行权,具有其内在的立法深意:第一,被授予强制执行权的行政机关往往行政执法权力大、行政执行数量多,在行政执行总量中占比高,为树立行政机关行政执法权威,提高行政机关行政执法效率,以便能够及时执行行政决定,故将部分行政机关自行强制执行权予以保留;第二,部分行政机关的行政执行数量多、占比高,亦是为缓解法院的强制执行压力做此制度设计;第三,部分行政决定涉及行洪安全等重大公共利益,必须赋予相应行政机关迅速执行行政决定的权力,如目前被法律明确授予行政机关强制执行权的主要是税务、海关、公安、公路管理、水行政以及地方人民政府等。因此,如果法律已经赋予行政机关相应的强制执行权,该行政机关又向人民法院申请执行,就既浪费司法资源,也降低行政效率,还可能混淆行政和司法权力界限,不符合前述立法本意和精神。因此,综合上述法律规定、司法解释和立法精神,立法原意应为有强制执行权的行政机关应当自行进行行政强制执行,不应再向法

---

〔1〕 江必新主编:《〈中华人民共和国行政强制法〉条文理解与适用》,人民法院出版社 2011 年版,第 272 页。

院申请强制执行。

因此，检察机关在办理行政非诉执行案件时，应当查明行政机关是否具有直接强制执行权，对具有直接强制执行权的行政机关向人民法院申请强制执行，人民法院不应当受理而受理的，应当先以法院为监督对象，依法进行监督。本案中，《行政强制法》第46条第1款规定："行政机关依照本法第四十五条规定实施加处罚款或者滞纳金超过三十日，经催告当事人仍不履行的，具有行政强制执行权的行政机关可以强制执行。"该条第3款规定："没有行政强制执行权的行政机关应当申请人民法院强制执行……"根据上述规定，法律没有赋予水行政主管部门采取查封、扣押、冻结、划拨财产等强制执行措施的权力，对于不缴纳罚款的，水行政主管部门应当向法院申请强制执行。而《水法》第65条第1款规定："在河道管理范围内建设妨碍行洪的建筑物、构筑物，或者从事影响河势稳定、危害河岸堤防安全和其他妨碍河道行洪的活动的，由县级以上人民政府水行政主管部门或者流域管理机构依据职权，责令停止违法行为，限期拆除违法建筑物、构筑物，恢复原状；逾期不拆除、不恢复原状的，强行拆除……"该条款已经赋予水行政主管部门对河道管理范围内妨碍行洪的建筑物、构筑物直接强行拆除的权力。因此，某县水利局可就罚款部分申请法院强制执行，但强制拆除部分，本应由某县水利局自行强制执行，但该局却向某县人民法院申请强制执行，某县人民法院不应当受理而受理、不应当裁定准予执行而裁定准予执行，致使两个单位相互推诿，河道安全隐患长期得不到消除。某县人民检察院依法提出检察建议，厘清了不同类别行政执行的执行主体问题，明确了主体责任和分工，从根源上杜绝了责任主体相互推诿，引导当地行政非诉执行工作合法运行。

三、对于法律授权的理解应当准确、全面

第一，只有法律才可授予行政机关强制执行权。在《行政强制法》出台之前，行政强制执行权既可以由法律授予，也可以由法规授予。而《行政强制法》出台之后，根据该法第13条的规定："行政强制执行由法律设定。法律没有规定行政机关强制执行的，作出行政决定的行政机关应当申请人民法院强制执行。"因此，对授予行政机关自行实施强制执行的权限限定在法律层面，其他的规范不再享有行政强制执行的设定权。而2000年最高人民法院《关于执行〈中华人民共和国行政诉讼法〉

若干问题的解释》(现已失效)第 87 条第 2 款规定中载明法规(含行政法规和地方性法规)也可授权行政机关强制执行,显然与行政强制法的规定相矛盾,自然失效。故此,行政机关是否有强制执行权应当以法律的授权为基准,以法律为依据决定自行强制执行或者向人民法院申请强制执行。

第二,是否有强制执行权应全面梳理相关法律。本案的发现和监督思路来自一起行政公益诉讼案件。最高人民法院第三届全国法院环境资源行政裁判特等奖文书——松滋市人民检察院诉某市水利局不依法履职行政公益诉讼案判决书中,对水行政主管部门自行强制执行权的问题进行了详细的分析和阐述。该案中,水行政主管部门依据《防洪法》第 55 条的规定,对在河道管理范围内建设妨碍行洪的建筑物的行为作出行政处罚决定书,责令当事人停止违法行为;自收到处罚决定书起 15 日内清除违法建筑,恢复原貌的决定。在当事人没有履行行政决定的情况下,该局以《防洪法》第 55 条并没有授予水行政主管部门对河道管理范围内建设妨碍行洪的建筑物强制执行权为由,申请法院强制执行该行政处罚。检察机关就该案提起行政公益诉讼后,松滋市中级人民法院作出(2017)鄂 1087 行初 2 号判决书,支持检察机关诉讼请求,确认某市水利局上述行政处罚决定书中关于当事人逾期不履行义务,某市水利局将“申请法院强制执行”内容不当;确认水利局在违法行为人不履行义务情况下,未依据《水法》和《行政强制法》相关规定自行强制执行违法;责令水利局依据《水法》和《行政强制法》相关规定履职。法院在判决书说理部分明确:一方面,从《水法》第 65 条的规定来看,水行政主管部门对妨碍行洪的建筑物、构筑物有自行行政强制执行权。另一方面,赋予行政机关强制执行权的“法律”不仅可以是一部法律,也可以是多部、分散的法律,行政机关在执法过程中,应仔细梳理相关法律,若有法定的强制执行授权,那么法定授权必须为,这是全面依法行政的必然要求,不能因为《水法》为其设定了行政强制执行权,而《防洪法》没有设定,就理解为法律没有对妨碍行洪的建筑物、构筑物授予其强制执行权。

第三,行政机关有强制执行代履行的普遍授权。此外,还应当注意,《行政强制法》第 50 条普遍授予交通安全、环境污染或者自然资源领域相关行政机关实施代履行的权力。该条规定:“行政机关依法作出要求当事人履行排除妨碍、恢复原状等义务的行政决定,当事人逾期不履行,经催告仍不履行,其后果已经或者将危害交通安全、造成环境污染或者破坏自然资源的,行政机关可以代履行,或者委托没有利害关系的第三人代履行。”有观点认为，这是法律普遍授予行政机关在危害交通安全、造成环境污染或者破坏自然资源三个领域实施代履行的权力〔1〕。相关权威部门在《建设项目环境保护管理条例释义》一书中也认为，对于环保部门依据《环境影响评价法》第31条责令恢复原状后，当事人拒不恢复的，尽管《环境影响评价法》并没有规定，但环保部门可以依据《行政强制法》第50、52条的规定，代当事人恢复原状，也可以委托没有利害关系的第三人代当事人恢复原状，所需费用由当事人承担。〔2〕也有法院在判决中采纳此种观点，如江苏省苏州市吴江区人民检察院诉吴江区国土资源局不依法履职行政公益诉讼案〔3〕。

四、规范法院行政非诉执行程序

现代社会最具正当性的治理方式是法治，而法治是最典型的程序之治，它要求社会各主体特别是公权力受制于法律的约束，根据法律所要求的流程和步骤运转行事。行政非诉执行也不例外，法院应当严格按照法律的规定受理、审查、执行行政决定。在内部分工方面，行政非诉执行工作实行裁执分离，即先由法院行政审判部门审查行政决定合法性，再由法院执行部门来具体执行行政决定的工作模式，以体现权力制约与监督，避免权力滥用。如2000年最高人民法院《关于执行〈中华人民共和国行政诉讼法〉若干问题的解释》（已失效）第93条规定：“人民法院受理行政机关申请执行其具体行政行为的案件后，应当在30日内由行政审判庭组成合议庭对具体行政行为的合法性进行审查，并就是否准予强制执行作出裁定；需要采取强制执行措施的，由本院负责强制执行非诉行政行为的机构执行。”2018年最高人民法院《关于适用〈中华人民共和国行政诉讼法〉的解释》第160条第1款规定：“人民法院受理行政机关申请执行其行政行为的案件后，应当在七日内由行政审判庭对行政行为的合法性进行审查，并作出是否准予执行的裁定。”最高人民法院《关于人民法院执行工作若干问题的规定（试行）》第2条第2项规定：“执行机构

---

〔1〕 江必新主编：《〈中华人民共和国行政强制法〉条文理解与适用》，人民法院出版社2011年版，第258页。

〔2〕 国务院法制办农林城建资源环保法制司、环境保护部政策法规司、环境保护部环境影响评估司编著：《建设项目环境保护管理条例释义》，中国法制出版社2017年版，第121页。

〔3〕 最高人民检察院第八检察厅编：《行政公益诉讼典型案例实务指引——生态环境资源保护领域》（下册），中国检察出版社2019年版，第779页。

负责执行下列生效法律文书：……（2）依法应由人民法院执行的行政处罚决定、行政处理决定。”可见，作出行政非诉执行裁定和具体行政强制执行分属不同法院内部机构有比较充分的法律规定依据，也比较合理。但实践中，人民法院为规避其责任，降低执行压力，以“裁执分离”为理由变相设置门槛，阻碍行政机关合理行使请求权利，要求行政机关先向法院申请行政非诉执行，法院行政审判业务部门受理并作出准予执行的裁定后，行政机关需再次向法院负责执行业务部门再次提出执行申请，这种“二次申请”显然不符合规定且不合常理。主要理由如下：第一，最高人民法院《关于办理行政机关申请强制执行案件有关问题的通知》（法〔1998〕77 号）第 1 条、最高人民法院《关于执行权合理配置和科学运行的若干意见》第 13、27 条，对人民法院办理行政非诉执行案件的程序作出具体明确规定。行政机关申请非诉执行，包含执行审查及执行实施两个阶段，人民法院行政审判业务部门审查并裁定准予执行的，应当在法院内部机构之间流转登记并由人民法院执行机构负责执行实施，无须行政机关二次申请。第二，行政机关既已申请法院非诉执行，本就属于申请法院落实“执行”的行为，若法院未明确告知还需“二次申请”，客观上行政机关也很难知晓或预测其在向申请法院非诉执行后还需再次向法院申请执行，若超出法定申请执行期限，又会陷入法院行政审判业务部门已裁定准予执行，向法院执行业务部门二次申请执行的期限却已届满的尴尬境地，致使行政执行事项无法实际落实。

因此，检察机关在办案过程中，发现法院存在受理行政非诉执行案件中要求行政机关进行“二次申请”的普遍情形，可进行类案监督。一是可以提高检察监督效能，促使法院统一其法律适用标准，从制度上、机制上解决问题；二是可以减轻相关当事人诉累，减少相关行政机关、当事人以及利害关系人因此申诉的可能性，降低同类型案件申诉量；三是可以构建良性沟通渠道。避免办理同类个案发出多份检察建议造成检察机关和法院之间的矛盾，产生对抗情绪，用一份检察建议对类案背后的深层原因研究分析，提供妥善解决问题方法，批量解决行政非诉执行中存在的普遍性问题。本案中，某县人民检察院在办理某县水利局申请强制执行肖某河道违法建设处罚决定监督案发现，某县人民法院在办理多件行政非诉执行案件时，均存在要求行政机关“二次申请”情形，针对某县法院错误理解和适用行政非诉执行案件“裁执分离”模式，以及要求行政机关到法院立案庭办理立案执行手续的违法行为，发出行政非诉执行类案监督的检察建议，同时主动统筹协调，同法院沟通座谈，在检察机关的不懈努力下，当地法、检两家形成统一意见，对之后行政机关申请非诉执行的，法院作出准予执行裁定后，由法院行政审判业务部门自行移交本院执行业务部门强制执行，“二次申请”问题得以根本解决，实现“办理一案、影响一片”的良性监督效果。

五、构建“四大检察”全面协调充分发展新格局

司法改革后，检察机关的职能和定位在发生变化，如何为人民群众、为社会发展提供更好、更优、更实的法治服务，是新时代检察工作必须面临和回答的重大课题。检察机关身负刑事、民事、行政以及公益诉讼“四大检察”职能，不同检察职能之间可以相互兼容、互补并行，通过多元化监督方式实现对违法情形的全面监督，共同服务于司法公正和社会和谐发展。

第一，可以形成叠加监督的良性效应。检察机关通过深挖案件线索，从一个线索中牵出刑事、民事、行政和公益诉讼方面不同违法行为，或者从一个线索中牵出某个领域的同类违法情形，实现线索利用价值的最大化，充分发挥不同监督职能的“联动效应”，形成办案辐射面。如各地检察机关办理的大量民事、行政公益诉讼案件线索系在刑事检察案件中发现，甚至探索了刑事附带民事公益诉讼这一新民事公益诉讼案件类型。

第二，可以切实解决群众实际问题，更好地维护社会公共利益。在某些情形下，仅凭行使某一项检察监督职能，无法实质性化解行政争议和矛盾、无法全面保护群众利益以及社会公共利益，需要其他检察职能协同配合，才能共同推进矛盾纠纷的实质性化解，促使问题彻底解决。比如，对非法破坏、占用农用地建房、毁林开矿以及生产假冒伪劣食品、药品，仅仅依靠刑罚手段无法拆除违法建筑、恢复环境以及吊销相关许可证照。

第三，可以有效补齐检察监督短板。通过坚持“办案中监督，监督中办案”，把监督寓于办案，把办案作为发现线索、监督违法的过程和基本手段，如通过办理行政诉讼监督案件发现损害社会公益线索、通过办理刑事监督案件发现行政违法线索等，发挥其他检察职能部门的优势带动作用，推动补齐线索发现难等短板弱项，实现精准、刚性、有影响力的监督，促进不同检察职能均衡、充分、全面发展。

本案是行政检察与公益诉讼检察融会贯通的成功探索，形成“一加一大于二”的监督效果。本案的监督思路和方向是在松滋市人民检察院成功办理的行政公益诉讼案件中得到启发的。某县人民检察院向某县人民法院发出非诉执行检察建议后，虽然规范了某县人民法院的错误行政非诉执行行为，但肖某在河道内的违建房屋仍然存在，威胁河道行洪安全，国家利益和社会公共利益处于持续受侵害状态。某县人民检察院牢固树立“双赢、多赢、共赢”的监督理念，及时启动公益诉讼检察程序接续监督，立足检察职能，梳理案件关键环节和节点，分析研判不同监督职能存在的并联型、交叉性事项，充分发挥检察职能一体化优势，同步审查法院和行政机关两个监督对象，积极调查梳理相关案件事实，分析不同法律关系，有序衔接行政非诉执行监督与公益诉讼职能，准确提出监督法律适用意见，既促进司法公正，又促进行政机关依法行政，同时有效化解矛盾纠纷，形成促进司法公正与依法行政、保护国家利益和社会公共利益、参与社会治理的合力。某县水利局收到诉前检察建议后，行政机关积极作为主动拆除违法建筑，促使本案当事人违法建房行为造成的损害问题得以真正解决，国家利益和社会公共利益得以保护。

六、坚持客观公正义务

检察官客观公正义务，又称检察官客观义务、检察官客观公正原则，是指检察官在履行职责中，不应当站在当事人立场，而应站在客观公正的立场上履职尽责，努力发现、还原客观事实真相，以实现司法公正。检察官客观公正义务包含三方面内容：坚持客观公正立场、忠实于事实真相、实现司法公正。其中，坚持客观公正立场是基础，忠实于事实真相是核心，实现司法公正是最终目的。检察官客观公正义务是世界不同法系国家和地区特别是大陆法系国家和地区普遍接受、由国际准则确认的一项重要法律制度，也是检察官的重要行为准则。如联合国《关于检察官作用的准则》第 13 条规定：“检察官在履行其职责时应：(a)不偏不倚地履行其职能，并避免任何政治、社会、文化、性别或任何其他形式的歧视；(b)保证公众利益，按照客观标准行事，适当考虑到嫌疑犯和受害者的立场，并注意到一切有关的情况，无论是否对嫌疑犯有利或不利……”第 14 条进一步明确规定：“如若一项不偏不倚的调查表明起诉缺乏根据，检察官不应提出或继续检控，应竭力阻止诉讼程序。”这些规定既是对检察官恪守客观公正义务实践经验的总结，也是对检察官履行职责的基本要求。我国 2019 年修订的《检察官法》第 5 条也将客观公正义务规定为检察官履职的一项重要原则:“检察官履行职责,应当以事实为根据,以法律为准绳,秉持客观公正的立场。”

在行政诉讼监督工作中,检察官遵守客观公正义务也非常重要,因此,《人民检察院行政诉讼监督规则》第 12 条第 1 款也规定:“检察人员办理行政诉讼监督案件,应当秉持客观公正的立场,自觉接受监督。”在行政诉讼监督中,检察官主要从以下几个方面落实客观公正义务。第一,保持法律人的理性,兼顾各方意见。检察官在办理行政诉讼监督案件过程中,不仅要重视法院、行政机关相关办案人员的意见,而且要重视行政相对人的意见。由于行政相对人在整个程序中处于明显弱势地位,检察官要特别重视有利于行政相对人的证据材料。在审查当事人不服人民法院生效行政判决裁定的申诉案件时,检察官既不能感情用事、偏信一方当事人的申诉,也不能片面强调生效判决裁定的权威性,而应当重视当事人的正当利益诉求,实事求是地分析案件的证据材料和当事人申诉的理由,客观公正地对待每一份行政判决裁定。第二,全面、准确适用法律。在办案中,既要注意审查法院、行政机关已经适用的法律条款,也要注意法院、行政机关没有适用的条款,特别是对相对人有利的条款。例如,《行政处罚法》第 33 条规定:“违法行为轻微并及时改正,没有造成危害后果的,不予行政处罚……当事人有证据足以证明没有主观过错的,不予行政处罚……”又如,《行政许可法》第 69 条确定了信赖保护原则,规定行政机关撤销行政许可后,对于损害无过错的被许可人合法权益的,应当依法给予赔偿。第三,守好司法公正底线。在办案中,要抵制权力、金钱、人情等法外因素对检察官客观公正原则和司法公正的干扰,确保公正廉洁司法。

本案中,肖某认为,郑某、王某已经持有镇政府、国土部门颁发的案涉土地权属证书,自己建房前已向郑某、王某购买案涉土地使用权,基于对镇政府、国土部门的合理信赖,其有理由相信在案涉土地上建房系合法行为。故某县水利局对肖某作出行政处罚后,肖某仍未停止其在河道内违法建房的行为,也未申请行政复议或提起行政诉讼。根据行政许可法中的信赖利益保护原则,政府、行政机关的行政行为必须诚实信用,如因国家利益、公共利益或者其他法定事由需要撤回、变更甚至撤销行政许可的,应当依照法定权限和程序进行,并对行政相对人因此受到的财产损失依法予以补偿或赔偿。行政机关错误颁发土地权证,引发后续一系列事件的行为,是肖某违法建设房屋的原因之一。参照最高人民法院《关于审理行政许可案件若干问题的规定》第13条关于"被告与他人违法侵犯原告合法权益的,应当根据其违法行为在损害发生过程和结果中所起作用等因素,确定被告的行政赔偿责任"的规定,肖某违建房屋的法律后果不应完全由肖某个人承担。为体现公平公正,某县水利局依法拆除肖某房屋后,给予肖某一定的经济补偿。关于某县水利局对肖某违建行为作出的5万元行政罚款,为平息争议,调处止纷,某县水利局未就该5万元行政罚款向某县人民法院申请强制执行,某县人民检察院此时也不宜再介入监督。检察机关、法院和行政机关共同发力,确保行政争议"最后一公里"的公平正义,取得了良好的社会效果和法律效果。

规范与文书

《中华人民共和国行政诉讼法》

第一百零一条　人民法院审理行政案件,关于期间、送达、财产保全、开庭审理、调解、中止诉讼、终结诉讼、简易程序、执行等,以及人民检察院对行政案件受理、审理、裁判、执行的监督,本法没有规定的,适用《中华人民共和国民事诉讼法》的相关规定。

《中华人民共和国行政强制法》

第三十四条　行政机关依法作出行政决定后,当事人在行政机关决定的期限内不履行义务的,具有行政强制执行权的行政机关依照本章规定强制执行。

第四十四条　对违法的建筑物、构筑物、设施等需要强制拆除的,应当由行政机关予以公告,限期当事人自行拆除。当事人在法定期限内不申请行政复议或者提起行政诉讼,又不拆除的,行政机关可以依法强制拆除。

第五十三条　当事人在法定期限内不申请行政复议或者提起行政诉讼,又不履行行政决定的,没有行政强制执行权的行政机关可以自期限届满之日起三个月内,依照本章规定申请人民法院强制执行。

《中华人民共和国水法》

第六十五条　在河道管理范围内建设妨碍行洪的建筑物、构筑物，或者从事影响河势稳定、危害河岸堤防安全和其他妨碍河道行洪的活动的，由县级以上人民政府水行政主管部门或者流域管理机构依据职权，责令停止违法行为，限期拆除违法建筑物、构筑物，恢复原状；逾期不拆除、不恢复原状的，强行拆除，所需费用由违法单位或者个人负担，并处一万元以上十万元以下的罚款。

未经水行政主管部门或者流域管理机构同意，擅自修建水工程，或者建设桥梁、码头和其他拦河、跨河、临河建筑物、构筑物，铺设跨河管道、电缆，且防洪法未作规定的，由县级以上人民政府水行政主管部门或者流域管理机构依据职权，责令停止违法行为，限期补办有关手续；逾期不补办或者补办未被批准的，责令限期拆除违法建筑物、构筑物；逾期不拆除的，强行拆除，所需费用由违法单位或者个人负担，并处一万元以上十万元以下的罚款。

虽经水行政主管部门或者流域管理机构同意，但未按照要求修建前款所列工程设施的，由县级以上人民政府水行政主管部门或者流域管理机构依据职权，责令限期改正，按照情节轻重，处一万元以上十万元以下的罚款。

《人民检察院行政诉讼监督规则(试行)》

第二十九条　人民检察院发现人民法院执行裁定、决定等有下列情形之一的，应当向同级人民法院提出检察建议：

(　)提级管辖、指定管辖或者对管辖异议的裁定违反法律规定的；

(二)裁定受理、不予受理、中止执行、终结执行、恢复执行、执行回转等违反法律规定的；

(三)变更、追加执行主体错误的；

(四)裁定采取财产调查、控制、处置等措施违反法律规定的；

(五)审查执行异议、复议以及案外人异议作出的裁定违反法律规定的；

(六)决定罚款、拘留、暂缓执行等事项违反法律规定的；

(七)执行裁定、决定等违反法定程序的；

(八)对行政机关申请强制执行的行政行为作出准予执行或者不准予执行的

裁定违反法律规定的；

（九）执行裁定、决定等有其他违法情形的。

第三十一条　人民检察院发现人民法院有下列不履行或者怠于履行执行职责情形之一的，应当向同级人民法院提出检察建议：

（一）对依法应当受理的执行申请不予受理又不依法作出不予受理裁定的；

（二）对已经受理的执行案件不依法作出执行裁定、无正当理由未在法定期限内采取执行措施或者执行结案的；

（三）违法不受理执行异议、复议或者受理后逾期未作出裁定、决定的；

（四）暂缓执行、停止执行、中止执行的原因消失后，不按规定恢复执行的；

（五）依法应当变更或者解除执行措施而不变更、解除的；

（六）有其他不履行或者怠于履行执行职责行为的。

第三十二条第一款　人民检察院根据本规则第二十八条、第二十九条、第三十条、第三十一条提出检察建议，应当制作《检察建议书》，在决定之日起十五日内将《检察建议书》连同案件卷宗移送同级人民法院。当事人申请监督的案件，人民检察院应当制作决定提出检察建议的《通知书》，发送申请人。人民检察院对行政执行活动提出检察建议，应当经检察委员会决定。

最高人民法院《关于执行〈中华人民共和国行政诉讼法〉若干问题的解释》

第八十六条　行政机关根据行政诉讼法第六十六条的规定申请执行其具体行政行为，应当具备以下条件：

（一）具体行政行为依法可以由人民法院执行；

（二）具体行政行为已经生效并具有可执行内容；

（三）申请人是作出该具体行政行为的行政机关或者法律、法规、规章授权的组织；

（四）被申请人是该具体行政行为所确定的义务人；

（五）被申请人在具体行政行为确定的期限内或者行政机关另行指定的期限内未履行义务；

（六）申请人在法定期限内提出申请；

（七）被申请执行的行政案件属于受理申请执行的人民法院管辖。

人民法院对符合条件的申请，应当立案受理，并通知申请人；对不符合条件的申请，应当裁定不予受理。

最高人民法院《关于办理行政机关申请强制执行案件有关问题的通知》

第一条　行政机关申请人民法院强制执行案件由行政审判庭负责审查。经教育，行政行为相对人自动履行的，即可结案。需要强制执行的，由行政审判庭移送执行庭办理。

最高人民法院《关于执行权合理配置和科学运行的若干意见》

第十三条　行政非诉案件、行政诉讼案件的执行申请，由立案机构登记后转行政审判机构进行合法性审查；裁定准予强制执行的，再由立案机构办理执行立案登记后移交执行局执行。

第二十七条　对符合法定移送执行条件的法律文书，审判机构应当在法律文书生效后及时移送执行局执行。

全国人民代表大会常务委员会《关于授权最高人民检察院在部分地区开展公益诉讼试点工作的决定》

为加强对国家利益和社会公共利益的保护，第十二届全国人民代表大会常务委员会第十五次会议决定：授权最高人民检察院在生态环境和资源保护、国有资产保护、国有土地使用权出让、食品药品安全等领域开展提起公益诉讼试点。试点地区确定为北京、内蒙古、吉林、江苏、安徽、福建、山东、湖北、广东、贵州、云南、陕西、甘肃十三个省、自治区、直辖市。人民法院应当依法审理人民检察院提起的公益诉讼案件。试点工作必须坚持党的领导、人民当家作主和依法治国的有机统一，充分发挥法律监督、司法审判职能作用，促进依法行政、严格执法，维护宪法法律权威，维护社会公平正义，维护国家利益和社会公共利益。试点工作应当稳妥有序，遵循相关诉讼制度的原则。提起公益诉讼前，人民检察院应当依法督促行政机关纠正违法行政行为、履行法定职责，或者督促、支持法律规定的机关和有关组织提起公益诉讼。本决定的实施办法由最高人民法院、最高人民检察院制定，报全国人民代表大会常务委员会备案。试点期限为二年，自本决定公布之日起算。

最高人民法院、最高人民检察院应当加强对试点工作的组织指导和监督检查。试点进行中，最高人民检察院应当就试点情况向全国人民代表大会常务委员会作出中期报告。试点期满后，对实践证明可行的，应当修改完善有关法律。

本决定自公布之日起施行。

《人民检察院提起公益诉讼试点工作实施办法》

第四十条　在提起行政公益诉讼之前，人民检察院应当先行向相关行政机关提出检察建议，督促其纠正违法行为或者依法履行职责。行政机关应当在收到检察建议书后一个月内依法办理，并将办理情况及时书面回复人民检察院。

非诉执行检察建议 1

某县人民检察院

检察建议书

×县检民(行)执监〔2017〕42××××00014 号

本院在履行检察监督职责过程中发现，某县人民法院在执行某县水利局申请强制执行肖某行政处罚一案(〔2012〕×县行非审字第 00036 号)中存在违法情形，本院依法开展了调查核实，现已调查终结。

现查明:2011 年 11 月 3 日，某县水利局作出×县水罚字〔2011〕40 号行政处罚决定，对肖某作出以下行政处罚:1.(责令肖某)立即停止在××水库库区(河道)管理范围内 316 国道××大桥下建房的违法行为，限 7 日内拆除所建的房屋，恢复库区(河道)原貌;2. 罚款人民币 5 万元。该行政处罚决定于当天送达给肖某。因肖某未在法定期限内提出复议和诉讼，某县水利局于 2012 年 3 月 29 日向某县人民法院申请强制执行。某县人民法院于 2012 年 4 月 16 日立案受理后，并于 2012 年 4 月 23 日作出(2012)×县行非审字第 00036 号行政裁定书，裁定:1. 准予执行×县水罚字〔2011〕40 号行政处罚决定书;2. 肖某在收到该裁定之日起 10 日内履行行政处罚决定书所确定的义务。但肖某一直未能履行该处罚决定书确定的义务。另查明，本院通过办理某县水利局公益诉讼案件(×县检行公立〔2017〕1 号)，并发出行政公益诉讼诉前检察建议后，肖某在河道内的违法建筑物已被拆除。

上述事实，有本院到某县水利局调查的情况及某县人民法院卷宗资料等证据证实。

本院认为，某县人民法院存在违法受理某县水利局申请强制执行行政处罚决定的违法情形，理由如下：

根据《中华人民共和国水法》第六十五条第一款“在河道管理范围内建设妨碍行洪的建筑物、构筑物，或者从事影响河势稳定、危害河岸堤防安全和其他妨碍河道行洪的活动的，由县级以上人民政府水行政主管部门或者流域管理机构依据职权，责令停止违法行为，限期拆除违法建筑物、构筑物，恢复原状；逾期不拆除、不恢复原状的，强行拆除，所需费用由违法单位或者个人负担，并处一万元以上十万元以下的罚款”；《中华人民共和国行政强制法》第五十三条“当事人在法定期限内不申请行政复议或者提起行政诉讼，不履行行政决定的，没有行政强制执行权的行政机关可以自期限届满之日起三个月内，依照本章规定申请人民法院强制执行”；最高人民法院《关于执行〈中华人民共和国行政诉讼法〉若干问题的解释》（法释〔2000〕8号）第八十六条第一款第（一）项“行政机关根据行政诉讼法第六十六条的规定申请执行其具体行政行为，应当具备以下条件：（一）具体行政行为依法可以由人民法院执行”以及该条第二款“人民法院对符合条件的申请，应当立案受理，并通知申请人；对不符合条件的申请，应当裁定不予受理”的规定，从以上法条可以看出，某县水利局对妨碍行洪的建筑物、构筑物拥有强制执行权，因此某县水利局是不能向某县人民法院申请强制执行的，一旦某县水利局向某县人民法院申请强制执行，法院应当裁定不予受理。

综上所述，某县人民法院存在违法受理某县水利局申请强制执行行政处罚决定的违法情形，根据《中华人民共和国行政诉讼法》第一百零一条、《人民检察院行政诉讼监督规则（试行）》第三十二条的规定，特提出检察建议，建议规范行政非诉执行案件受理工作，对不符合受理条件的案件裁定不予受理。

请在收到本检察建议书后一个月内将处理结果书面回复本院。

此致

某县人民检察院

2017年8月29日

非诉执行检察建议 2

某县人民检察院

检察建议书

×县检民(行)执监〔2019〕42××××00003 号

本院在履行职责中发现,某县人民法院在执行某县国土资源局申请强制执行的×件行政处罚决定案件过程中存在违法情形。

本院查明:2016 年至今,某县国土资源局向某县××公司等×个行政处罚相对人作出行政处罚决定后,向某县人民法院申请强制执行。某县人民法院作出(201×)鄂 13××行审 3 号等×份行政裁定书后,某县国土资源局向某县人民法院申请强制执行。某县人民法院收到强制执行申请后,向某县××公司等×个行政处罚相对人送达(201×)鄂 13××执 422 号等×份执行通知书和报告财产令,要求行政处罚相对人执行行政处罚内容,截至目前,上述案件均已执行完毕。

本院认为,你院存在违法要求行政机关二次申请的违法情形,理由如下:

根据《中华人民共和国行政强制法》第五十三条的规定,当事人在法定期限内不申请行政复议或者提起行政诉讼,又不履行行政决定的,没有行政强制执行权的行政机关可以依规定向人民法院申请强制执行。最高人民法院《关于办理行政机关申请强制执行案件有关问题的通知》(法〔1998〕77 号)第一条、最高人民法院《关于执行权合理配置和科学运行的若干意见》第 13 条、第 27 条,对人民法院办理行政非诉执行案件的程序作出具体规定。行政机关申请非诉执行,包含执行审查及执行实施两个阶段,人民法院行政审判业务部门审查并裁定准予执行的,应当在法院内部机构之间流转登记并由人民法院执行机构负责执行实施,无需行政机关二次申请。本案中,某县人民法院要求行政机关二次申请,违反了上述规定,阻碍了行政效率和司法效率。

综上,根据《人民检察院行政诉讼监督规则(试行)》第三十一条的规定,提出如下检察建议:

严格依照法律和司法解释的规定,建立非诉行政执行案件内部移送机制,加快内部流转衔接,避免要求行政机关二次申请的现象再次发生。

请在收到检察建议后一个月内将处理结果书面回复本院。

此致

某县人民检察院

2019 年 11 月 18 日

公益诉讼检察建议

某县人民检察院

检察建议书

×检行公建〔2017〕01 号

某县水利局：

本院在履行职责中发现，你局在办理肖某危害水工程案中未依法履行职责，可能损害国家利益和社会公共利益。本院依法进行了调查。现查明：

自 2011 年 9 月 10 日左右起，某县××镇××村村民肖某未经许可，擅自在××水库库区（河道）管理范围内 316 国道××大桥下建房（房基）5 间，占地面积 $289.8m^2$。2011 年 9 月 30 日，你局向肖某发出×县水停字〔2011〕177 号责令停止水事违法行为通知书，责令其立即停止在××水库库区 316 国道××大桥下建房的行为，限七日内拆除所建房屋，三日内到某县水利局接受处理。2011 年 11 月 3 日，你局作出×县水罚字〔2011〕40 号行政处罚决定书，载明："肖某未经水行政主管部门许可，于 2011 年 9 月擅自在××水库库区（河道）管理范围内 316 国道××大桥下建房，违反了《中华人民共和国水法》（以下简称《水法》）第 37 条第 2 款之规定，《水法》第 65 条第 1 款之规定，对肖某作出如下行政处罚：1. 立即停止在××水库库区（河道）管理范围内 316 国道××大桥下建房的违法行为，限 7 日内拆除所建的房屋，恢复库区（河道）原貌；2. 罚款人民币 5 万元。若不服本行政处罚决定，可在接到本处罚决定书之日起 60 日内向某县人民政府或××市水利局申请复议，或者在 3 个月内直接向某县人民法院提起诉讼（复议和起诉期间处罚不停止执行），期满不申请复议、不起诉又不履行处罚决定，我局将依法申请人民法院强制执行。"肖某在规定的期限内未履行该处罚决定，亦未申请复议或提起行政诉讼。2012 年 3 月 29 日，你局向某县人民法院申请强制执行。2012 年 4 月 23 日，某县人民法院作出（2012）×县行非审字第 00036 号行政裁定书，裁定："1. 准予执行×县水罚字〔2011〕40号行政处罚决定书;2.被执行人肖某在收到本裁定书之日起十日内履行上述行政处罚决定书所确定的义务。”然而,肖某自建房起从未停止违法建房行为,你局也未组织实施强制拆除其违法建房。截至2017年4月6日,肖某违法建房已建五间四层,路面以上两层(砖混结构),路面以下两层(框架结构,不能居住),建筑面积约520m²。

本院认为,《中华人民共和国行政强制法》(以下简称《行政强制法》)第三十四条规定:“行政机关依法作出行政决定后,当事人在行政机关决定的期限内不履行义务的,具有行政强制执行权的行政机关依照本章(《行政强制法》第四章)规定强制执行。”《行政强制法》第四十四条规定:“对违法的建筑物、构筑物、设施等需要强制拆除的,应当由行政机关予以公告,限期当事人自行拆除。当事人在法定期限内不申请行政复议或者提起行政诉讼,又不拆除的,行政机关可以依法强制拆除。”以上法律条款明确规定了具有行政强制执行权的行政机关应当自行组织实施,且明确规定了其在履行行政强制执行权时所应当遵循的法定程序。《行政强制法》第五十三条规定:“当事人在法定期限内不申请行政复议或者提起行政诉讼,又不履行行政决定的,没有行政强制执行权的行政机关可以自期限届满之日起三个月内,依照本章(《行政强制法》第五章)规定申请人民法院强制执行。”该法律条款规定的是没有行政强制执行权的行政机关才可以申请人民法院强制执行的情形。《水法》第六十五条第一款规定:“在河道管理范围内建设妨碍行洪的建筑物、构筑物,或者从事影响河势稳定、危害河岸堤防安全和其他妨碍河道行洪的活动的,由县级以上人民政府水行政主管部门或者流域管理机构依据职权,责令停止违法行为,限期拆除违法建筑物、构筑物,恢复原状;逾期不拆除、不恢复原状的,强行拆除,所需费用由违法单位或者个人负担,并处一万元以上十万元以下的罚款。”该法律条款明确赋予了水行政主管部门在履行拆除河道管理范围内妨碍行洪的建筑物、构筑物职责时的行政强制执行权。因而,你局作为某县水行政主管部门,应当依据行政强制法依法履行职责,及时自行组织实施强制拆除肖某的违法建房,而不应当将×县水罚字〔2011〕40号行政处罚决定书第一项处罚决定申请人民法院强制执行。河道管理范围内的区域是维护河流生态、保障行洪、防洪、供水安全、保护水资源和自然人文景观的重要区域,国家明确规定实行河道管理范围内建设项目工程建设方案审批、位置界限审批和洪水影响评价报告制度。肖某未经许可在

××水库库区(河道)管理范围内316国道××大桥下违法建房,违反了水法有关规定,破坏了国家河道管理制度,影响了行洪、防洪安全、河流生态和河岸景观,不利于对水资源的保护,损害了国家和社会公共利益。你局作为某县水行政主管部门,对本区域的水资源、水域及其岸线以及本行政区域内的河道、堤防等水利和防洪具有监督管理的法定职责。你局在发现肖某在河道管理范围内违法建房后,虽责令其立即停止违法行为,作出限期拆除所建房屋、恢复库区(河道)原貌的行政处罚,但并未依法正确履行监管职责,导致肖某违法建房至今仍未清除,致使国家和社会公共利益仍处于受侵害状态。现根据《全国人民代表大会常务委员会关于授权最高人民检察院在部分地区开展公益诉讼试点工作的决定》和《人民检察院提起公益诉讼试点工作实施办法》第四十条的规定,向你局提出如下检察建议:

建议你局按照相关法律规定积极履行职责。

请于收到本检察建议书后一个月内将办理情况及时书面回复本院。

某县人民检察院

2017年5月25日

法院回复

关于对某县人民检察院《检察建议书》的回复

某县人民检察院:

你院×县检民(行)执监〔2017〕42××××00014号检察建议已收悉。本院回复如下:

×县检民(行)执监〔2017〕42××××00014号检察建议函反映:本院存在违法受理某县水利局申请强制执行行政处罚决定的情形。本院经调查后认为,该案在办理的过程中确实存在审查不严的问题,导致对不符合受理条件的案件进行了受理并作出准予执行的裁定。本院将在今后的工作中加强对行政机关执行权的审查,对行政机关具有强制执行权而向本院申请强制执行的案件裁定不予受理。

感谢贵院对本院行政诉讼工作的支持,本院将在今后的工作中改进方法,努力提高司法水平!

某县人民法院

2017年10月27日

关于对某县人民检察院《检察建议书》的回复

某县人民检察院：

你院×县检民（行）执监〔2019〕42××××00003号检察建议已收悉。本院回复如下：

×县检民（行）执监〔2019〕42××××00003号检察建议函反映：本院存在违法要求行政机关二次申请的情形。本院经调查后认为，根据最高人民法院关于执行工作的规定，要求将审判工作与执行工作分开，从而形成当前审执分离的工作模式，审判业务部门只负责审判，执行工作由专门的执行部门负责。因此，在行政非诉执行案件的受理和执行的过程中确实存在一定理解偏差，导致我院在对行政机关申请非诉执行的案件由行政庭受理后，行政机关需再次到立案庭申请执行立案。本院将在今后的工作中改进行政非诉执行案件的办理模式，统一由行政庭受理裁定后直接移送执行部门执行。

感谢贵院对本院行政诉讼工作的支持，本院将在今后的工作中改进方法，努力提高司法水平！

某县人民法院

2019年9月30日

行政机关回复
关于对某水库库区（河道）管理范围内处理违法建房履行职责进展情况的回复

某县人民检察院：

我局于2017年5月26日收到贵院检察建议书后，局党委高度重视，迅速召开会议，积极履行职责，现将工作进展情况回复如下：

关于案件办理情况

肖某未经许可，擅自在某水库库区（河道）管理范围内316国道某大桥下建房5间，发现后，我局先后分别向肖某作出了责令停止水事违法行为通知书、行政处罚告知书、行政处罚决定书、申请强制执行书等法律文书，随后，某县人民法院作出了行政裁定书。但我局一直没能对肖某的违法建筑采取强拆措施，主要是办案人员平时没能系统地学习法律、法规，因此，认为案件移送法院后，我们的案件办理程序就完结了，具体执行就是由法院采取行政强制措施了，由于对法律、法规缺乏系统地学习、理解、消化、引用，从而导致了工作的被动局面。

关于执行情况

2017年，局党委办理换届后，在梳理积案时发现了上述问题，通过学习了法律、查阅资料、咨询专家，部门沟通等方式，找出了问题的根因，走出了工作误区，一方面积极向某县政府领导汇报，以争取支持；另一方面加强督导，成立工作专班。在收到检察建议后，会同人民法院、公安、城管执法、司法、消防、卫计、某镇人民政府等部门200余人，对肖某的违法建筑物依法实施了强拆。

特此回复。

某县水利局

2017年5月27日

B 公司诉 A 市住房和城乡建设局征收补偿认定纠纷抗诉案*

摘要与关键词

摘要:人民检察院对于行政诉讼案件裁判结果认为存在主要证据不足,适用法律、法规确有错误,且裁判结果将给国家利益、社会公共利益造成损害的,应当依职权进行监督。履行监督职能时,对于相关行政判决、裁定,仅通过阅卷及审查现有材料难以认定的,可以向当事人或者案外人调查核实有关情况,也可以采取《人民检察院行政诉讼监督规则》第 60 条规定的调查核实措施。

关键词:行政裁判结果监督;行政抗诉;依职权监督;调查核实

案情与程序

2015 年 9 月,A 市政府决定对该市某片区实施棚户区改造项目房屋予以征收,本案当事人 B 公司所属卓代大厦位于该改造片区。A 市住房和城乡建设局(以下简称市住建局)依据土地房屋登记卡、测绘报告及房屋分户面积明细表,向 B 公司作出房屋征收补偿面积的复函,认定上述案涉大厦第四层存在自行加建面积 203.78 平方米、第五层存在自行加建面积 929.93 平方米,决定对自行加建面积按照建安成本给予 B 公司补偿。B 公司对补偿决定不服,向该市某区人民法院提起

---

* 本案例来自最高人民检察院第十五批指导性案例(检例第 57 号),本文作者:黄明涛。

行政诉讼。该公司认为,大厦第四层被认定自行加建的 203.78 平方米面积和第五层被认定为自行加建的其中 187.26 平方米面积是规划许可允许建造且于该大厦建成时一并建造完成的,并且,该公司所属大厦部分系此前在法院另案处理中经裁定、判决而合法受让。B 公司向法院请求:(1)确认 A 市住建局复函违法并撤销;(2)确认争议部分建筑合法并按非住宅房屋价值给予补偿。

2016 年 8 月 1 日,该市某区人民法院作出行政判决。法院认为,卓代大厦尚未取得房屋所有权证,应当以规划许可的建筑面积来认定争议部分面积是否属于自行加建面积。法院认定,该大厦土地房屋登记卡记载面积、连同大厦第四层和第五层的争议面积,共计 5560.55 平方米,未超过规划许可证载明的许可面积 5674.62 平方米,因此应当认定争议部分建筑面积具有合法效力。法院没有采信市住建局提出的大厦测绘报告和房屋分户面积明细表。在 2011 年,该市中级人民法院在有关该大厦的另案判决中,曾依据一份该大厦的测绘报告作出判决,测绘报告系法院委托某测绘公司完成。本案中,A 市住建局复函所依据的大厦测绘报告及房屋分户明细表乃由同一测绘公司完成,但本次报告与 2011 年报告之间存在矛盾。区人民法院以市中级人民法院曾在先采信前份报告为理由,决定不采信市住建局提交的报告及房屋分户面积明细表。判决同时认为,该市中级人民法院另案民事判决已将本案争议建筑作为合法财产分割归 B 公司所有,是发生法律效力的物权设立决定,因此应当认定争议面积不是自行加建的面积。

法院最终判决确认 A 市住建局复函违法,责令其对争议部分建筑按非住宅房屋补偿标准给予 B 公司安置补偿或货币补偿。

一审判决后,双方当事人均未提起上诉,也未申请再审。

2018 年,该市人民检察院基于相关线索,发现该案判决所依据的关键事实证据规划许可证复印件存在变造嫌疑,并认为案件事实认定和法律适用均存在错误,于当年 11 月 22 日向市中级人民法院提出抗诉。市中级人民法院经审查,于 12 月 3 日作出行政裁定,指令某区人民法院再审。2019 年 1 月 8 日,B 公司向某区人民法院提交了撤诉申请。区人民法院依照《行政诉讼法》第 62 条之规定,裁定:(1)撤销原行政判决书;(2)准许 B 公司撤回对 A 市住建局的起诉。

2019 年 3 月 6 日,该市中级人民法院对 B 公司另案起诉的 A 市住建局强制拆除行为违法及赔偿纠纷案作出终审行政判决,认定 B 公司提交的卓代大厦(本案所涉大厦)规划许可证件中所载许可建筑面积系经由涂改,原规划许可面积应为5074.62 平方米。B 公司对上述认定事实无异议。案件最终判决驳回 B 公司诉讼请求。对于该 B 公司涉嫌变造证据的行为,另案处理。

检察机关履职情况

一、发现线索并启动监督

本案系 2016 年 8 月由区人民法院作出判决并生效。2018 年 4 月,该市人民检察院发现监督线索。检察机关在处理当事人来函信件的过程中,发现本案判决可能存在错误,主要问题在于争议部分建筑面积的性质认定。该案中,A 市住建局关于征收补偿的复函认定争议面积属于违建,因此决定按建安成本进行补偿;法院支持 B 公司主张,认定争议面积属于合法面积,因此判决按非住宅补偿标准进行补偿。检察机关认为,两种补偿标准差距较大,非住宅补偿标准为 30000 元每平方米,建安成本补偿标准为 2000 元每平方米,根据本案所涉大厦争议面积计算,补偿金额前后差异超过 1000 余万元。如法院判决确实错误,则政府多支出的补偿金额是对国家利益的严重损害。当时施行的《人民检察院行政诉讼监督规则(试行)》第 9 条第 1 项规定,对于有“损害国家利益或者社会公共利益的”情形的行政诉讼案件,人民检察院“应当依职权进行监督”。因此,该市人民检察院决定启动监督程序。

二、案件审查和调查核实

市人民检察院对案件进行审查,发现当事人 B 公司向区人民法院提供的大厦规划许可证复印件与其他证据存在矛盾,而该复印件是支持判决的关键证据之一,所以以此为监督重点。

根据《人民检察院行政诉讼监督规则(试行)》第 13 条第 1 款的规定,人民检察院因履行法律监督职责提出检察建议或者抗诉的需要,有下列情形之一的,可以向当事人或者案外人调查核实有关情况:(1)判决、裁定、调解书可能存在法律规定需要监督的情形,仅通过阅卷及审查现有材料难以认定的……(4)其他需要调查核实的情形。该条第 3 款还规定,人民检察院可以向相关审判、执行人员了解有关情况,听取意见。该规则第 36 条规定,办理行政诉讼监督案件,本规则没有规定的,可适用《人民检察院民事诉讼监督规则(试行)》的相关规定。后者第 66 条第 1 款向人民检察院授权了多项调查核实措施,包括:(1)查询、调取、复制相关证据材料;(2)询问当事人或者案外人;(3)咨询专业人员、相关部门或者行业协会等对专门问题的意见;(4)委托鉴定、评估、审计;(5)勘验物证、现场;(6)查明案件事实所需要采取的其他措施。

因此,除向法院调取案件卷宗材料,检察机关还依法开展了进一步调查核实工作,一是向 A 市规划委员会、A 市不动产登记中心等单位调取规划许可证及相关文件;二是向 A 市不动产登记中心等单位及工作人员询问了解规划许可证等文件复印件的来源和审核情况。经过将以上查询与材料审查作比对,检察机关发现,法院案卷中收录的规划许可证等文件复印件——B 公司所提供——所载建筑面积与 A 市规划委员会保存的规划许可证等文件原件所载面积不一致。实际上,B 公司向法院提供的规划许可证等三份文件复印件,系从 A 市不动产登记中心查询复印所得,而该中心保存的这三份文件材料本身即由 B 公司在此前申请办理房证时提供的复印件。因此,应以 A 市规划委员会保存的原件为准,认定有关规划许可面积。2018 年 7 月 19 日,A 市规划委员会向市人民检察院出具了《关于协助说明规划许可相关内容的复函》,其中证明,案涉大厦建筑规划许可总建筑面积为 5074.62 平方米。据此,检察机关认定,B 公司所提供的规划许可证复印件上所载 5674.62 平方米的数字(与 A 市规划委员会确认的面积相差一位数字)系经涂改,而规划许可建筑面积应为 5074.62 平方米。

三、审查意见和监督处置

根据调查核实情况,并结合对案件的审查研究,A 市人民检察院形成了相关监督意见,主要是两个方面:第一,判决认定规划许可面积错误,因此,所得出的实际建筑面积未超过规划许可面积的结论是错误的;第二,A 市国土局提供的土地房屋登记卡及附件、2015 年测绘报告所载房屋分户面积明细表等证据应予采信,因前案并未处理大厦相关建筑面积是否系违法自行加建的问题,所以本案判决依据前案判决相关观点而排除市住建局相关证据是错误的。综合上述意见,检察机关认为,法院判定争议部分建筑面积并非自行加建系错误,遂决定依法向市中级人民法院提出抗诉。最终,原行政判决被撤销,为国家挽回了损失。

类案学理研讨

一、维护国家利益和社会公共利益是检察机关法律监督的根本任务

这宗检察监督案件的第一个特点,就是通过人民检察院针对行政裁判结果的监督,维护了国家利益。人民检察院是国家法律监督机关,担负着维护国家利益的重任,这一点始终是明确的,也是我国检察制度的根本特色。《人民检察院组织法》第 2 条第 2 款规定,"人民检察院通过行使检察权,追诉犯罪,维护国家安全和社会秩序,维护个人和组织的合法权益,维护国家利益和社会公共利益,保障法律正确实施……"将维护国家利益摆在了极为重要的位置。

在新时代,应当如何理解人民检察院作为国家法律监督机关的特殊机关性质和地位,如何准确把握其在维护国家利益方面的角色与职能?对此,中央已经提出了最新论断。中共中央《关于加强新时代检察机关法律监督工作的意见》开宗明义地指出,人民检察院"是保障国家法律统一正确实施的司法机关,是保护国家利益和社会公共利益的重要力量,是国家监督体系的重要组成部分,在推进全面依法治国、建设社会主义法治国家中发挥着重要作用"。这一论断包含两个方面的深刻启示:一方面,在新时代,我们对于国家利益的理解必须具有全局性,在推进全面依法治国、建设社会主义法治国家的过程中,建构科学完备的国家监督体系,保障国家法律统一正确实施,就是实现国家利益和社会公共利益的根本途径;另一方面,在保护国家利益的总体制度架构中,检察机关具有不可替代的重要作用,其角色不是单一的、而是全面的,不是割裂的、而是协调的,因此,检察机关的职能职权也是全方位、多层次的。

中共中央《关于加强新时代检察机关法律监督工作的意见》将新时代国家利益凝练为几个方面,也就是对各级人民检察院的工作方向的总体要求:(1)坚决维护国家安全和社会大局稳定;(2)服务保障经济社会高质量发展;(3)切实加强民生司法保障;(4)积极引领社会法治意识。在本案中,原行政判决损害国家利益的

直观表现是案涉大厦内相关建筑面积法律性质的错误认定导致国家多支付不应有的款项，但进一步考察就可以发现，本案还反映出更多问题：当事人变造关键文书证据，反映法治意识淡薄；市住建局未充分行使诉讼权利放任错误判决，未能有效维护国家利益；法院相关审判人员未充分审查证据，依法审判能力不足；等等。上述因素共同导致了国家利益的直接损失，而由此伤害了司法公信力，是一种更加深刻的间接损失。因此，检察机关介入本案，有多重正面意义。首先，积极引领社会法治意识。通过公开发布本案作为检察案例，真正做到了该意见所要求的"将社会主义核心价值观融入法律监督，通过促进严格执法、公正司法，规范社会行为、引领社会风尚……提升司法公信力，以司法公正引领社会公正"。这是值得充分肯定的。其次，促进了依法行政。意见要求通过"全面深化行政检察监督"促进"司法公正"，检察机关要依法履行对行政诉讼活动的法律监督职能，促进审判机关依法审判，推进行政机关依法履职。在本案中，行政相对人并不存在合法权益的损害，实际上，其胜诉建立在有瑕疵的证据认定和错误的法律适用的基础上。要充分肯定本案中的检察监督对于促进依法行政的意义，因为通过对案件的全面审查，检察机关对有关行政机关是否充分依法履职进行了调查、研究和有关监督，这就有助于形成保障依法行政的制度化监督力量。总而言之，本案体现了检察机关积极履行作为法律监督机关的职责，最终为国家挽回损失，保护了国家利益，具有很好的典型意义和指导意义。

维护国家利益，对损害国家利益的案件进行监督，已经体现在检察制度改革、法律监督能力水平提升的全过程之中，展现了当前检察工作的鲜明特色。在2021年开始施行的最新版《人民检察院行政诉讼监督规则》当中，第2条就明确规定"维护国家利益和社会公共利益"是进行行政诉讼监督的根本宗旨之一。有关案件受理的条件与程序的规定，也体现了对于损害国家利益案件的特别重视，例如，该规则第36条把"损害国家利益或者社会公共利益"作为人民检察院应当依职权监督的首要情形，并且，一旦在履职中发现有案件判决结果属于此种情形，不以原案件当事人是否申请再审为程序上的门槛，让检察院可以依法发挥更主动的作用，体现了维护国家利益在检察院法律监督工作全局中的特殊地位，也体现了国家利益依赖于检察机关予以保护的法治实际。该规则第91条还授权对于已生效的行政调解书若发现其"损害国家利益或者社会公共利益的"可以提出再审检察建议或提请抗诉等监督措施。从该规则第 61 条还可以看出,为维护国家利益,检察机关获得了一些专门的、特定的授权,即有关案件可能损害国家利益的,在调查核实环节,检察院有权向银行业金融机构查询、调取、复制相关证据材料。此外,维护国家利益作为对检察机关的要求,也可以体现在对某些监督环节的具体制约或界限方面,如该规则第 81 条对人民检察院终结审查的权力进行了限定,规定监督申请的申请人撤回申请,必须以不损害国家利益、社会公共利益或者他人合法权益为前提。也就是说,仅有撤回申请是不属于"应当终结审查"的情形的,申请人在与其他当事人的和解协议中声明放弃申请监督的权利,也要求"不损害国家利益、社会公共利益或者他人合法权益",才构成应当终结审查的情形。可见,维护国家利益是检察机关必须始终绷紧的一根弦,在监督工作的任何一个环节都不可松懈。

具体到检察机关的法律监督实践,在办案中监督和在监督中办案,如何正确地识别国家利益、正确地评估利益损害的程度,有赖于对国家利益这个概念本身的深刻理解。可以从两个方面对此进行加强。

一是提高政治站位,要从党和国家工作大局的高度,从社会矛盾的新特点、人民群众对法治国家和法治社会的新期待的角度,去把握什么是国家利益。"习近平总书记要求,'更好发挥法治固根本、稳预期、利长远的作用'。检察机关必须时刻胸怀'国之大者',牢牢把握实现第二个百年奋斗目标新的更高要求,统筹发展和安全,为推动高质量发展提供有力法治保障。贯彻总体国家安全观,积极投入更高水平的平安中国建设,坚持在法治轨道上常态化开展扫黑除恶斗争,统筹落实少捕慎诉慎押刑事司法政策、认罪认罚从宽制度,既从严打击严重犯罪,又促进社会内生稳定,坚决维护国家安全、社会安定、人民安宁。更实服务经济发展稳中求进,统筹推进全面推开涉案企业合规改革、加强最高检驻中国证监会检察室建设、强化知识产权综合司法保护等各项工作,促进优化法治化营商环境。落实统筹推进国内法治和涉外法治的要求,健全国际司法合作机制,深化双边多边合作,依法办理涉外案件,坚决维护国家主权、安全、发展利益。"[1]这是对于当前党和国家的重要工作、重要部署、重要战略的很好梳理,也是结合检察机关的角色定位和职能优势对国家利益作出的精准提炼,指明了维护国家利益的战略方向、工作思路和办案

---

〔1〕 张军:《坚持以习近平法治思想为指引　加强新时代检察机关法律监督》,载《求是》2022 年第 4 期。

重点。

二是强化担当意识,在加快建构系统完备、规范高效的执法司法制约监督体系的过程中,检察机关要做到敢于监督、善于监督,要拿出作为国家监督机关的责任担当,只有这样才能在发现损害国家利益的情形时,积极监督、及时监督。所谓敢于监督,是指要深刻认识监督与被监督目标一致、责任一致,坚持把法律监督融入执法司法机关互相配合、互相制约的格局之中,坚持在办案中监督、在监督中办案,全面协调充分履行"四大检察"职能,更好地维护司法权威、捍卫公平正义、保障人民权益。要紧紧抓住人民群众反映强烈的有法不依、执法不严、违法不究、司法不公等突出问题。所谓善于监督,是指检察对于诉讼活动进行监督,重在启动纠错程序,促进办案机关重新审视并自我纠错,警示和防范潜在的违规违法办案。要紧紧依靠党的领导开展监督,与其他执法司法机关形成良性、互动、积极的工作关系,既有针对性地改进法律监督工作,又促进其他执法司法机关更好履职。要认识到,法律监督机关与被监督机关虽分工不同,但都是党领导下的法治体系建设的重要职能部门,必须在学、思、践、悟习近平法治思想中树立共同执法司法理念,形成配合的习惯、制约的自觉,形成严格执法、公正司法的共同履职取向,统一执行党的政策和国家法律,合力推进全面依法治国。法律监督不是你错我对的"零和博弈",监督与被监督的共同目的是把党的法治事业建设好,把人民的根本利益维护好。

二、检察机关依职权监督的理论基础与制度完善

检察机关对于行政诉讼进行法律监督,从案件来源的角度看,可以分为依申请监督和依职权监督。根据《行政诉讼法》第93条的规定,对"已经发生法律效力的判决、裁定,发现有本法第九十一条规定情形之一……应当提出抗诉",这里的"发现"显然包含被动发现和主动发现两种情况,也就对应了依申请而启动的监督和依职权而启动的监督。检察机关积极作为、主动发现符合应当进行法律监督的案件线索,并予以监督和处置,是具有充分法律依据的。

在基础法理层面,我们可以看到,依职权监督实际上是新时代检察机关能动司法的必然要求。其一,适应社会生活的需求是检察机关能动司法的社会基础。面对现代社会越来越呈现社会关系复杂化、变动性等特征,社会需求必然也会多元化。这就要求检察机关以能动、积极的姿态应对新变化。其二,更好地运用法律解

决矛盾争议是检察机关能动司法的现实因素。法律的普遍性既是优势,也在特定场景中制约了具体适应性,当检察机关需要在各种不同但合理的利益诉求之间取得兼顾平衡时,是需要秉持一种能动司法的理念的。

2021 年《人民检察院行政诉讼监督规则》对案件来源——即案件受理途径——进行了细分规定,根据第 18 条,分为:(1)当事人的申请监督;(2)案外人的控告;(3)人民检察院依职权发现。这是为明晰受理程序而采取的立法例,不改变前两类作为"被动发现监督案源"的性质。在第 36 条中,新规则列出了应当依职权监督的具体情形,分别是:(1)案件损害国家利益或者社会公共利益;(2)法院审判人员、执行人员在审理和执行行政案件时有贪污受贿、徇私舞弊、枉法裁判等行为;(3)人民检察院需要跟进监督的;(4)人民检察院作出的不支持监督申请决定确有错误的;(5)其他确有必要监督的。其中,"跟进监督"和"不支持监督申请决定确有错误"是新增加的两类情形,是对于启动监督程序在细节上的进一步完备。所谓"跟进监督",是指人民检察院的在先监督程序已经向人民法院提出了监督意见,在对方未予纠正的情况下,检察院所做的跟进监督。这可以说是履行监督职责、做实监督效果的必然要求。先前的法律监督程序不一定是依职权启动,但跟进监督显然就是检察机关的积极主动作为了。所谓"不支持监督申请决定确有错误的",很好理解,是指对检察机关纠正自身可能的错误决定留出余地,当发现此前决定不支持当事人的监督申请确有错误时,自然应当主动就案件启动监督,因此也属于依职权监督。

应当注意,上述规则第 36 条之下的几个分项,有的是实体标准,有的是程序标准或线索指引。第 1 项规定的"损害国家利益或者社会公共利益",实际上是决定应否启动监督的实体标准,即有关行政案件是否造成损害国家利益或者社会公共利益的效果,凡是人民检察院在"履行职责中发现"了此种情形,就必须予以监督,至于发现的方法或渠道,在这里没有具体指示或限定。第 3 项规定的"跟进监督",其实不是实体标准,而纯粹是要求检察院对于在先监督程序进行某种跟踪,相当于指明了某种发现线索的具体途径,至于此前决定对人民法院予以监督的实体原因或者监督意见的实质内容是什么,则没有限定。从法理上讲,检察院根据已有法定监督职权,自行决定具体工作程序、工作机制或者工作方法,以便履行有关职权,是合理且必要的。《人民检察院行政诉讼监督规则》作为最高人民检察院制定的工作规定,以这种非常具体的行文来指出主动发现案件线索的工作方向,本质上是法律监督机关的内部工作机制建设,是对监督职权的必然附随权力的行使。

决定启动依职权监督的实体标准的设立,就是对于检察机关监督职权在具体层面的授予或界定。《行政诉讼法》第 91、93 条明确授权检察机关就生效的行政判决、裁定主动采取监督措施的情形,基本上都是与法律上的错误有关,至于单纯因损害国家利益或社会公共利益而对案件启动监督,该法没有明确表示。实践中,如果检察机关认为有关案件的判决结果构成损害国家利益或社会公共利益,但无论在证据、法律适用、诉讼程序或审判人员的审判行为等方面都不足以认定存在违法的,就属于《人民检察院行政诉讼监督规则》第 36 条第 1 款第 1 项所规定的情形,而检察机关此时扮演了公共利益保护人的角色。与这种角色设定相适应,这一类监督程序的启动,不受案件当事人是否申请再审的限制。规则对此作出了明确规定。从当前国家治理和依法治国的总体形势与要求的层面看,赋予检察机关此等权力是合适的,有利于在较复杂的法律环境和利益格局之中更好地保护国家利益和社会公共利益。

在此基础上,应该进一步研究如何让检察机关用好这项主动权力,这就涉及案件线索的发现、甄别、评估、管理等一系列工作。现有研究表明,行政检察在线索工作方面尚待改进。例如,缺乏线索评估机制、线索处理较随意。实践中,对于依职权发现的线索,缺乏评估标准,工作规范也不完善,这导致在线索的真实性评估上花费人力物力过大、在线索的可查性评估上投入不足等现象,这样就增加了由线索发现转入实质监督办案的难度,甚至可能出现避重就轻、选择性办案的情况。又如,缺乏线索管理机制,对初步线索没有根据类型进行细分,也缺乏处理时限方面的要求,实践中存在导致某些涉及严重损害国家利益和社会公共利益的重大线索未能及时得到处置、而有些尚不成熟的线索却被仓促处理结案的情况,这实际上是浪费了检察制度资源。

因此,应该从以下方面改善、提升主动发现案件线索工作。第一,畅通线索来源,做好移送衔接。随着全社会法治意识的提升和对于检察机关地位与职责的认识深化,在事关国家利益和社会公共利益的案件方面,检察机关获取线索的外在环境正在逐步改善,因此要进一步开放线索提供的渠道。在本案中,某市人民检察院就是在处理当事人来函的过程中发现案件可能存在问题。线索移送衔接机制同样重要。就行政裁判结果监督而言,与人民法院之间建立常态化的案件移送机制是最重要的,当然这需要做顶层设计,在全国层面或较高层面予以推动。现阶段,有的省份进行了很好的探索,如广东省人民检察院与省政府某些职能部门、司法行政部门建立了办案协作机制,促使其行政检察案件线索数量"成千倍的大幅提升"。[1] 第二,建立线索评估机制,分类做好后续处置。解决了线索的外部来源问题之后,检察机关就需要对线索进行高效率的甄别,这样才能用好线索,完成比较扎实的监督。要甄别出真正的或者有质量的线索,就需要有一套评估机制,并根据评估结果,对线索予以分类管理,分别进行相应处置。对于初步线索,评估的重点是真实性、可查性。真实性评估,是指线索反映出的案件审理情况是否有可能符合应当依职权监督的实体门槛。例如,是否反映出案件结果损害国家利益或社会公共利益。这一阶段的评估不需要从法律上作完整证实,只需表明有可能符合即可。也就是说,至少是一个值得进一步跟进、挖掘和验证的线索,而不是毫无价值的伪线索。可查性评估是下一阶段的评估,是指具备真实性的线索是否需要进一步的调查核实,以及调查核实的方向、焦点、可行性等。通过这一阶段的评估的线索,就是一个客观上有机会做成监督案件的线索。以此为基础,检察机关就可以根据"筛选之后的线索"的相关属性,进行分类处理和管理。例如,构成严重损害国家利益的案件,可作为优先办理线索,在办案流程上、人员配备上作优先安排;又如,调查核实难度较大、牵涉面较广的案件,可作为重大办理线索,在办案资源投入、办案机关级别上作重点安排。

三、检察机关调查核实的权力、措施与保障

检察机关一旦启动监督程序,对生效行政判决进行审查的过程中,需要进行必要的调查核实工作,以利于对被审查案件相关情况的全面掌握,更准确地评估案件事实、证据,并对法律适用正确与否进行独立地、专业地判断。《人民检察院行政诉讼监督规则(试行)》对人民检察院调查核实方面的权力规定得比较简略,但同时规定可适用民事诉讼监督规则中的有关规定。总体来看,本案体现了某市人民检察院对依法进行调查核实的必要性的正确理解,积极有效地运用了有关调查核实

---

〔1〕 邓世豹、林祎珣:《论行政检察依职权发现线索管理机制建设》,载《法制博览》2020 年第 33 期。

的手段,为后续监督意见的形成和监督决定的作出,打下了坚实基础。可以说,调查核实工作是检察机关顺利完成本案法律监督职责的关键环节。

进入检察环节的行政争议通常都具有疑难、复杂以及争议历时较长的特点,检察机关要促进实质性化解行政争议,就需要查明争议事实和相关情况,而很多时候相关情况仅由书面审查并不能完全掌握,这说明强化调查核实的重要性。可以说,调查核实工作在检察机关的行政诉讼裁判监督当中具有基础性、先决性的地位,而对于行政争议的最终实质性化解,也有着重要影响。

2021 年 4 月,最高人民检察院第十三届检察委员会第六十五次会议通过了新的《人民检察院行政诉讼监督规则》,并已于同年 9 月 1 日开始实施。在新规则中,调查核实制度得到了加强,表现在以下几个方面。

第一,进一步列明启动调查核实程序的条件。新规则第 58 条在 2016 年试行规则第 13 条的基础上,增加了"被诉行政行为及相关行政行为可能违法""行政相对人、权利人合法权益未得到依法实现"这两种可以向被监督案件当事人或案外人进行调查核实的"规定情形",彰显了行政诉讼监督纠正行政违法和保护相对人合法权益的制度功能。第 59 条是有关听取人民法院审判人员或执行人员意见,凡属于"通过阅卷以及调查核实难以认定有关事实的",人民检察院可以听取法院相关审判、执行人员的意见,以便全面了解案件相关事实和理由。这就对第 58 条进行了补充,确保针对当事人、案外人的调查核实工作如有未尽之处,仍可以从法院得到协助。有观点认为,就听取人民法院相关审判、执行人员意见单独设置第 59 条,表明最高人民检察院制定此次新规时,将"调查核实与对法院人员的了解情况、听取意见进行了区分,据此表明不能对法院行使调查核实权"。[1] 尽管如此,如果实践中人民法院对于人民检察院提出的听取相关意见的要求能够予以积极配合,那么调查核实的目的还是可以达到的。

第二,进一步明确采取调查核实措施的权力。根据原先的办案规则,人民检察院的调查核实措施的采用,实际上是参照适用《人民检察院民事诉讼监督规则(试行)》之中的相关规定,在权力依据上略显不足。新的《行政诉讼监督规则》对此专门作出了补充,在第 60 条明确了人民检察院可以采取五类调查核实措施以及为查

[1] 韩成军:《行政检察调查核实权的规范化运行》,载《国家检察官学院学报》2021 年第 5 期。

明案件事实“所需要采取的其他措施”,与民事诉讼监督程序中的相关权力基本保持一致。以本案为例,检察机关向 A 市规划委员会、A 市不动产登记中心进行了查询,也调取了有关文件材料,这是后续进行证据比对并发现 B 公司提交的证据存在涂改变造嫌疑的基础。在新规则之下,此类调取相关证据材料、询问案外人以及咨询相关部门对专门问题的意见等措施,有了规则上的明确保障。新规则还在第 61 条专门授权就特定情形“向银行业金融机构查询、调取、复制相关证据材料”,进一步充实了调查核实的手段,可以说走在了法律监督制度建设的前端。也有观点认为,听证程序也具有查清事实的功能,可见,调查核实与听证在实践中有着综合运用的可能。〔1〕 与此同时,第 60 条第 2、3 款也对检察机关的权力进行了必要的限定,规定其应当对调查核实过程所知悉的商业秘密和个人隐私予以保密,还规定不得采取限制人身自由和查封、扣押、冻结财产等强制性措施,这体现了权责平衡和检察监督必要的谦抑性。

第三,进一步完善开展调查核实工作的程序。新的《人民检察院行政诉讼监督规则》详细规定了各类调查核实措施以怎样的形式、要件、流程展开,对于所征询意见的书面或口头形式、现场勘验到场人员及法律效果、被调查人的签名签章要求或拒绝签名签章的程序应对、相关单位和个人的配合义务等,真正做到让调查核实工作有章可循、有条不紊。在为检察机关构造充分的工作机制与严谨的工作要求的同时,注意尊重其他国家机关的法定职权和相关单位或个人的权益。第 62 条第 2 款规定,原案件诉讼过程中已经进行过鉴定、评估、审计的,“除确有必要外,一般不再委托鉴定、评估、审计”,这也是谨慎使用司法资源和尊重司法过程权威的应有之义。

要让调查核实工作发挥实效,强化相关保障措施极为重要。对此,中央文件其实有着明确要求。根据中共中央《关于加强新时代检察机关法律监督工作的意见》的规定,“检察机关依法调阅被监督单位的卷宗材料或者其他文件,询问当事人、案外人或者其他有关人员,收集证据材料的,有关单位和个人应当协助配合。依法向有关单位提出纠正意见或者检察建议的,有关单位应当及时整改落实并回复,有不同意见的,可以在规定时间内书面说明情况或者提出复议。对于无正当理

〔1〕 韩成军:《行政检察调查核实权的规范化运行》,载《国家检察官学院学报》2021 年第 5 期。

由拒绝协助调查和接受监督的单位和个人，检察机关可以建议监察机关或者该单位的上级主管机关依法依规处理。检察机关在法律监督中发现党员涉嫌违反党纪或者公职人员涉嫌职务违法、职务犯罪的线索，应当按照规定移送纪检监察机关或者有关党组织、任免机关和单位依规依纪依法处理”。

《人民检察院行政诉讼监督规则》对上述要求作出了呼应和落实，集中体现为第67条，规定“拒绝或者妨碍人民检察院调查核实的，人民检察院可以向有关单位或者其上级主管机关提出检察建议，责令纠正，必要时可以通报同级政府、监察机关；涉嫌违纪违法犯罪的，依照规定移送有关机关处理”。应该说，检察机关能够方便运用的保障措施，主要还是体现为检察建议。一方面，检察建议并不属于刚性或强制性的保障措施，检察院的调查核实权也确实不能与审判程序中人民法院在调查取证等环节所拥有的某些具有强制性的权力等量齐观；另一方面，检察建议同样有机会发挥相当的效用，促进调查核实取得实效。最高人民检察院2018年发布的《人民检察院检察建议工作规定》围绕检察建议的适用、制发、落实等进行了较为全面的机制层面的建构，有学者认为，“检察建议加盟检察监督方式之列，逐步展现出了其制度潜质和制度优势，它具有方式柔、形式新、视野宽、领域广、接地气、重协调、效率高等特点……基于以柔克刚、以柔求刚、刚柔并济的制度特性，将双赢多赢共赢理念、协商性执法司法理念、民主化的社会参与理念、多部门职能协同运作理念等新的制度元素有序导入检察监督的制度构成之中”。[1]

《人民检察院检察建议工作规定》第23、24、25条规定了一般性的检察建议保障落实措施，对于被建议单位提出异议、支持配合建议的落实、被建议单位拒绝整改或整改不到位等情形，有相应的处理方式。其中第25条规定，无正当理由不予整改或者整改不到位的，“经检察长决定，可以将相关情况报告上级人民检察院，通报被建议单位的上级机关、行政主管部门或者行业自律组织等，必要时可以报告同级党委、人大，通报同级政府、纪检监察机关”，这就对《人民检察院行政诉讼监督规则》的第67条进行了兜底式地、一般性地补充。当然，进行调查核实的承办检察官或办案组，需要通过各种方式，尽量促成当事人、案外人或有关单位和个人积极配合。只是一味强调检察机关调查核实职权的刚性或保障措施，也是不可取的。

---

〔1〕 汤维建：《以检察建议促进检察监督制度创新发展》，载《检察日报》2022年2月5日，第3版。

规范与文书

《中华人民共和国人民检察院组织法》

第二十条　人民检察院行使下列职权：

……

（五）对诉讼活动实行法律监督；

……

（八）法律规定的其他职权。

第二十一条　人民检察院行使本法第二十条规定的法律监督职权，可以进行调查核实，并依法提出抗诉、纠正意见、检察建议。有关单位应当予以配合，并及时将采纳纠正意见、检察建议的情况书面回复人民检察院。

抗诉、纠正意见、检察建议的适用范围及其程序，依照法律有关规定。

《中华人民共和国行政诉讼法》

第九十一条　当事人的申请符合下列情形之一的，人民法院应当再审：

（一）不予立案或者驳回起诉确有错误的；

（二）有新的证据，足以推翻原判决、裁定的；

（三）原判决、裁定认定事实的主要证据不足、未经质证或者系伪造的；

（四）原判决、裁定适用法律、法规确有错误的；

（五）违反法律规定的诉讼程序，可能影响公正审判的；

（六）原判决、裁定遗漏诉讼请求的；

（七）据以作出原判决、裁定的法律文书被撤销或者变更的；

（八）审判人员在审理该案件时有贪污受贿、徇私舞弊、枉法裁判行为的。

第九十三条第一款　最高人民检察院对各级人民检察院已经发生法律效力的判决、裁定，上级人民检察院对下级人民检察院已经发生法律效力的判决、裁定，发现有本法第九十一条规定情形之一，或者发现调解书损害国家利益、社会公共利益的，应当提出抗诉。

第一百零一条　人民法院审理行政案件，关于期间、送达、财产保全、开庭审理、调解、中止诉讼、终结诉讼、简易程序、执行等,以及人民检察院对行政案件受理、审理、裁判、执行的监督,本法没有规定的,适用《中华人民共和国民事诉讼法》的相关规定。

《人民检察院行政诉讼监督规则(试行)》(2016年)

第九条 有下列情形之一的行政诉讼案件,人民检察院应当依职权进行监督:

(一)损害国家利益或者社会公共利益的;

(二)审判、执行人员有贪污受贿、徇私舞弊、枉法裁判等违法行为的;

(三)其他确有必要进行监督的。

第十三条 人民检察院因履行法律监督职责提出检察建议或者抗诉的需要,有下列情形之一的,可以向当事人或者案外人调查核实有关情况:

(一)判决、裁定、调解书可能存在法律规定需要监督的情形,仅通过阅卷及审查现有材料难以认定的;

……

人民检察院通过阅卷以及调查核实难以认定有关事实的,可以向相关审判、执行人员了解有关情况,听取意见。

第三十六条 人民检察院办理行政诉讼监督案件,本规则没有规定的,适用《人民检察院民事诉讼监督规则(试行)》的相关规定。

《人民检察院民事诉讼监督规则(试行)》(2013年)

第六十六条 人民检察院可以采取下列调查核实措施:

(一)查询、调取、复制相关证据材料;

(二)询问当事人或者案外人;

(三)咨询专业人员、相关部门或者行业协会等对专门问题的意见;

(四)委托鉴定、评估、审计;

(五)勘验物证、现场;

(六)查明案件事实所需要采取的其他措施。

人民检察院调查核实,不得采取限制人身自由和查封、扣押、冻结财产等强制性措施。

《人民检察院行政诉讼监督规则》(2021年)

第十八条 人民检察院受理行政诉讼监督案件的途径包括:

(一)当事人向人民检察院申请监督;

(二)当事人以外的公民、法人或者其他组织向人民检察院控告;

(三)人民检察院依职权发现。

第三十六条第一款 人民检察院在履行职责中发现行政案件有下列情形之一的,应当依职权监督:

(一)损害国家利益或者社会公共利益的;

(二)审判人员、执行人员审判和执行行政案件时有贪污受贿、徇私舞弊、枉法裁判等行为的;

(三)依照有关规定需要人民检察院跟进监督的;

(四)人民检察院作出的不支持监督申请决定确有错误的;

(五)其他确有必要进行监督的。

第五十八条第一款 人民检察院因履行法律监督职责的需要,有下列情形之一的,可以向当事人或者案外人调查核实有关情况:

(一)行政判决、裁定、调解书可能存在法律规定需要监督的情形,仅通过阅卷及审查现有材料难以认定的;

(二)行政审判程序中审判人员可能存在违法行为的;

(三)人民法院行政案件执行活动可能存在违法情形的;

(四)被诉行政行为及相关行政行为可能违法的;

(五)行政相对人、权利人合法权益未得到依法实现的;

(六)其他需要调查核实的情形。

第五十九条 人民检察院通过阅卷以及调查核实难以认定有关事实的,可以听取人民法院相关审判、执行人员的意见,全面了解案件审判、执行的相关事实和理由。

第六十条 人民检察院可以采取以下调查核实措施:

(一)查询、调取、复制相关证据材料;

(二)询问当事人、有关知情人员或者其他相关人员;

(三)咨询专业人员、相关部门或者行业协会等对专门问题的意见;

(四)委托鉴定、评估、审计;

(五)勘验物证、现场;

(六)查明案件事实所需要采取的其他措施。

检察人员应当保守国家秘密和工作秘密,对调查核实中知悉的商业秘密和个人隐私予以保密。

人民检察院调查核实,不得采取限制人身自由和查封、扣押、冻结财产等强制性措施。

第六十一条第一款 有下列情形之一的,人民检察院可以向银行业金融机构查询、调取、复制相关证据材料:

(一)可能损害国家利益、社会公共利益的;

(二)审判、执行人员可能存在违法行为的;

(三)当事人有伪造证据、恶意串通损害他人合法权益可能的。

第六十七条 人民检察院调查核实,有关单位和个人应当配合。拒绝或者妨碍人民检察院调查核实的,人民检察院可以向有关单位或者其上级主管机关提出检察建议,责令纠正,必要时可以通报同级政府、监察机关;涉嫌违纪违法犯罪的,依照规定移送有关机关处理。

第八十一条 有下列情形之一的,人民检察院应当终结审查:

……

(二)申请人撤回监督申请,且不损害国家利益、社会公共利益或者他人合法权益的;

……

《人民检察院检察建议工作规定》

第二十五条 被建议单位在规定期限内经督促无正当理由不予整改或者整改不到位的,经检察长决定,可以将相关情况报告上级人民检察院,通报被建议单位的上级机关、行政主管部门或者行业自律组织等,必要时可以报告同级党委、人大,通报同级政府、纪检监察机关。符合提起公益诉讼条件的,依法提起公益诉讼。

××省A市人民检察院
行政抗诉书
(节选)

……

本院除了以下事实之外与一审判决查明的事实一致。本院查明:

一、规划许可证许可的建筑面积应该是5074.62平方米,而不是5674.62平方米。2018年6月28日,A市规划委员会向A市住建局出具三规建设函〔2018〕250号《关于协助说明规划许可相关内容的复函》,主要内容为:卓代大厦原为A市商业城项目,该项目建筑规划许可总建筑面积为5074.62平方米。法院判决认定的"规划许可证许可的建筑面积是5674.62平方米"这一事实与规划审批不符,上述材料的举证方存在涉嫌变造国家机关公文的情形。该项目至今未申请规划验收,根据法院判决认定的建设现状(总建筑面积5560.55平方米,建筑层数为5层),存在加建、扩建情形,未按照规划审批内容进行建设,依法属于违法建设,违法建设不受法律保护。本院经与A市规划委员会(原A市规划局)、A市不动产登记中心(原A市国土环境资源信息中心后并入该中心)核实,B公司由其股东杜某向一审法院提供的三份文件,即市规公审字(2000)96号《关于A市第二糖烟酒公司等五家单位在解放一路兴建A市商业城工程的审批意见》、〔2000〕106号《建设工程规划临时许可证》、《施工任务通知书》,是从A市不动产登记中心查询复制的。而该中心存档备案的这三份文件又是B公司股东杜某在申请办理房证时向该中心提供的。这三份文件记载的关于涉案建筑规划许可面积为5674.62平方米,在A市规划委员会备案存档的三份文件记载的涉案建筑规划许可面积为5074.62平方米。

二、卓代大厦实际建筑面积达6506.28平方米,而不是一审判决以房屋登记卡上的建筑面积与B公司争议面积之和(5169.51+203.78+187.26=5560.55)来确认的5560.55平方米。

本院另查明:

一、2001年11月1日,甲方A市第二糖烟酒公司等五家公司、乙方海口华州实业发展有限公司、丙方B公司,签订《卓代酒店产权转让合同书》,其中第一条约定,甲方愿意将卓代酒店第2、3、4、5层(面积约共计4200平方米)以及第1层大厅(面积约81.2平方米)的房屋转让给乙方。房屋面积以国土局测量为准的内容。第三条约定乙方将卓代酒店第2、3、4、5楼(面积共计4200平方米)以及第1层大厅(面积约81.2平方米)再转让给丙方,乙方表示同意。丙方因与乙方以及甲方房屋(项目)转让合同纠纷诉至A市中级人民法院,该院于2002年11月28日作出第8号调解,在该调解书中确认海口华州实业发展有限公司将卓代酒店第2、3、4(除北面第401号面积约130平方米的套房)、5层(面积约共计4200平方米)以及第1层大厅(面积约81.2平方米)的房屋所有权及土地使用权转让给B公司。其中确认房屋面积以土地房产管理部门测量面积为准。其后因海口华州实业发展有限公司未能自行履行,B公司向A市中级人民法院申请执行,该院作出(2003)三亚执字第15-1号民事裁定(以下简称第15-1号民事裁定),裁定将第8号调解书确认的上述房屋产权过户到B公司名下。

二、2004年4月25日,孙某、杜某、杜某燕签订《关于"三和商业城"和"卓代酒店"产权划分的决议》,其中第五条约定,卓代酒店五楼临建房屋(铁皮屋部分约650平方米)的财产由杜某永久独自拥有使用权。2011年6月27日,孙某因与杜某、杜某燕、B公司产生卓代酒店共有纠纷起诉至A市××人民法院,该院作出(2011)城民一初字第1356号民事判决(以下简称第1356号民事判决)。对卓代酒店的有关房屋和份额进行了分割和划分。B公司不服一审判决向A中院提出上诉,该院作出第456号判决,维持一审判决。该一审法院查明,在一审诉讼过程中,孙某向一审法院提出评估申请,要求对卓代酒店每层楼房的面积进行测绘及对每层楼房的价值进行评估。A市中级人民法院委托三亚合利测绘服务有限公司进行测绘鉴定,该公司于2011年11月13日作出20111113号测绘报告,该报告载明:第一层110.78平方米、二层1477.67平方米、三层1327.84平方米、四层1187.27平方米、五层187.26平方米(包含3个客房、北侧楼梯、过道和电梯,其中北侧楼梯21.6平方米)。海南东来土地房地产评估工程咨询有限公司作出东第745号报告。卓代酒店第五层的临建房屋不在该评估范围内。

三、2013年1月5日,A市城郊人民法院开庭审理孙某与B公司、第三人杜某燕共有纠纷一案,作出(2012)城民一初字第2775号民事判决(以下简称第2775号民事判决)。该院认为,孙某、杜某、杜某燕签订《关于"三和商业城"和"卓代酒店"

产权划分的决议》业经第 1356 号民事判决和第 456 号民事判决确认并进行分割，其中杜俏燕占卓代酒店的 33% 份额。孙某和杜某燕为夫妻关系。孙某请求分割其夫妻共有的该 33% 份额，应予以支持。三亚合利测绘服务有限公司作出的 20111113 号测绘报告，业经第 1356 号民事判决采信，该院在该案中亦予以采信。遂判决卓代大厦第三层、第四层的 7 套客房（客房 8—14 号）的所有权归孙某和杜某燕所有。B 公司应按时予以交付。

本院认为，A 市 × × 人民法院（2016）琼 0271 行初 207 号行政判决存在原判决认定事实的主要证据不足；适用法律、法规确有错误的情形。

一、一审判决认定争议的第四层 203.78 平方米、第五层 187.26 平方米是合法建筑，主要证据不足，适用法律、法规确有错误。

（一）一审判决认为卓代大厦目前只有土地使用权证而没有房屋所有权证，以规划许可证许可的建筑面积来认定是否属于自行加建面积是具有法律依据的。卓代大厦没有超过规划许可证上许可建筑的面积。应认定在规划许可证许可建设的面积内都不是自行加建的面积。由于卓代大厦所争议的第四层 203.78 平米、第五层 187.26 平米是在卓代大厦建造过程中一并建设完成的，并没有超出规划许可证许可的 5674.62 平米面积范围，因此应认定为合法建造的事实行为而设立的物权，具有合法效力。一审判决的上述认定没有事实根据和法律依据。经本院了解，当时的 A 市《土地房屋登记卡》既记载有土地面积也记载有房屋面积，是行政机关进行土地房屋登记形成的文件资料，是对土地房屋权利归属和其他法定事项的审查、记载、确认，并向社会宣告和公示，与土地房屋所有权证具有对应关系，具有同等的法律效力。相当于户籍卡与户口簿的关系。实践中有的权利人只打卡暂未打证，但并不是没有土地房屋所有权证。根据有关法律、法规的规定，建筑物能否成为合法建筑不仅要看其是否超出许可面积范围，还要看其是否按照有关许可批准的各项内容施工建设，没有超出许可的面积范围，并不意味着就是合法建筑，也有可能是私建滥建。三土房（2001）字第 1998 号《土地房屋登记卡》载明，用地面积 2597.26 平方米，建筑面积 5169.51 平方米，四层（第一层：1387.18 平方米，第二层：1478.59 平方米，第三、四层共计 2249.56 平方米，第五层：54.18 平方米）。一审判决以房屋登记卡上的建筑面积与 B 公司争议面积之和来确认卓代大厦建筑面积（5169.51 + 203.78 + 187.26 = 5560.55），其计算方法不符合实际、涉案建筑规划许可面积的计算依据有错误。事实上,卓代大厦规划许可建筑面积为5074.62平米,该项目至今未申请规划验收,存在加建、扩建情形。B公司仅拥有卓代大厦的一部分建筑面积,如其在五楼仅拥有187.26平方米,一楼大部分房产属于其他业主所有、四楼约130平方米属于海口华州实业发展有限公司所有。卓代大厦房屋登记卡上的总建筑面积与实际总建筑面积不完全相符。2015年测绘报告中的《房屋分户面积细表》载明,卓代大厦原发证楼层为四层、总建筑面积为5169.51平方米,该楼现状为一层1387.18平方米、二层1477.67平方米、三层1327.84平方米、四层1329.48平方米、五层929.93,共计6506.28平方米。第三层自行加建203.06平方米、第四层加建203.78平方米、第五层加建929.93平方米,加建的总面积为1336.77平方米(其中顶层加建部分顶盖为简易铁皮顶盖,面积为929.93平方米)。卓代大厦实际建筑面积达6506.28平方米,无论按照一审判决错误认定的规划许可面积5674.62平方米计算,还是按照本院查明的规划许可面积5074.62平方米计算,卓代大厦实际建筑面积都已经明显超出了规划许可面积。

(二)一审判决认为,A市中级人民法院第8号调解、第15-1号民事裁定、第456号民事判决将涉案争议的第四层203.78平方米、第五层187.26平方米作为合法财产分割归B公司所有,是发生法律效力的物权设定决定。因此应认定上述面积不是自行加建的面积。又认为第2775号判决,"再次确认了争议的第四层203.78平方米、五层187.26平方米是合法建筑"。一审判决以涉案争议房面积经过法院调解书、裁定书、判决书分割确认为由,认定是物权设定,不是自行加建的面积,没有事实根据和法律依据。根据最高人民法院的有关要求,对于未按照建设规划许可证规定内容建设的违法建筑的认定和处理,按照城乡规划法等法律、行政法规的规定,属于国家有关行政机关的职权范围。人民法院可以审理涉及违法建筑的其他有关民事权益纠纷。但应避免通过民事审判变相为违法建筑确权。《最高人民法院关于转发住房和城乡建设部〈关于无证房产依据协助执行文书办理产权登记有关问题的函〉的通知》(法〔2012〕151号)第一条要求,各级人民法院在执行程序中,既要依法履行强制执行职责,又要尊重房屋登记机构依法享有的行政权力;既要保证执行工作的顺利开展,也要防止将"违法建筑"等不符合法律、行政法规规定的房屋通过协助执行行为合法化。第二条要求,执行程序中不具备初始登记条件的,原则上进行"现状处置",即处置前披露房屋不具备初始登记条件的现状，买受人或承受人按照房屋的权利现状取得房屋，后续的产权登记事项由买受人或承受人自行负责。第8号调解书系在海A市第二糖烟酒公司等五家公司、海口华州实业发展有限公司、B公司房屋（项目）转让合同纠纷一案中确认了将海口华州实业发展有限公司在卓代酒店所拥有的部分房屋所有权及土地使用权转让给B公司。在该调解书中并未确认相关房屋面积是原始合法建筑面积还是后来加建的面积。第15－1号民事裁定只是第8号调解书的执行裁定。第456号民事判决、第2775号民事判决都是因为孙某、杜某、杜某燕、B公司之间的共有纠纷而对卓代酒店的有关房屋和份额进行的分割。只确认了房屋所有权归属，没有对争议的第四层203.78平方米、五层187.26平方米是否为合法建筑进行确认和认定。上述四份法律文书无论从案由还是从裁判结果看，都是只根据有关房屋的现状确认了房屋的转让、房屋所有权的归属，涉及的是违法建筑的其他民事权益。并没有将违法建筑确认为合法建筑。A市住房和城乡建设局并没有否认B公司对上述四份法律文书中涉案的加建部分房屋面积拥有所有权，只是根据其是否为合法建筑按照不同政策和标准进行补偿。

（三）一审判决认定20111113号测绘报告与2015年《房屋分户面积明细表》相互矛盾，对后者不予采信，没有事实根据和法律依据。该两份报告虽然是由同一家公司针对同一标的物的测绘结果但是并不相互矛盾。该两份报告的测绘目的、内容、性质不同。各有不同的证明用途和效力，不存在被司法机关采信在先，其证明效力优先的问题。经本院核实，20111113号测绘报告是受A市中级人民法院委托，为了处理有关当事人之间关于卓代酒店共有纠纷而进行的测绘。测绘的是B公司在卓代大厦中拥有的实际房屋面积，并非卓代大厦全部建筑面积。该报告第八条特别事项说明中声明，本次测量仅作为法院裁决用途，不作为房产发证的依据。即仅根据法院要求对房屋的现状负责，不负责确认房屋建筑是否合法。上述第456号民事判决亦只是依据有关当事人的请求对各方实际占有的房屋面积进行分割，而没有认定有关房屋建筑面积是否合法。显然，该次测量报告不能作为判断认定涉案争议面积是否属于合法建筑面积的依据。2015年测绘报告、《房屋分户面积明细表》是受A市人民政府委托，为了原武装部片区棚户区改造项目房屋征收而对卓代大厦全部业主的全部实际建筑面积进行的测绘。目的是对合法建筑面积、非法加建建筑面积进行测量确认，作为政府进行征收补偿的依据。显然，该次测量应该作为判断认定涉案争议面积是否属于合法建筑面积的依据之一,应予采信。

二、涉案争议的第四层203.78平方米系擅自自行加建的建筑面积。根据A市国土资源局的《土地房屋登记卡》及附件表明,卓代大厦第四层原为1124.78平方米,而B公司在卓代大厦第四层拥有1187.27平方米、海口华州实业发展有限公司拥有第4层北面第1间套房(401房约130平方米),即第四层的后期建筑面积最少有1317.27平方米。故卓代大厦第四层实际面积超过了《土地房屋登记卡》上记载的面积,由于海口华州实业发展有限公司拥有第4层的面积不是一个准确的数据,故不能依此计算出第四层加建面积。根据2015年《房屋分户面积明细表》载明第四层加建面积为203.78平方米,由此可以判断出第四层加建部分面积为203.78平方米。根据2015年《房屋分层平面图》以及20111113号测绘报告中的《房屋分层平面图》,第四层加建部分在客房25至客房33以及过道部分。该加建部分属于B公司拥有的房屋面积范围内。B公司未提供证据证明该加建部分是经过合法规划报建手续,应该认定其属于擅自自行加建。

三、涉案争议的第五层187.26平方米中有164.58平方米系擅自自行加建的房屋面积。根据A市国土资源局的《土地房屋登记卡》及附件表明,卓代大厦原第五层仅有两侧楼梯54.18平方米(南侧:31.5平方米、北侧:22.68平方米)。2015年的《房屋分户面积明细表》载明属于B公司第五层已经达到187.26平方米,包括3个客房、北侧楼梯、过道和电梯。故B公司第五层3个客房、过道和电梯是后来自行加建的,仅北侧楼梯面积系原始合法建筑面积。B公司在庭审中未提供证据证明该部分建筑是有完整的报建手续,故应当认定涉案争议的第五层187.26平方米中有164.58平方米系擅自自行加建的房屋面积。

四、一审判决裁判结果确有错误,将给国家利益、社会公共利益造成损害,依法应予依职权立案监督。本院经审查后认为一审判决认定事实错误,裁判结果错误,把应该按照建筑安装成本补偿的面积裁判为合法建筑面积按照非住宅房屋价值给予货币补偿,将导致政府补偿资金多支付约1000万元。根据《人民检察院行政诉讼监督规则(试行)》第九条第(一)项之规定,损害国家利益、社会公共利益的,人民检察院应当依职权进行监督。为避免国家利益、社会公共利益受到损害,经本院检察委员会讨论决定,对该案依职权予以立案监督。

综上所述,A 市 × × 人民法院(2016)琼 0271 行初 207 号行政判决存在一审判决认定事实的主要证据不足的情形;适用法律、法规确有错误的情形,且涉案争议的第四层 203.78 平方米、第五层 164.58 平方米确系擅自自行加建的房屋面积。经本院检察委员会讨论决定,根据《中华人民共和国行政诉讼法》第九十一条第(三)项、第(四)项、第九十三条第一款、《人民检察院行政诉讼监督规则(试行)》第九条第(一)项、第二十二条的规定,特提出抗诉,请依法再审。

此致

A 市人民检察院

2018 年 11 月 21 日

吉林省白山市江源区卫生和计划生育局及江源区中医院行政附带民事公益诉讼案*

摘要与关键词

摘要:在法定的公益诉讼案件范围领域,行政机关因违法行使职权或者不作为,对民事主体实施损害公共利益的侵权行为负有责任,同时满足民事和行政公益诉讼的检察立案条件的,检察机关出于提升办案效率、优化司法资源配置的考虑,可以选择在程序上一并办理行政和民事案件,并参照行政附带民事诉讼的有关规定,向法院提起行政附带民事公益诉讼。立案时,一般由行政机关对应的同级检察机关管辖,或者由该检察机关将案件交由管辖民事公益诉讼的基层检察机关办理;在提起诉讼时,办案机关应将案件移送给中级人民法院所对应的市(分、州)人民检察院。在办案过程中,检察机关应保障诉前制度等检察程序的有效运行,并协调好两种公益诉讼检察工作的办案期限。检察机关在处理民行交叉问题时应保持一定的限度,优先处理行政公益诉讼检察工作,审慎对待民事公益诉讼检察。

关键词:民行交叉问题;行政附带民事公益诉讼;诉前程序;管辖

案情与程序

2012 年,吉林省白山市江源区中医院建设综合楼时未建设污水处理设施,综

* 本案例来自最高人民检察院第八批指导性案例(检例第 29 号),本文作者:陈家勋。

合楼未经环保验收即投入使用,并将医疗污水经消毒粉处理后直接排入院内渗井及院外渗坑,污染了周边地下水及土壤。2014 年 1 月 8 日,江源区中医院在进行建筑设施改建时,未执行建设项目的防治污染措施应当与主体工程同时设计、同时施工、同时投产使用的“三同时”制度,江源区环保局对区中医院作出罚款的行政处罚,以及责令改正、限期办理环保验收的行政处理。江源区中医院因污水处理系统建设资金未到位,继续通过渗井、渗坑排放医疗污水。

2015 年 5 月 18 日,在江源区中医院未提供环评合格报告的情况下,江源区卫生和计划生育局对区中医院的《医疗机构执业许可证》校验结果评定为合格,且对其违法排放医疗污水的行为未及时制止,存在违法行为。

检察机关在履行了提起公益诉讼的前置程序后,诉至法院。2016 年 5 月 11 日,白山市中级人民法院公开开庭审理了本案。同年 7 月 15 日,白山市中级人民法院分别作出一审行政判决书和民事判决书。行政判决书确认江源区卫生和计划生育局于 2015 年 5 月 18 日对江源区中医院《医疗机构执业许可证》校验合格的行政行为违法;判令江源区卫生和计划生育局履行监督管理职责,监督江源区中医院在 3 个月内完成医疗污水处理设施的整改。民事判决书判令江源区中医院立即停止违法排放医疗污水。

一审宣判后,江源区卫生和计划生育局、区中医院均未上诉,判决已发生法律效力。

检察机关履职情况

2015 年 11 月 18 日,吉林省白山市江源区人民检察院向区卫生和计划生育局发出检察建议,建议该局依法履行监督管理职责,采取有效措施,制止江源区中医院违法排放医疗污水。江源区卫生和计划生育局于 2015 年 11 月 23 日向区中医院发出整改通知,并于 2015 年 12 月 10 日向江源区人民检察院作出回复,但一直未能有效制止江源区中医院违法排放医疗污水,导致社会公共利益持续处于受侵害状态。

经咨询吉林省环保厅,白山市环保局、民政局,吉林省内没有符合法律规定条件的可以提起公益诉讼的社会公益组织。

2016年2月29日，白山市人民检察院以公益诉讼人身份向白山市中级人民法院提起行政附带民事公益诉讼，诉求判令江源区中医院立即停止违法排放医疗污水，确认江源区卫生和计划生育局校验监管行为违法，并要求江源区卫生和计划生育局立即履行法定监管职责，责令区中医院有效整改建设污水净化设施。白山市人民检察院认为：

第一，江源区中医院排放医疗污水造成了环境污染及更大环境污染风险隐患。经取样检测，医疗污水及渗井周边土壤化学需氧量、五日生化需氧量、悬浮物、总余氯等均超出国家规定的标准限值，已造成周边地下水、土壤污染。鉴定意见认为，医疗污水的排放可引起医源性细菌对地下水、生活用水及周边土壤的污染，存在细菌传播的隐患。

第二，江源区卫生和计划生育局怠于履行监管职责。江源区卫生和计划生育局对辖区内医疗机构具有监督管理的法定职责。江源区人民检察院发出检察建议后，江源区卫生和计划生育局虽然发出整改通知并回复，并通过向江源区人民政府申请资金的方式，促使区中医院污水处理工程投入建设，但江源区中医院仍通过渗井、渗坑违法排放医疗污水，导致社会公共利益持续处于受侵害状态。

第三，江源区卫生和计划生育局的校验行为违法。卫生部《医疗机构管理条例实施细则》第35条、《吉林省医疗机构审批管理办法（试行）》第44条规定，医疗机构申请校验时应提交校验申请、执业登记项目变更情况、接受整改情况、环评合格报告等材料。在江源区中医院未提交环评合格报告的情况下，江源区卫生和计划生育局对区中医院的《医疗机构执业许可证》校验为合格，违反上述规章和规范性文件的规定，江源区卫生和计划生育局的校验行为违法。

本案判决作出后，白山市委、市政府为积极推动整改，专门开展医疗废物、废水的专项治理活动，并要求江源区政府拨款90余万元，购买并安装医疗污水净化处理设备。江源区政府主动接受监督，积极整改，拨款90余万元推动完成整改工作。吉林省人民检察院就全省范围内存在的医疗垃圾和污水处理不规范等问题，向省卫计委（2018年3月后改为卫健委）、环保厅发出检察建议，与省卫计委（2018年3月后改为卫健委）、环保厅召开座谈会，联合发文开展专项执法检查，推动在全省范围内对医疗垃圾和污水处理问题的全面调研、全面检查、全面治理。

类案学理研讨

一、公益诉讼检察中的民行交叉问题及其处理方式

民事争议与行政争议交叉问题(以下简称民行交叉问题)是我国诉讼制度中一个重要的问题范畴,也是新兴的公益诉讼制度的重要问题之一。其一,由于公益诉讼建立在民事与行政诉讼制度之上,主要通过对诉讼参加人的拓展而实现,所以理论上原来在私益诉讼中存在的民行交叉问题也可能出现在公益诉讼之中。其二,对公共利益的维护在很大程度上属于行政管理的职责领域,因而违法民事行为对公共利益的侵犯也可能伴随着行政管理的缺位问题。本案中,白山市江源区中医院作为民事主体,违法排放医疗污水,对周边地下水及土壤造成重大环境污染风险,是民事行为违法对公共利益造成的直接损害;同时,生态环境保护属于行政监督管理职责范围内,有关的行政机关怠于履行监管职责,违法行使职权,放任江源区中医院继续违法排放污水,这是违法行政行为对公共利益造成的间接损害。本案公益受损的情况同时与违法民事行为和违法行政行为相关,因而构成公益诉讼的民行交叉问题。

在这一问题中,检察机关又是一个极为特殊的主体,因其是当前唯一一个同时具备两种公益诉讼起诉资格的主体。比如,本案所依据的 2015 年《人民检察院提起公益诉讼试点工作实施办法》(已失效)规定,检察机关可以就污染环境问题开展民事公益诉讼工作,就生态环境和资源保护问题开展行政公益诉讼工作,因而试点阶段的检察机关可以在环境保护领域同时开展两种公益诉讼工作。公益诉讼检察制度正式建立之后,检察机关同时拥有两种公益诉讼诉权的案件范围,便拓展至与众多消费者合法权益密切相关的食品药品安全、英雄烈士保护、未成年人权益保障等领域。未来,随着公益诉讼案件范围的不断扩大,两种公益诉讼检察工作的重合领域也会越来越多。因而,检察机关需要解决好公益诉讼的民行交叉问题,处理好两种检察工作的衔接,避免两种检察工作相互掣肘。

人民法院原来对私益诉讼中民行交叉问题的处理,主要依据的是《行政诉讼法》第 61 条“在涉及行政许可、登记、征收、征用和行政机关对民事争议所作的裁决的行政诉讼中,当事人申请一并解决相关民事争议的,人民法院可以一并审理。在

行政诉讼中,人民法院认为行政案件的审理需以民事诉讼的裁判为依据的,可以裁定中止行政诉讼”的规定。另外,根据《民事诉讼法》第153条的规定,“本案必须以另一案的审理结果为依据,而另一案尚未审结的”,中止本案的民事诉讼。因而,民行交叉问题的诉讼处理模式主要有四种:一是中止行政诉讼,先进行民事诉讼裁判;二是中止民事诉讼,先进行行政诉讼裁判;三是一并审理行政诉讼和民事诉讼;四是在不符合前三种诉讼模式所需的条件时,分别开展行政诉讼和民事诉讼。

相应地,检察机关对公益诉讼中民行交叉问题的处理,也有四种方式。一是单独开展民事公益诉讼检察,这种方式不追究行政行为是否违法的问题,而是旨在直接纠正违法民事行为。例如,在江苏省常州市人民检察院诉常州某生物科技有限公司等消费欺诈民事公益诉讼案中,[1]某有限公司涉嫌欺诈销售、虚假宣传具有危害健康安全隐患的保健品产品,常州市人民检察院直接对其提起民事公益诉讼,诉请其承担惩罚性赔偿责任。但这一案例并未深究市场监管部门是否存在对市场虚假宣传行为管理不严的问题,检察机关没有启动对行政行为的监督工作。二是单独开展行政公益诉讼检察。这是由检察机关督促行政机关履行职责,由后者纠正违法民事行为。例如,在江苏省泰州市人民检察院督促泰兴市政府依法履行生态环境损害赔偿职责公益诉讼案中,[2]泰州市人民检察院向泰兴市政府提出检察建议,督促其向污染环境的民事责任主体主张赔偿。三是分别开展两种公益诉讼检察。例如,在内蒙古自治区呼和浩特市人民检察院诉内蒙古阜丰生物科技有限公司大气污染民事公益诉讼案中,[3]呼和浩特市人民检察院既提起民事公益诉讼,诉请污染企业停止侵害、消除环境损害危险、承担环境污染修复治理费用,又向呼和浩特市环境保护局发出行政诉前检察建议,督促其对污染企业的环境污染行为依法履行监管职责。四是一并开展两种公益诉讼检察。当这两种公益诉讼检察同时进入正式的诉讼程序中,则一般会演变为行政附带民事公益诉讼,例如,本案检察机关诉请确认江源区卫生和计划生育局(以下简称江源区卫计局)对江源区中医院《医疗机构执业许可证》校验合格的行政行为违法,要求江源区卫计局督促区中医院整改医疗污水处理措施,并诉求判令江源区中医院停止违法排放医疗

---

〔1〕《“3·15”食品药品安全消费者权益保护检察公益诉讼典型案例》,载最高人民检察院网,https://www.spp.gov.cn/spp/xwfbh/wsfbt/202103/t20210315_512526.shtml#2,2021年9月21日访问。

〔2〕《检察公益诉讼全面实施两周年典型案例(选登)》,载《检察日报》2019年10月11日,第2版。

〔3〕《检察公益诉讼全面实施两周年典型案例(选登)》,载《检察日报》2019年10月11日,第2版。

污水。

二、行政附带民事公益诉讼检察的模式解析

(一)行政附带民事公益诉讼检察的价值依据

公益诉讼的案由起于违法的民事行为或行政行为对公共利益造成损害,公益诉讼的民行交叉问题便来自违法民事行为在违法行政行为的支持或放任下对公共利益造成损害,对此我们既需要解决行政行为的合法性问题,又要纠正违法民事行为、维护公共利益。行政附带民事公益诉讼制度可以在程序上一并处理公益领域的民行交叉问题,同时达成两种公益诉讼的目的,有利于节约诉讼成本,优化司法资源配置,促进法律的统一适用。反之,如果审判机关对民行交叉问题分开审理,不仅会增加司法成本,还可能造成法律适用的冲突。这是因为民事与行政的诉求不同,审判机关在民事公益诉讼中可能不会判定行政行为违法,而在行政公益诉讼中可能判定行政行为违法,导致两种判决结果的不一致。因而有学者指出,利用行政附带民事公益诉讼的方式一并解决民事与行政争议,可以协调行政诉讼与民事诉讼之间的冲突,避免法院因适用不同程序而作出相互矛盾的判决。[1]

对检察机关来说,一并办理两种公益诉讼工作也有助于其办案效率的提升。首先,无论是行政公益诉讼案件还是民事公益诉讼案件,都统一由检察机关内设的公益诉讼部门办理。对检察机关来说,将两种案件分开办理与其一并办理,在办案实质上方面并没有太大的区别,只是在立案、提起诉讼方面徒增程序上的工作量。其次,在一并办理两种公益诉讼检察的情况下,检察机关可以对调查核实、提出检察建议、诉讼监督等工作进行统一安排,可以有效提升办案效率。比如,可以同时与有关行政机关、违法民事主体开展磋商、座谈等协调处理工作,共同促进二者对公共利益的保护,使问题得到更加及时、有效的解决。

(二)行政附带民事公益诉讼检察的法律依据

本案诉讼发生在2016年,即检察机关提起公益诉讼试点工作期间,案件主要适用的依据是最高人民检察院颁布的《人民检察院提起公益诉讼试点工作实施办法》(以下简称《检察院实施办法》)和最高人民法院颁布的《人民法院审理人民检

---

〔1〕 参见石春雷:《检察机关提起行政附带民事公益诉讼诸问题——从“检例第29号”谈起》,载《海南大学学报(人文社会科学版)》2021年第1期。

察院提起公益诉讼案件试点工作实施办法》(以下简称《法院实施办法》)。不过,这两个实施办法均没有明确规定检察机关能否提起行政附带民事公益诉讼,也没有规定人民法院是否可将关联的民事与行政案件一并审理。最高人民检察院曾在检例第29号的"指导意义"部分中指出,根据《检察院实施办法》第56条和《法院实施办法》第23条的规定,没有规定的即适用《民事诉讼法》《行政诉讼法》及相关司法解释的规定,因此检察机关可以参照《行政诉讼法》第61条的规定,向人民法院提起行政附带民事公益诉讼,由法院一并审理。

不过,《行政诉讼法》规定的行政附带民事诉讼是一种私益诉讼,公益诉讼与私益诉讼在诉讼目的、案件范围、诉讼程序等制度方面不尽相同,私益诉讼的规定未必能直接沿用到公益诉讼当中。有学者认为,司法解释一般只能在法律明确规定的行政公益诉讼、民事公益诉讼领域对公益诉讼的办理、审理程序作出具有操作性的规范,而参照《行政诉讼法》第61条的规定将行政附带民事诉讼拓展至公益诉讼领域,是对上位法规定的扩张性理解,与《立法法》第104条关于司法解释应"符合立法的目的、原则和原意"的规定有所出入。[1]

鉴于诉讼规则上的不足,最高人民法院于2017年颁布的《关于审理环境公益诉讼案件的工作规范(试行)》第56条规定,人民法院在审理检察机关提起行政公益诉讼案件中,可以一并审理检察机关或者社会组织就同一污染环境、破坏生态行为提起的民事公益诉讼。不过,这一规定仅适用于环境污染类的公益诉讼,也是本案涉及的情形。

在公益诉讼检察正式纳入《民事诉讼法》与《行政诉讼法》之后,最高人民法院和最高人民检察院于2018年颁布《关于检察公益诉讼案件适用法律若干问题的解释》(以下简称《检察公益诉讼案件解释》),其中第26条规定,本解释未规定的其他事项,适用《民事诉讼法》《行政诉讼法》以及相关司法解释的规定。2021年7月,最高人民检察院施行的《人民检察院公益诉讼办案规则》(以下简称《公益诉讼办案规则》)第111条也作了同样的规定。对此,我们可以理解为,检察机关在处理公益诉讼民行交叉问题时,仍可以参照《行政诉讼法》第61条及相关司法解释等关于行政附带民事公益诉讼的规定。

---

〔1〕 参见乌兰:《行政附带民事公益诉讼若干问题研究——基于最高人民检察院检例第29号指导性案例的分析》,载《法律适用》2019年第22期。

值得商榷的是，公益诉讼检察工作不是一般的公益诉讼活动，检察机关的诉前程序发挥着独特而重要的作用。在民事公益诉讼诉前，检察机关可以调查其他公益诉讼起诉主体是否提起诉讼的情况，并支持这些主体提起诉讼，而在行政公益诉讼诉前，检察机关应当向违法的行政机关提出检察建议，督促其依法履行职责，只有在行政机关不依法履行职责时检察机关才能提起诉讼。在正式的诉讼程序尚未启动、人民法院尚未受理案件的阶段，诉讼法关于人民法院一并审理民事与行政诉讼的规定，是否能当然地沿用到检察机关的诉前程序当中，有待进一步研究探讨。

（三）行政附带民事公益诉讼被告的确定

行政附带民事公益诉讼涉及两种类型的被告：一是行政公益诉讼指向的行政机关；二是民事公益诉讼指向的民事主体。作为被告的民事主体一般是实施损害公共利益的行为人，由于民事主体的违法行为与损害结果之间存在较为直接的因果关系，对被告民事主体的确定也比较容易。本案中江源区中医院没有依法配置污水处理设施，通过渗井、渗坑违法排放医疗污水，导致周边地下水及土壤存在重大污染风险，其排污行为与损害结果存在因果关系，故被确定为民事公益诉讼的被告。

相对而言，行政公益诉讼被告的确定则较复杂。根据《行政诉讼法》第 25 条第 4 款的规定，被告行政机关是在特定领域负有监督管理职责、但因违法行使职权或者不作为而致使国家利益或者社会公共利益受到侵害的行政机关。换言之，对被告行政机关的选择需要同时满足四个要件：(1)在特定领域负有监督管理职责；(2)违法行使职权或者不作为；(3)国家利益或者社会公共利益受到侵害；(4)违法行政行为与公共利益损害存在因果关系。

根据国务院《医疗机构管理条例》第 5 条第 2 款、第 19 条、第 22 条、第 40 条等规定，县级以上地方人民政府卫生行政部门负责本行政区域内医疗机构的监督管理工作，其行使的监督管理职权包括负责医疗机构的设置审批、执业登记和校验，对医疗机构的执业活动进行检查指导等，因而江源区卫计局被认定为对辖区内的江源区中医院负有法定的监管职责，并负责对其《医疗机构执业许可证》的审核发放和校验工作。根据本案适用的《医疗机构管理条例实施细则》（卫生部第 35 号令，已被修改）第 20、27 条规定，对污水、污物、粪便处理方案不合理的，不予批准医疗机构设置申请，对申请医疗机构执业登记的不予登记；根据本案当事人适用的

《吉林省医疗机构审批管理办法(试行)》第 44 条的规定,医疗机构申请校验时应提交校验申请、执业登记项目变更情况、接受整改情况、环评合格报告等材料,因此认定江源区卫计局在校验《医疗机构执业许可证》时负有审查其环评合格报告的责任,对环评不合格的单位应不予通过校验。本案检察机关认为,正是因为江源区卫计局没有认真履行对医疗机构执业登记校验的审批职责,放任江源区中医院违法排放医疗污水,其校验行为违法,便将其作为行政公益诉讼的被告。

不过,在生态环境和资源保护领域负有监督管理职责的行政机关不只是本案涉及的卫计局,更主要的是环境保护部门。根据《环境保护法》第 10 条的规定,县级以上地方人民政府环境保护主管部门对本行政区域环境保护工作负有统一监督管理的职责,该法同时授权主管部门对违法排放污染物的生产经营者可以采取责令改正、罚款、查封扣押造成污染物排放的设施设备等措施。本案中,江源区环境保护局(以下简称江源区环保局)对江源区中医院的排污行为负有监管职责,其在 2014 年 1 月 8 日对江源区中医院作出罚款 10000 元,责令改正、限期办理环保验收的处罚决定。但此后江源区中医院并未纠正其违法排污行为,江源区环保局也没有对该违法行为采取进一步的监管措施,这实际上属于不完全履职的情形,理论上也有可能因构成行政不作为而受到公益诉讼检察的监督。

本案检察机关没有将江源区环保局作为法律监督的对象以及行政公益诉讼的被告,可能是出于更为现实的考虑。因为江源区中医院是由白山市江源区政府举办的承担公益职能的事业单位,即公立医院,与一般的生产经营者不同的是,江源区中医院对江源区卫计局的依附性更强,而江源区卫计局也对其拥有更强的监管权限。所以督促江源区卫计局加强对江源区中医院的监管,可能更有助于污染问题的解决。另外,本案民事判决书的证据部分显示,江源区环保局向法院提交了《关于白山市江源区中医院门诊综合楼建设项目污水预处理是否达标情况的说明》,可见在本案中环保局为检察机关的起诉工作提供了协助,这可能也是检察机关没有认定环保局不作为、不将其列为被告的原因之一。当然,除开本案的一些特定因素,从公益诉讼检察制度的整体考虑,尽管在行政附带民事公益诉讼检察可以一并处理民事和行政争议,但对行政公益诉讼被告的确定仍应坚持相对独立的考量,不受民事公益诉讼被告主体身份的限制。换言之,只要满足行政公益诉讼被告要件的行政机关,皆可列为被告。

此外,行政附带民事公益诉讼中被告的具体内容还存在一定的程序性差异。根据最高人民法院《关于适用〈中华人民共和国行政诉讼法〉的解释》第140、142条的有关规定,人民法院在行政诉讼中一并审理相关民事争议的,民事争议应当单独立案,由同一审判组织审理,并应当对行政争议和民事争议分别裁判。因此,即便本案作为行政附带民事公益诉讼,白山市中级人民法院也分别进行了行政审判和民事审判,但是两种审判中的被告方仍有所不同。行政机关江源区卫计局作为行政审判中的被告,而民事主体江源区中医院则作为行政审判中的第三人和民事审判的被告。

(四)行政附带民事公益诉讼检察管辖的规则

本案在公益诉讼检察试点期间所适用的《检察院实施办法》,其第2条第1款规定民事公益诉讼案件一般由侵权行为地、损害结果地或者被告住所地的市(分、州)人民检察院管辖;第29条第1款规定行政公益诉讼案件一般由违法行使职权或者不作为的行政机关所在地的基层人民检察院管辖。因此对两种公益诉讼案件进行管辖的检察机关可能会出现不一致的情形,管辖民事公益诉讼案件的检察机关可能在级别上高于管辖行政公益诉讼案件的检察机关。鉴于《检察院实施办法》第29条第4款同时规定,上级检察机关可以在必要时办理下级检察机关管辖的案件,因此行政附带民事公益诉讼案件应由市(分、州)以上人民检察院进行管辖。在本案的诉前程序阶段,是由白山市江源区人民检察院向被告江源区卫计局发出检察建议,但最终正式向法院提起公益诉讼的则是江源区人民检察院的上级机关白山市人民检察院。

2021年7月施行的《公益诉讼办案规则》对公益诉讼检察案件的立案管辖与诉讼管辖作出了区分。在立案管辖方面,其第13条规定,行政公益诉讼案件由行政机关对应的同级人民检察院立案管辖,而行政机关作为人民政府,由上一级人民检察院管辖更为适宜的,也可以由上一级人民检察院立案管辖;其第14条第1款规定,民事公益诉讼案件由违法行为发生地、损害结果发生地或者违法行为人住所地基层人民检察院立案管辖。可见,有权对行政公益诉讼案件进行立案管辖的检察机关一般限定只有一个,而有权管辖民事公益诉讼案件的检察机关则涉及违法行为发生地、损害结果发生地等若干情形的选择。鉴于这些民事案件管辖地一般都有对应的行政机关,因此行政案件立案管辖的检察机关一般包含在民事案件立案管辖的检察机关范围内。考虑到《公益诉讼办案规则》第 18 条同时规定,上级检察机关可以在必要时办理下级检察机关管辖的案件,也可以将本院管辖的案件交下级检察机关办理,因此,对于需要一并办理民事与行政公益诉讼的案件,应主要适用行政公益诉讼案件的立案管辖规则,由行政机关对应的同级检察机关立案管辖,或者由该检察机关将案件交由管辖民事公益诉讼的基层检察机关办理。

在诉讼管辖方面,《公益诉讼办案规则》第 16 条规定,检察机关立案管辖与人民法院诉讼管辖级别、地域不对应的,具有管辖权的检察机关可以立案,需要提起诉讼的,应当将案件移送有管辖权人民法院对应的同级人民检察院。同时,最高人民法院《关于适用〈中华人民共和国民事诉讼法〉的解释》第 283 条第 1 款规定,民事公益诉讼案件由侵权行为地或者被告住所地中级人民法院管辖,但法律、司法解释另有规定的除外;《检察公益诉讼案件解释》第 5 条第 2 款则规定一审行政公益诉讼案件一般由被诉行政机关所在地基层人民法院管辖。因而,仍可能出现民事公益诉讼案件管辖法院在级别上高于行政公益诉讼案件管辖法院的情形。所以,检察机关在需要提起行政附带民事公益诉讼时,应将案件移送给中级人民法院所对应的市(分、州)人民检察院,由后者提起诉讼。

(五)行政附带民事公益诉讼检察的程序性工作

检察机关办理行政附带民事公益诉讼案件,应当同时做好行政公益诉讼和民事公益诉讼的有关程序性工作,不能有所偏颇,尤其是要注意两种公益诉讼诉前程序的必备与畅通。2015 年全国人大常委会作出《关于授权最高人民检察院在部分地区开展公益诉讼试点工作的决定》,规定检察机关在提起公益诉讼前,应当依法督促行政机关纠正违法行政行为、履行法定职责,或者督促、支持法律规定的机关和有关组织提起公益诉讼。根据本案所适用的《检察院实施办法》第 13、14 条的规定,检察机关在提起民事公益诉讼之前,应当履行诉前程序,督促、建议法定的机关或组织提起民事公益诉讼,只有当这些机关组织不提起诉讼或者不存在其他诉讼适格主体,公共利益仍处于受侵害状态时,检察机关才可以提起民事公益诉讼;反之,检察机关便不能提出民事公益诉讼,但可以依法支持有关组织起诉。根据《检察院实施办法》第 40、41 条的规定,检察机关在提起行政公益诉之前,应当向相关行政机关提出检察建议,督促其纠正违法行为或者依法履行职责,只有经过诉前程序,行政机关拒不纠正违法行为或者不履行法定职责,国家和社会公共利益仍处于受侵害状态时,检察机关才可以提起行政公益诉讼。因此,如果在各项诉前程序中出现阻却检察机关提起公益诉讼的因素,检察机关便不能提起行政附带民事公益诉讼,或只能单独提起行政公益诉讼或民事公益诉讼。2017 年修订的《民事诉讼法》与《行政诉讼法》在正式设立公益诉讼检察制度时,吸取了上述试点工作中诉前程序的有关经验,《检察公益诉讼案件解释》第 13、21 条分别对两种公益诉讼检察的诉前程序作了更具体的规定。

除诉前程序的处理,我们还需要注意公益诉讼办理期限的问题。根据《公益诉讼办案规则》第 47 条第 1、2 款的规定,检察机关办理行政公益诉讼案件的审查起诉期限为 1 个月,自检察建议整改期满之日起计算;办理民事公益诉讼案件的审查起诉期限为 3 个月,自公告期满之日起计算。根据该规则第 75 条的规定,检察机关在行政公益诉讼诉前程序中向行政机关提出检察建议时,应指明整改期限(规则未对整改期限的具体范围作出限定);而第 91 条规定,检察机关在民事公益诉讼诉前程序中,对拟提起公益诉讼的情况应进行公告,公告期间为确定的 30 日。可见,检察机关在办理两种公益诉讼案件的期限规则方面并不统一,在办理行政附带民事公益诉讼时有可能会出现其中一种诉讼的办理期限超出另一种诉讼办理期限的情形。

虽然《民事诉讼法》《行政诉讼法》及有关司法解释尚未明确规定行政附带民事公益诉讼的具体程序操作,但我们可以参照刑事附带民事公益诉讼制度进行处理。2019 年最高人民法院、最高人民检察院在《关于人民检察院提起刑事附带民事公益诉讼应否履行诉前公告程序问题的批复》中指出,因人民检察院履行诉前公告程序,可能影响相关刑事案件审理期限的,检察机关可以另行提起民事公益诉讼。因而,检察机关在办理行政附带民事公益诉讼过程中,发生某一公益诉讼检察工作可能影响另一公益诉讼检察办理时限的情况时,检察机关可以另行提起行政公益诉讼或民事公益诉讼。

(六)行政附带民事公益诉讼检察的限度

尽管行政附带民事公益诉讼检察的模式有助于提高公益诉讼检察的效率,优化司法监督资源,但并不是所有的民行交叉问题都适用于这一模式。一方面,在诉讼规则上,《行政诉讼法》第 61 条划定了允许法院一并审理的民行交叉问题范围。对于行政公益诉讼案件,行政机关违法行使职权或者不作为的情形显然超过了该条规定所能覆盖的行政许可、登记、征收、征用、裁决等行政行为。此外，最高人民法院《关于适用〈中华人民共和国行政诉讼法〉的解释》第139条还规定了一并审理行政争议与民事争议的例外情形，包括：(1)法律规定应当由行政机关先行处理的；(2)违反《民事诉讼法》专属管辖规定或者协议管辖约定的；(3)约定仲裁或者已经提起民事诉讼的；(4)其他不宜一并审理民事争议的情形。检察机关在考虑提起行政附带民事公益诉讼时也需要参照这一规定的限制。

另一方面，在提起公益诉讼之前，检察机关对民行交叉问题的一并处理也有一定的限度，检察机关尤其要注意优先处理行政公益诉讼工作，审慎对待民事公益诉讼检察。其一，在民事公益诉讼中，检察机关的地位是补充性质的。《民事诉讼法》第55条确立的民事公益诉讼制度赋予有关机关和组织以优先的起诉权利，只有当法律规定的机关和有关组织不提起诉讼或者缺少适格主体的情况下，检察机关才可以向法院起诉。检察机关在民事公益诉讼中行使的是"有限诉权"。[1] 其二，虽然检察机关有权代表公共利益，但它"不是唯一的代表，也不是首要代表"。[2] 相较而言，对公共领域进行直接管理的行政机关在大多数情形下更适于担当公益代表。有学者指出，检察机关应当是公共利益的监督主体，而不是直接实现主体，"特定公益得到保护，最终依靠的是相关行政机关依法行政，而不是检察机关单独履行法律监督职责实现的"。[3] 其三，许多损害公共利益的违法民事行为属于行政机关的监管职权范围内，而检察机关作为国家的法律监督机关，肩负着保障国家法律统一正确实施的使命。如果在督促行政机关依法履行职责的同时，对行政职责范围内的违法民事行为进行直接的纠正，那么这不但有越俎代庖、代行行政权的嫌疑，也在相当程度上豁免了行政机关的履职责任。虽然这在结果上可能有助于公共利益的维护，却难以填补行政机关违法行使职权留下的法治漏洞。因此，从法律监督的层面考虑，检察机关应优先督促行政机关履行职责，审慎考虑对违法民事行为的直接监管。比如，《海洋环境保护法》第89条第2款授权海洋环境监督管理部门作为海洋生态环境损害赔偿权利人，令其有权代表国家对破坏海洋生态环境的民事主体提出损害赔偿要求。对此，如果行政机关怠于向其追偿，检察机关"应该

---

〔1〕 张雪樵：《检察公益诉讼比较研究》，载《国家检察官学院学报》2019年第1期。
〔2〕 胡卫列：《国家治理视野下的公益诉讼检察制度》，载《国家检察官学院学报》2020年第2期。
〔3〕 潘剑锋、郑含博：《行政公益诉讼制度目的检视》，载《国家检察官学院学报》2020年第2期。

先用行政公益诉讼督促政府请求赔偿，如果政府还不做，或者赔得不合理，再提起公告，再起诉要求赔偿”。[1]

规范与文书

《中华人民共和国行政诉讼法》(2017 年修正)

第二十五条第四款　人民检察院在履行职责中发现生态环境和资源保护、食品药品安全、国有财产保护、国有土地使用权出让等领域负有监督管理职责的行政机关违法行使职权或者不作为，致使国家利益或者社会公共利益受到侵害的，应当向行政机关提出检察建议，督促其依法履行职责。行政机关不依法履行职责的，人民检察院依法向人民法院提起诉讼。

第六十一条　在涉及行政许可、登记、征收、征用和行政机关对民事争议所作的裁决的行政诉讼中，当事人申请一并解决相关民事争议的，人民法院可以一并审理。

在行政诉讼中，人民法院认为行政案件的审理需以民事诉讼的裁判为依据的，可以裁定中止行政诉讼。

《中华人民共和国民事诉讼法》(2017 年修正)

第五十五条　对污染环境、侵害众多消费者合法权益等损害社会公共利益的行为，法律规定的机关和有关组织可以向人民法院提起诉讼。

人民检察院在履行职责中发现破坏生态环境和资源保护、食品药品安全领域侵害众多消费者合法权益等损害社会公共利益的行为，在没有前款规定的机关和组织或者前款规定的机关和组织不提起诉讼的情况下，可以向人民法院提起诉讼。前款规定的机关或者组织提起诉讼的，人民检察院可以支持起诉。

---

〔1〕 张雪樵:《检察公益诉讼比较研究》，载《国家检察官学院学报》2019 年第 1 期。

最高人民法院、最高人民检察院《关于检察公益诉讼案件适用法律若干问题的解释》(2020 年修正)

第五条　市(分、州)人民检察院提起的第一审民事公益诉讼案件,由侵权行为地或者被告住所地中级人民法院管辖。

基层人民检察院提起的第一审行政公益诉讼案件,由被诉行政机关所在地基层人民法院管辖。

第十三条　人民检察院在履行职责中发现破坏生态环境和资源保护,食品药品安全领域侵害众多消费者合法权益,侵害英雄烈士等的姓名、肖像、名誉、荣誉等损害社会公共利益的行为,拟提起公益诉讼的,应当依法公告,公告期间为三十日。

公告期满,法律规定的机关和有关组织、英雄烈士等的近亲属不提起诉讼的,人民检察院可以向人民法院提起诉讼。

人民检察院办理侵害英雄烈士等的姓名、肖像、名誉、荣誉的民事公益诉讼案件,也可以直接征询英雄烈士等的近亲属的意见。

第二十六条　本解释未规定的其他事项,适用民事诉讼法、行政诉讼法以及相关司法解释的规定。

最高人民法院《关于适用〈中华人民共和国行政诉讼法〉的解释》(2018 年施行)

第一百三十八条　人民法院决定在行政诉讼中一并审理相关民事争议,或者案件当事人一致同意相关民事争议在行政诉讼中一并解决,人民法院准许的,由受理行政案件的人民法院管辖。

公民、法人或者其他组织请求一并审理相关民事争议,人民法院经审查发现行政案件已经超过起诉期限,民事案件尚未立案的,告知当事人另行提起民事诉讼;民事案件已经立案的,由原审判组织继续审理。

人民法院在审理行政案件中发现民事争议为解决行政争议的基础,当事人没有请求人民法院一并审理相关民事争议的,人民法院应当告知当事人依法申请一并解决民事争议。当事人就民事争议另行提起民事诉讼并已立案的,人民法院应当中止行政诉讼的审理。民事争议处理期间不计算在行政诉讼审理期限内。

第一百三十九条 有下列情形之一的，人民法院应当作出不予准许一并审理民事争议的决定，并告知当事人可以依法通过其他渠道主张权利：

(一)法律规定应当由行政机关先行处理的；

(二)违反民事诉讼法专属管辖规定或者协议管辖约定的；

(三)约定仲裁或者已经提起民事诉讼的；

(四)其他不宜一并审理民事争议的情形。

对不予准许的决定可以申请复议一次。

第一百四十条 人民法院在行政诉讼中一并审理相关民事争议的，民事争议应当单独立案，由同一审判组织审理。

人民法院审理行政机关对民事争议所作裁决的案件，一并审理民事争议的，不另行立案。

第一百四十一条 人民法院一并审理相关民事争议，适用民事法律规范的相关规定，法律另有规定的除外。

当事人在调解中对民事权益的处分，不能作为审查被诉行政行为合法性的根据。

第一百四十二条 对行政争议和民事争议应当分别裁判。

当事人仅对行政裁判或者民事裁判提出上诉的，未上诉的裁判在上诉期满后即发生法律效力。第一审人民法院应当将全部案卷一并移送第二审人民法院，由行政审判庭审理。第二审人民法院发现未上诉的生效裁判确有错误的，应当按照审判监督程序再审。

最高人民法院《关于适用〈中华人民共和国民事诉讼法〉的解释》(2022年修正)

第二百八十三条 公益诉讼案件由侵权行为地或者被告住所地中级人民法院管辖，但法律、司法解释另有规定的除外。

因污染海洋环境提起的公益诉讼，由污染发生地、损害结果地或者采取预防污染措施地海事法院管辖。

对同一侵权行为分别向两个以上人民法院提起公益诉讼的，由最先立案的人民法院管辖,必要时由它们的共同上级人民法院指定管辖。

《人民检察院公益诉讼办案规则》(2021 年施行)

第十三条　人民检察院办理行政公益诉讼案件,由行政机关对应的同级人民检察院立案管辖。

行政机关为人民政府,由上一级人民检察院管辖更为适宜的,也可以由上一级人民检察院立案管辖。

第十四条　人民检察院办理民事公益诉讼案件,由违法行为发生地、损害结果地或者违法行为人住所地基层人民检察院立案管辖。

刑事附带民事公益诉讼案件,由办理刑事案件的人民检察院立案管辖。

第十六条　人民检察院立案管辖与人民法院诉讼管辖级别、地域不对应的,具有管辖权的人民检察院可以立案,需要提起诉讼的,应当将案件移送有管辖权人民法院对应的同级人民检察院。

第十八条　上级人民检察院认为确有必要的,可以办理下级人民检察院管辖的案件,也可以将本院管辖的案件交下级人民检察院办理。

下级人民检察院认为需要由上级人民检察院办理的,可以报请上级人民检察院决定。

第四十七条　人民检察院办理行政公益诉讼案件,审查起诉期限为一个月,自检察建议整改期满之日起计算。

人民检察院办理民事公益诉讼案件,审查起诉期限为三个月,自公告期满之日起计算。

移送其他人民检察院起诉的,受移送的人民检察院审查起诉期限自收到案件之日起计算。

重大、疑难、复杂案件需要延长审查起诉期限的,行政公益诉讼案件经检察长批准后可以延长一个月,还需要延长的,报上一级人民检察院批准,上一级人民检察院认为已经符合起诉条件的,可以依照本规则第十七条规定指定本辖区内其他人民检察院提起诉讼。民事公益诉讼案件经检察长批准后可以延长一个月,还需要延长的,报上一级人民检察院批准。

第一百一十一条 本规则未规定的其他事项,适用民事诉讼法、行政诉讼法及相关司法解释的规定。

吉林省白山市人民检察院诉白山市江源区卫生和计划生育局及白山市江源区中医院卫生行政许可一审行政判决书

吉林省白山市中级人民法院

(2016)吉06行初4号

公益诉讼人:吉林省白山市人民检察院。

法定代表人:宋某礼,该院检察长。

委托代理人:周某红,该院民行检察部副部长。

委托代理人:朱某松,该院民行检察部检察官助理。

被告:白山市江源区卫生和计划生育局。

法定代表人:于某东,该局局长。

委托代理人:刘某君,该局副局长。

第三人:白山市江源区中医院。住所地:白山市江源区江源大街。

法定代表人:李某家,该院院长。

委托代理人:李某玮,该院工作人员。

公益诉讼人吉林省白山市人民检察院诉被告白山市江源区卫生和计划生育局、第三人白山市江源区中医院卫生行政许可一案,本院于2016年3月1日立案后,于3月4日向被告及第三人送达了起诉状副本及应诉通知书。本院依法组成合议庭,于5月11日公开开庭审理了本案。公益诉讼人吉林省白山市人民检察院检察长宋某礼委派副检察长臧某祥到庭参加诉讼。公益诉讼人的委托代理人周某红、朱某松,被告的法定代表人于某东及委托代理人刘某君,第三人的法定代表人李某家及委托代理人李某玮到庭参加诉讼。本案现已审理终结。

被告于2015年5月18日为第三人进行法定代表人变更登记的同时对其执业科目、人员资质等进行了校验,校验结果为合格,并为其换发了登记号为PDY00006A22062511A2101的《医疗机构执业许可证》。

公益诉讼人诉称:第三人新建的综合楼,未经环保验收即投入使用,不符合医疗机构执业登记审批条件。被告未能通过校验及时发现和纠正第三人违法排放污水的行为，根据《医疗机构管理条例》第十六条、第四十条及《吉林省医疗机构审批管理办法(试行)》第23条第10项、第44条第2款第11项、第46条、第47条的规定，被告没有认真履行对医疗机构执业登记校验的审批职责，放任第三人违法排放医疗污水，其校验行为违法，应按照上述法律法规和规范性文件要求，依法履行监管职责，采取有效监管措施，制止第三人违法排放医疗污水。请求：1. 确认被告于2015年5月18日为第三人校验《医疗机构执业许可证》的行为违法；2. 判令被告履行法定监管职责，责令被告限期对第三人的医疗污水净化处理设施进行整改。

公益诉讼人向本院提交了以下证据：1. 原第三人院长王某旭的调查笔录；2. 被告副局长刘某君的调查笔录；3. 检察建议书2份。上述证据用以证明第三人没有污水处理设施，采用渗井、渗坑处理污水。检察机关依法督促被告采取监管措施，履行监管职责。

被告辩称：被告因未及时学习《吉林省医疗机构审批管理办法(试行)》有关规定，按照《医疗机构管理条例实施细则》为第三人校验《医疗机构许可证》的行政行为，存在履行职责不当的过错。被告正在积极履行对第三人的监管职责。白山市江源区人民政府已筹措资金，完善第三人的污水处理系统，第三人已与吉林省康源环保设备工程有限公司签订了关于污水处理工程的承揽合同，污水处理工程正在施工建设，被告正积极督促第三人尽快施工，争取早日投入使用。

被告向本院提交了以下证据：1. 原浑江市三岔子区编制委员会《关于城墙卫生院改建为三岔子区中医诊所的批复》；2. 原江源县卫生局《关于江源县中医院门诊部更名为江源县中西医结合医院的请示》；3. 白山市江源区机构编制委员会《关于江源区中西医结合医院更名的批复》；4. 第三人《医疗机构执业许可证》正、副本；5. 2008年白山市江源区中西医结合医院变更法定代表人的档案材料；6. 2015年第三人法定代表人变更、校验的档案材料；7.《关于加强污水处理确保达标排放的通知》；8.《区中医院医疗污水排放净化处理设施建设整改情况报告》；9. 建设工程设计合同；10.《白山市江源区中医院污水处理工程设计方案》；11. 江源区卫计局《关于拨付区中医院购置污水处理设备资金的请示》和资金拨付凭证；12.《白山市江源区人民政府集中采购执行计划通知书》。上述证据用以证明第三人的历史沿革过程，被告履职经过及在接到检察机关的检察建议后，履行了对第三人的行政监管职责。

第三人述称：第三人是由江源区政府举办的承担公益职能的事业单位，由于政府对公立医院投入不足，造成基础设施不完善。虽然第三人多次向政府申请污水处理改造，但由于政府资金短缺，没有得到及时解决。白山市江源区人民政府收到检察机关检察建议后，已将第三人污水处理项目列为政府集中采购执行计划。第三人已与吉林省康源环保设备工程有限公司签订了关于污水处理工程的承揽合同，污水处理工程已开工建设，近期即可投入使用。

第三人未向本院提交证据。

经庭前会议核对，各方当事人对证据真实性均无异议。

公益诉讼人发表如下质证意见：在第三人未提供环评合格报告的情况下，被告对第三人的《医疗机构执业许可证》校验为合格，其未认真履行对医疗机构校验职责，校验行为违法。被告在收到检察机关的检察建议后，虽积极履行对第三人的行政监管职责，但这种履职行为均是在收到检察机关的检察建议后作出的，是一种事后作为行为，其事先并未采取实质性监管措施，导致第三人违法排放医疗污水的行为仍在持续。

被告及第三人质证意见与答辩意见、陈述意见一致。

本院对上述证据作如下认证：各方当事人对上述证据的真实性、合法性、关联性均无异议。本院认为公益诉讼人、被告提供的证据符合证据要求，可以证明案件的事实经过，本院予以采信。

经审理查明：第三人由原城墙卫生院改建而来。1993 年 9 月由原城墙卫生院、区红十字会医院、三岔子镇卫生院合并成原江源县中医门诊部，1996 年 3 月，经江源县卫生局向白山市卫生局申请，更名为江源县中西医结合医院，2009 年更名为白山市江源区中医院。

2015 年 5 月 18 日，被告为第三人进行法定代表人变更登记的同时，对其执业科目、人员资质等进行了校验。在第三人未提供环评合格报告的情况下，被告对第三人《医疗机构执业许可证》校验结果评定为合格，并为其换发了登记号为 PDY00006A22062511A21××的《医疗机构执业许可证》。

第三人于 2012 年新建综合楼时，未同时建设医疗污水处理设施，未经环保验收即投入使用。第三人将医疗污水经水质消毒粉处理后,通过渗井、渗坑排放。白山市江源区环境保护局于2014年1月8日对江源区中医院作出罚款10000元,责令改正、限期办理环保验收的处罚决定。由于资金问题,第三人未予整改。

2015年11月18日,白山市江源区人民检察院向被告发出江检公建字〔2015〕2号检察建议,建议其采取有效监管措施,制止第三人继续排放医疗污水的行为。被告收到检察建议后,于同年11月23日向第三人下发了《关于加强污水处理确保达标排放的通知》,督促其加强消毒杀菌措施,确保排放污水达标,并做好建设污水处理设施的前期准备工作。同年12月10日,被告向白山市江源区人民检察院发出《区中医院医疗污水排放净化处理设施建设整改情况报告》,将履行监管职责的情况进行回复。同日,被告与中国市政工程东北设计研究总院有限公司呼伦贝尔分院签订了白山市江源区医疗污水处理工程建设工程设计合同。2016年3月7日,被告委托吉林省康源环保设备工程有限公司作出《白山市江源区中医院污水处理工程设计方案》;同年3月9日,被告向白山市江源区人民政府请示拨付污水处理设备资金;同年3月14日,工程建设资金拨付到位。

另在与本案一并审理的公益诉讼人诉第三人环境污染责任纠纷一案中查明:2015年12月1日,吉林市吉科检测技术有限公司受江源区环境保护局委托,对第三人沉淀池废水及周边土壤进行监测,检测结果为:化学需氧量、五日生化需氧量、悬浮物、总余氯等均超过国家标准。2016年1月26日,吉林省中实环保工程开发有限公司出具了《关于白山市江源区中医院排污问题的意见》,该意见的主要内容为:第三人将医疗污水未经消毒直接混入生活污水,可引起医源性细菌对地下水及生活用水的污染,存在细菌传播隐患;被告在污水处理过程中,虽然有沉淀、絮凝等简易污水处理设施,但未能满足排放标准的要求,可以造成地下水及周围土壤的污染。第三人已与吉林省康源环保设备工程有限公司签订了关于污水处理工程的承揽合同。工程已开工建设,目前正在施工。

本院认为,根据国务院《医疗机构管理条例》第5条及第40条的规定,县级以上地方人民政府卫生行政部门负责本行政区域内医疗机构的监督管理工作。其监督管理职权包括负责医疗机构的设置审批、执业登记和校验、对医疗机构的执业活动进行检查指导等职权。被告对辖区内医疗机构具有监督管理的法定职责。

卫生部35号令《医疗机构管理条例实施细则》第35条规定:“办理校验应当交验

《医疗机构执业许可证》,并提交下列文件:(一)《医疗机构校验申请书》;(二)医疗机构执业许可证》副本;(三)省、自治区、直辖市卫生行政部门规定提交的其他材料。"《吉林省医疗机构审批管理办法(试行)》第44条规定,医疗机构申请校验时应提交校验申请、执业登记项目变更情况、接受整改情况、环评合格报告等材料。在第三人未提交环评合格报告的情况下,被告对第三人的《医疗机构执业许可证》校验为合格,违反上述法规、规章和规范性文件的规定,被告的校验行为违法。

第三人违法排放医疗污水,导致周边地下水及土壤存在重大污染风险。被告作为卫生行政主管部门,未及时制止,其怠于履行监管职责的行为违法。虽然被告在收到检察建议后,已向第三人发出了整改通知,并通过向白山市江源区人民政府申请资金的方式,促使第三人污水处理工程投入建设。但目前,第三人仍通过渗井、渗坑违法排放医疗污水,且污水处理设施建设完工及环评验收需要一定的时间,故被告应当继续履行监管职责,督促第三人污水处理工程及时完工,达到环评要求并投入使用,符合《吉林省医疗机构审批管理办法(试行)》第44条规定的校验医疗机构执业许可证的条件。

综上,公益诉讼人关于请求确认被告为第三人校验《医疗机构执业许可证》合格的行为违法及判令被告履行法定监管职责的诉讼请求,本院予以支持。依照《行政诉讼法》第74条第1款第1项、第2款第1项及第76条的规定,判决如下:

一、确认被告白山市江源区卫生和计划生育局于2015年5月18日对第三人白山市江源区中医院《医疗机构执业许可证》校验合格的行政行为违法;

二、责令被告白山市江源区卫生和计划生育局履行监管职责,监督第三人白山市江源区中医院在三个月内完成医疗污水处理设施的整改。

如不服本判决,可以在判决书送达之日起十五日内向本院递交上诉状,并按对方当事人的人数提出副本,上诉于吉林省高级人民法院。

审　判　长　张某宽
审　判　员　王　某
代理审判员　历某飞
二〇一六年七月十五日
书　记　员　刘某博

吉林省白山市人民检察院与白山市江源区中医院环境污染责任纠纷一审民事判决书

吉林省白山市中级人民法院

(2016)吉06民初19号

公益诉讼人:吉林省白山市人民检察院。

法定代表人:宋某礼,该院检察长。

委托代理人:周某红,该院民行检察部副部长。

委托代理人:朱某松,该院民行检察部检察官助理。

被告:白山市江源区中医院。

法定代表人:李某家,该院院长。

委托代理人:李某玮,该院工作人员。

公益诉讼人吉林省白山市人民检察院诉被告白山市江源区中医院环境污染责任纠纷一案,本院于2016年3月25日立案受理,同日向被告送达了起诉状副本及应诉通知书,并依法张贴了案件受理公告,在公告期内没有其他机关和社会组织申请参加诉讼。本院依法组成合议庭,于5月11日公开开庭审理了本案。公益诉讼人吉林省白山市人民检察院检察长宋某礼委派副检察长臧某祥出庭参加诉讼。公益诉讼人的委托代理人周某红、朱某松,被告的法定代表人李某家及委托代理人李某玮到庭参加诉讼。本案现已审理终结。

公益诉讼人诉称:被告于2012年新建综合楼时,未同时建设污水处理设施,未经环保验收即投入使用。医疗污水通过渗井、渗坑排放,存在造成环境污染的重大风险。公益诉讼人根据《全国人民代表大会常务委员会关于授权最高人民检察院在部分地区开展公益诉讼试点工作的决定》及《检察机关提起公益诉讼试点方案》的有关规定,在严格落实诉前程序后,被告仍未停止排放超标医疗污水,请求:判令被告白山市江源区中医院立即停止违法排放医疗污水。

被告辩称:被告是由白山市江源区政府举办的承担公益职能的事业单位,由于政府对公立医院投入不足,造成基础设施不完善。被告多次向政府申请污水处理系统建设资金,但由于政府资金短缺,尚未解决。被告只能采用人工消毒方法处理污水,达不到用设备处理污水的排放效果,如长期排放,可能给地下水造成污染。白山市江源区人民政府收到检察机关的检察建议后，已将被告污水处理项目列为政府集中采购执行计划。被告已与吉林省康源环保设备工程有限公司签订了关于污水处理工程的承揽合同。工程已开工建设，近期即可投入使用。

本院经审理查明：被告新建综合楼时，未建设污水处理设施，通过渗井、渗坑排放医疗污水。综合楼未经环保验收即投入使用。2015年11月18日，白山市江源区人民检察院向白山市江源区卫生和计划生育局发出江检公建字〔2015〕2号检察建议，建议其采取有效监管措施，制止被告继续排放医疗污水的行为。同年12月1日，吉林市吉科检测技术有限公司对被告排放的医疗污水及渗井周边土壤进行了取样检测，检测结果为：化学需氧量、五日生化需氧量、悬浮物、总余氯等均超过国家标准。2016年1月26日，吉林省中实环保工程开发有限公司（具有建设项目环境影响评价资质）出具了《关于白山市江源区中医院排污问题的意见》，主要内容为：被告将医疗污水未经消毒直接混入生活污水，可引起医源性细菌对地下水及生活用水的污染，存在细菌传播隐患；被告在污水处理过程中，虽然有沉淀、絮凝等简易污水处理设施，但未能满足排放标准的要求，可以造成地下水及周围土壤的污染。

另查明：被告自2013年8月1日起，多次以书面形式向白山市江源区人民政府及卫生行政主管部门申请排污设施建设资金，但资金一直未落实。2016年2月29日，白山市江源区人民政府将被告建设污水处理项目列为政府集中采购执行计划。同年3月9日，被告与吉林省康源环保设备工程有限公司签订了关于污水处理工程的承揽合同。基础建设工程已开工建设，目前尚未建成。被告仍在通过渗井、渗坑排放医疗污水。

上述事实，由白山市江源区检察院对王某旭、王某义、李某家的调查笔录，白山市江源区中医院电力管网图及污水处理平面图、处理医疗污水化粪池现场照片、《江源区中医院申请美国贷款购置医疗设备的情况说明》《关于江源区中医院建筑污水处理池工程请示》《关于改建江源区中医院污水处理系统请示》《关于江源区中医院申请建设水污染防治设施所需资金的请示》《关于江源区中医院污水处理整改措施的请示》《白山市江源区人民政府集中采购执行计划通知书》《承揽合同》、施工现场照片，白山市江源区环境保护局《关于白山市江源区中医院门诊综合楼建设项目污水预处理是否达标情况的说明》,吉林市吉科检测技术有限公司《检测报告》,吉林省中实环保工程开发有限公司《关于白山市江源区中医院排污问题的意见》以及《国务院办公厅关于全面推开县级公立医院综合改革的实施意见》《吉林省人民政府办公厅关于县级公立医院综合改革的实施意见》等证据、依据在卷佐证。

本院认为,《中华人民共和国环境保护法》第五十八条规定,对污染环境,损害社会公共利益的行为,符合下列条件的社会组织可以向人民法院提起诉讼:(一)依法在设区的市级以上人民政府民政部门登记;(二)专门从事环境保护公益活动连续五年以上且无违法记录。《人民法院审理人民检察院提起公益诉讼案件试点工作实施办法》第一条规定,人民检察院认为污染环境等损害社会公共利益的行为,在没有适格主体提起诉讼情况下,可以向人民法院提起民事公益诉讼,符合法定条件的,人民法院应当登记立案。根据上述规定,本院在受理案件后,依法张贴了案件受理公告,在公告期内没有适格主体申请参加诉讼。在此情况下,为保护生态环境,维护公众环境利益,公益诉讼人提起民事公益诉讼主体适格。

《中华人民共和国侵权责任法》第六十五条、第六十六条规定,因污染环境造成损害的,污染者应当承担侵权责任。因污染环境发生纠纷,污染者应当就法律规定的不承担责任或者减轻责任的情形及其行为与损害之间不存在因果关系承担举证责任。本案中,根据公益诉讼人的举证和查明的相关事实,可以确定被告未安装符合环保要求的污水处理设备,通过渗井、渗坑实施了排放医疗污水的行为。从检测机构的检测结果及检测意见可知,被告排放的医疗污水,对附近地下水及周边土壤存在重大环境污染风险。被告虽辩称其未建设符合环保要求的排污设备系因政府对公办医院投入建设资金不足所致,但该理由不能否定其客观上实施了排污行为,产生了周边地下水及土壤存在重大环境污染风险的损害结果,以及排污行为与损害结果存在因果关系的基本事实。故被告应当承担侵权责任。被告虽举证证明其正在建设符合环保要求的污水处理设施,但结合公益诉讼人的诉讼请求,无法证明其存在不承担责任或者减轻责任的情形。

综上,依照《中华人民共和国侵权责任法》第十五条第一款第(一)项、第六十五条、第六十六条,《中华人民共和国环境保护法》第五十八条的规定,判决如下:

被告白山市江源区中医院立即停止违法排放医疗污水。

如不服本判决，可在判决书送达之日起十五日内，向本院递交上诉状，并按对方当事人的人数提出副本，上诉于吉林省高级人民法院。

审 判 长 张某宽

审 判 员 王 某

代理审判员 历某飞

二〇一六年七月十五日

书 记 员 刘某博

齐某强奸、猥亵儿童案*

摘要与关键词

摘要：2018 年 11 月，最高人民检察院发布的检例 42 号指导性案例齐某强奸、猥亵儿童案，针对性侵未成年人案件中常见的法律适用问题作出指导，并以该案为契机发出“一号检察建议”，推进“一站式”办案机制，立足检察职能参与社会治理，助力形成未成年人保护大格局。奸淫幼女型强奸罪“情节恶劣”加重情节的认定，应在坚持“相当性标准”的前提下，综合分析其实质危害性。对“在公共场所当众”猥亵儿童的判断，应从法规范的保护目的出发，对于人数较多、人员不固定、多数人随时进入、现场不具有排他性的场所可以认定为“公共场所”，有多人实际在场且在场他人对犯罪行为有感知的可能性和现实性为认定“当众”的实质性考量因素，再结合行为人的作案时间、手段、地点、次数、猥亵部位、猥亵人数等，综合判断“公共场所当众”是否“情节恶劣”，以及应作为入罪情节还是量刑情节适用。网络隔空猥亵和网络直播猥亵行为在特定情形下均可构成“在公共场所当众”实施。

关键词：强奸、猥亵儿童案；情节恶劣；加重要件；公共场所；相当性标准

案情与程序

一、基本案情

2011 年夏季至 2012 年 10 月，被告人齐某在担任班主任期间，利用午休、晚自

---

* 本案例来自最高人民检察院第十一批指导性案例（检例第 42 号）。本文作者：张洋。

习及宿舍查寝等机会,在学校办公室、教室、洗澡堂、男生宿舍等处多次对被害女童A(10 岁)、B(10 岁)实施奸淫、猥亵,并以带女童 A 外出看病为由,将其带回家中强奸。齐某还在女生集体宿舍等地猥亵被害女童 C(11 岁)、D(11 岁)、E(10 岁)多次,猥亵被害女童 F(11 岁)、G(11 岁)各一次。

二、诉讼过程

2013 年 4 月 14 日,某市人民检察院以齐某犯强奸罪、猥亵儿童罪对其提起公诉。同年 5 月 9 日,该市中级人民法院依法不公开开庭审理该案。同年 9 月 23 日,该市中级人民法院作出判决,认定齐某犯强奸罪,判处死刑缓期 2 年执行,剥夺政治权利终身;犯猥亵儿童罪,判处有期徒刑 4 年 6 个月;决定执行死刑,缓期 2 年执行,剥夺政治权利终身。被告人未上诉,判决生效后,报某省高级人民法院复核。

2013 年 12 月 24 日,某省高级人民法院以原判认定部分事实不清为由,裁定撤销原判,发回重审。

2014 年 11 月 13 日,某市中级人民法院经重新审理,作出判决,认定齐某犯强奸罪,判处无期徒刑,剥夺政治权利终身;犯猥亵儿童罪,判处有期徒刑 4 年 6 个月;决定执行无期徒刑,剥夺政治权利终身。齐某不服提出上诉。

2016 年 1 月 20 日,某省高级人民法院经审理,作出终审判决,认定齐某犯强奸罪,判处有期徒刑 6 年,剥夺政治权利 1 年;犯猥亵儿童罪,判处有期徒刑 4 年 6 个月;决定执行有期徒刑 10 年,剥夺政治权利 1 年。某省人民检察院认为该案终审判决确有错误,提请最高人民检察院抗诉。最高人民检察院经审查,认为该案适用法律错误,量刑不当,应予纠正。2017 年 3 月 3 日,最高人民检察院依照审判监督程序向最高人民法院提出抗诉。

2017 年 12 月 4 日,最高人民法院依法不公开开庭审理该案,最高人民检察院指派检察员出席法庭,辩护人出庭为原审被告人进行辩护。

2018 年 6 月 11 日,最高人民法院召开审判委员会会议审议本案,最高人民检察院检察长列席会议并发表意见。

2018 年 7 月 27 日,最高人民法院作出终审判决,认定原审被告人齐某犯强奸罪,判处无期徒刑,剥夺政治权利终身;犯猥亵儿童罪,判处有期徒刑 10 年;决定执行无期徒刑,剥夺政治权利终身。

三、指导意义

1. 准确把握性侵未成年人犯罪案件证据审查判断标准

对性侵未成年人犯罪案件证据的审查，要根据未成年人的身心特点，按照有别于成年人的标准予以判断。审查言词证据，要结合全案情况予以分析。根据经验和常识，未成年人的陈述合乎情理、逻辑，对细节的描述符合其认知和表达能力，且有其他证据予以印证，被告人的辩解没有证据支持，结合双方关系不存在诬告可能的，应当采纳未成年人的陈述。

2. 准确适用奸淫幼女“情节恶劣”的规定

《刑法》第236条第3款第1项规定，奸淫幼女“情节恶劣”的，处10年以上有期徒刑、无期徒刑或者死刑。最高人民法院、最高人民检察院、公安部、司法部《关于依法惩治性侵害未成年人犯罪的意见》（以下简称《性侵意见》）第25条规定了针对未成年人实施强奸、猥亵犯罪“更要依法从严惩处”的七种情形。实践中，奸淫幼女具有从严惩处情形，社会危害性与《刑法》第236条第3款第2—4项相当的，可以认为属于该款第1项规定的“情节恶劣”。例如，该款第2项规定的“奸淫幼女多人”，一般是指奸淫幼女3人以上。本案中，被告人具备教师的特殊身份，奸淫2名幼女，且分别奸淫多次，其危害性并不低于奸淫幼女3人的行为，据此可以认定符合“情节恶劣”的规定。

3. 准确适用“公共场所当众”实施强奸、猥亵未成年人犯罪的规定

《刑法》对“公共场所当众”实施强奸、猥亵未成年人犯罪，作出了从重处罚的规定。《性侵意见》第23条规定了在“校园、游泳馆、儿童游乐场等公共场所”对未成年人实施强奸、猥亵犯罪，可以认定为在“公共场所当众”实施犯罪。适用这一规定，是否属于“当众”实施犯罪至为关键。对在规定列举之外的场所实施强奸、猥亵未成年人犯罪的，只要场所具有相对公开性，且有其他多人在场，有被他人感知可能的，就可以认定为在“公共场所当众”犯罪。

检察机关履职情况

一、依法履行法律监督职能，从严惩治侵害未成年人犯罪

1. 严格审查证据，准确把握司法适用标准

为强化审查案件的亲历性，最高人民检察院办案组三次赴案发地提审齐某，询问部分被害人家属和学校负责人，对案发学校进行现场勘查，进一步核实相关证据。向省、市、县三级人民检察院承办人员了解案件情况，排除非法取证可能性。细致审查各被害人陈述，从案发次数、时间段、主要地点、行为方式等陈述细节，与现场勘查情况、被害人辨认笔录、证人证言等其他证据进行详细比照，相互印证案件事实和情节；被害人陈述案发过程和事实情节自然真实，符合其年龄段的认知能力。在原审被告人齐某自始至终不认罪的情况下，综合全案证据足以排除合理怀疑，形成完整证据链条，认定齐某强奸、猥亵多名儿童的犯罪事实。[1]

2. 依法提出抗诉，充分释法说理

诉讼过程中，关于证明齐某犯罪的证据问题及齐某强奸罪是否属于情节恶劣，猥亵犯罪是否属于在公共场所当众实施，是指控犯罪中的重点问题。最高人民检察院出庭检察员在再审审理中，针对上述三个问题分别发表意见。

（1）针对该案证据问题，出庭检察员指出：原审被告人齐某犯强奸罪、猥亵儿童罪的犯罪事实清楚，证据确实、充分。主要理由在于：一是各被害人及其家长和齐某在案发前没有矛盾，且报案及时，无其他介入因素，可以排除诬告的可能。二是各被害人陈述内容自然合理，可信度高，且有同学的证言予以印证。被害人对于细节的描述符合正常记忆认知、表达能力，如齐某实施性侵害的大致时间、地点、方式、次数等内容基本一致。因被害人年幼、报案及作证距案发时间较长等客观情况，具体表达存在不尽一致之处，完全正常。三是各被害人陈述的基本事实得到该案其他证据印证，如齐某卧室勘验笔录、被害人辨认现场的笔录、现场照片、被害人生理状况诊断证明等。

（2）针对强奸犯罪情节恶劣的问题，出庭检察员指出：原审被告人齐某犯强奸

---

〔1〕 参见最高人民检察院网，https://www.spp.gov.cn/zdgz/201810/t20181013_395110.shtml。

罪情节恶劣，且在公共场所当众猥亵儿童，某省高级人民法院判决对此不予认定，属于适用法律错误，导致量刑畸轻。其原因在于，齐某奸淫幼女“情节恶劣”。齐某利用其教师身份，多次强奸2名幼女，犯罪时间跨度大。该案发生在校园内，对被害人及其家人伤害非常大，对其他学生造成了恐惧。齐某的行为具备《性侵意见》第25条规定的多项“更要依法从严惩处”的情节，综合评判应认定为“情节恶劣”，判处10年有期徒刑以上刑罚。

(3)针对齐某的行为是否属于在“公共场所当众”猥亵儿童的问题，出庭检察员指出：公共场所系供社会上多数人从事工作、学习、文化、娱乐、体育、社交、参观、旅游和满足部分生活需求的一切公用建筑物、场所及其设施的总称，具备由多数人进出、使用的特征。基于对未成年人保护的需要，《性侵意见》第23条明确将“校园”这种除师生外，其他人不能随便进出的场所认定为公共场所。司法实践中也已将教室这种相对封闭的场所认定为公共场所。该案中的女生宿舍是20多人的集体宿舍，和教室一样属于校园的重要组成部分，具有相对涉众性、公开性，应当是公共场所。同时，《性侵意见》第23条规定，在公共场所对未成年人实施猥亵犯罪，“只要有其他多人在场，不论在场人员是否实际看到”，均可认定为当众猥亵。该案中齐某在熄灯后进入女生集体宿舍，当时就寝人数较多，床铺之间没有遮挡，其猥亵行为易被同寝他人感知，符合上述规定“当众”的要求。

3.“一把手”列席审委会，深入论证法律适用问题

2018年6月11日，最高人民法院召开审判委员会会议审议本案，时任最高人民检察院检察长张军列席会议并针对法律适用问题发表意见：一是最高人民检察院抗诉书认定的齐某犯罪事实、情节符合客观实际。性侵害未成年人案件具有客观证据、直接证据少，被告人往往不认罪等特点。本案中，被害人家长与原审被告人之间不存在矛盾，案发过程自然。被害人陈述及同学证言符合案发实际和儿童心理，证明力强。综合全案证据来看，足以排除合理怀疑，能够认定原审被告人强奸、猥亵儿童的犯罪事实。二是原审被告人在女生宿舍猥亵儿童的犯罪行为属于在“公共场所当众”猥亵。考虑本案具体情节，原审被告人猥亵儿童的犯罪行为应当判处10年有期徒刑以上刑罚。三是某省高级人民法院二审判决确有错误，依法应当改判。这也是最高人民检察院检察长首次列席最高人民

法院审判委员会。[1]

二、制发“一号检察建议”，聚焦未成年人保护社会治理

案件改判后，最高人民检察院在分析全国检察机关办理的性侵幼儿园儿童、中小学生犯罪案件的基础上，于 2018 年 10 月向教育部发送了《最高人民检察院检察建议书》（高检建〔2018〕1 号）。这是最高人民检察院首次直接向国家部委发送的检察建议，也是最高人民检察院首次发出的社会治理的检察建议，编号为一号，故称为“一号检察建议”。时任最高人民检察院检察长张军亲自指导部署撰写工作，原未成年人检察工作办公室（现在的第九检察厅办公室）进行起草、初拟，不仅紧紧围绕办案和调研发现的问题分析论证，还系统研究了有关校园安全的法律法规、文件，最终形成检察建议文书。教育部收到检察建议后，于 2018 年 12 月下发《关于进一步加强中小学（幼儿园）预防性侵害学生工作的通知》，要求各地教育行政部门和学校要切实从性侵害学生案件中吸取教训，进一步加强预防性侵害安全教育、教职工队伍管理、预防性侵害机制建设、学校安全督导检查等工作。

“一号检察建议”指出，当前一些地方在幼儿园儿童、中小学学生保护和校园安全管理方面存在较严重的问题。一是未严格执行校园安全管理相关规定，存在制度虚化现象。二是落实校园安全管理责任不到位，一些学校负责人没有真正担负起校园安全管理的责任，对教职员工性侵害学生的行为往往不能及时发现，甚至有个别校长发现了也不及时报告。三是对教职员工队伍管理不严格，录用、聘任工作人员把关不严，存在重业务、轻师德问题，招的工勤人员素质参差不齐。四是儿童和学生法治教育、预防性侵害教育缺位。最高人民检察院向教育部提出如下建议。一是进一步健全完善预防性侵害的制度机制，明确学校所有工作人员对性侵害案件或者线索的报警、报告义务和责任，完善教师准入制度，联合有关部门建立性害学生违法犯罪信息库和入职查询制度。二是加强对校园预防性侵害相关制度落实情况的监督检查，重点检查、督导园长、校长安全责任制和教职员工从业资格审查、师德教育和考评制度的落实情况，督促、指导学校切实规范学生宿舍管理，严

〔1〕 万春、缐杰、张杰：《最高人民检察院第十一批指导性案例解读》，载《人民检察》2019 年第 1 期。

格执行女生宿舍封闭管理制度，完善重点时段和关键部位的安全监管。三是依法严肃处理有关违法违纪人员。对于实施性侵儿童违法犯罪行为的教职员工必须及时移送公安司法机关依法处理并报告上级部门，撤销其教师资格。

“一号检察建议”发出以来，全国检察机关加强与教育等部门沟通配合，抓好抓实监督落实工作。各省级人民检察院将“一号检察建议”连同本地教职员工性侵害未成年学生、幼儿园儿童的情况抄报本省（区、市）主管领导和教育主管部门，并以此为契机，向当地党委、人大全面报告未成年人检察工作。天津、河北、内蒙古等21个省级人民检察院检察长当面向省级人民政府主管领导作了汇报。陕西省委、省政府召开全省未成年人保护暨“一号检察建议”落实推进会，省委副书记带队赴中小学开展明察暗访，各地均成立监督落实“一号检察建议”专班，围绕四个方面，共25个问题开展为期1个月的专项督导。

“一号检察建议”发出后至2020年9月，全国各级检察机关单独或者联合教育部门共计查访中小学校、幼儿园24696所，发现安全管理隐患问题3239个；向学校、教育部门提出检察建议1328件，学校、教育部门已完成安全管理隐患整改2465个；严惩校园性侵犯罪，共计批准逮捕教职员工性侵害未成年学生犯罪嫌疑人664人，提起公诉520人；[1]充分落实“在办案中监督、监督中办案”的要求，强化此类案件的诉讼监督，如福建省人民检察院挂牌督办的民办学校教师刘某猥亵儿童案，起诉时追加认定了20余起猥亵事实。各地检察机关把深入开展法治进校园巡讲、推进检察官担任法治副校长工作和落实“一号检察建议”有机结合起来，切实强化教师、家长法治教育和未成年人自护教育。截至2020年年底，全国3.3万名检察官在4.5万所中小学校担任法治副校长[2]。

三、积极完善未成年被害人保护救助体系

由于本案突出体现了性侵害未成年人犯罪案件证据的特点，即往往没有物证、目击证人，犯罪嫌疑人不认罪，被害人陈述的真实性客观性成为关键，需要综合全案的情况，结合生活经验和逻辑常识来判断。而增加取证的科学性和办案人员的

---

〔1〕 资料来源：最高人民检察院检察工作内网《关于全国检察机关监督落实“一号检察建议”阶段性工作情况的通报》。

〔2〕 资料来源：最高人民检察院检察工作内网《未成年人检察工作白皮书（2020）》。

亲历性，尤为重要。因此，最高人民检察院第九检察厅一方面积极推进“一站式”办案机制，加大性侵未成年人案件理论研究，加强办案制度和场所、硬件建设。实施性心理干预、身体康复和取证同步进行，实现办案、询问的专业化，有利于在保护被害人权益的同时，提高取证质量，尤其是提高首次询问的质量。另一方面，提高检察、审判人员的亲历性，通过提前旁听询问未成年被害人、查看询问同步录音录像，能够使检察官、法官对被害人的认知、表达能力和陈述时的状态、内容有了直观认识，增强办案的亲历性，对于其准确判断证据、认定事实，形成内心确信非常重要。

积极地推行“一站式”取证机制。截至2020年年底，全国共建成未成年被害人“一站式”询问、救助办案区1029个。[1] 各地检察机关注重发挥“一站式”办案场所的综合功能，会同有关部门开展未成年被害人接受询问、生物样本提取、身体检查、心理疏导等工作，减少询问方式不当导致取证质量不高、放纵犯罪的问题。重庆、云南、上海、浙江等地检察机关与公安、法院共同制定办理性侵害未成年人案件工作规范，统一法律适用和证据审查标准，形成较为成熟的“一站式”办案机制和工作模式，破解性侵害未成年人案件发现难、取证难、指控难的问题。在检察机关和各有关部门的推动下，2020年修订的《未成年人保护法》第112条正式规定了性侵害未成年人“一站式”取证机制，把这项制度上升为法律规定，成为办理性侵害未成年人犯罪案件的硬性要求。

建立健全长效机制。继上海、重庆、湖北等省级人民检察院先行先试、成效显著后，2020年8月，最高人民检察院联合教育部、公安部发布《关于建立教职员工准入查询性侵违法犯罪信息制度的意见》；2020年5月，最高人民检察院联合国家监察委、教育部、公安部、民政部、司法部、国家卫健委、共青团中央、全国妇联下发《关于建立侵害未成年人案件强制报告制度的意见（试行）》，确立了教职工准入查询性侵违法犯罪信息制度和侵害未成年人案件强制报告制度（以下简称入职查询制度和强制报告制度），从顶层设计上完善未成年人权益保护长效机制。密切接触未成年人行业人员入职查询制度和强制报告制度已经被2020年新修订的《未成年人保护法》吸纳，上升为法律制度，更加凸显出未成年人司法保护中的检察力量。

---

〔1〕 资料来源：最高人民检察院检察工作内网《未成年人检察工作白皮书（2020）》。

类案学理研讨

2017年至2020年，全国检察机关起诉强奸未成年人犯罪分别为7550人、9267人、12912人、15365人，同比上升22.74%、39.33%、19%；起诉猥亵儿童犯罪分别为2388人、3282人、5124人、5880人，同比上升37.44%、56.12%、14.75%[1]。虽然自去年以来增幅同比明显降低，但在疫情防控背景下该类犯罪与其他侵害未成年人犯罪相比，依然呈增长态势，暴露了预防和惩治性侵害未成年人犯罪仍存在普遍性问题未有效解决。犯罪的高发也促使有关对儿童实施的奸淫、猥亵等性侵害犯罪问题，成为牵动人心的公共课题，关于性侵害犯罪的刑事法修订进入活跃期。

在立法及司法层面，刑法对奸淫幼女、猥亵儿童等性侵未成年人犯罪保持从严治理的态势。2013年《性侵意见》为预防和惩治性侵未成年人犯罪发挥了积极作用。2015年通过的《刑法修正案（九）》删去了《刑法》第360条第2款（原"嫖宿幼女罪"），使嫖宿幼女的行为重回强奸罪的规制，强调了对幼女身心健康法益的保护。2020年通过的《刑法修正案（十一）》共有3个条文涉及性侵未成年人犯罪，除专门增设"负有照护职责人员性侵罪"外，还在原有"强奸罪""猥亵儿童罪"的基础上提高了对相应性侵未成年人犯罪行为的法定刑。但司法实务中，对于性侵未成年人犯罪加重处罚情节中作为兜底形式的"恶劣情节"以及"公共场所当众"等加重构成要件一直存在不同理解，《性侵意见》中规定的七种针对未成年人实施强奸、猥亵犯罪"从严惩处"情形的适用标准亦不统一。

一、关于奸淫幼女"情节恶劣"的认定

《刑法修正案（十一）》将《刑法》第236条第3款规定的强奸妇女、奸淫幼女的五种加重情节增加为六种，其中第1项"情节恶劣"是一个概括性和兜底性条款，且没有立法解释或者司法解释对其内涵作进一步界定，一直以来都是司法实践适用的疑难点和争议热点。齐某强奸、猥亵儿童案打破奸淫幼女未达到3人不能认定为情节恶劣的形式标准，主张"被告人具备教师的特殊身份，奸淫二名幼女，且分别奸淫多次，其危害性并不低于奸淫幼女三人的行为，可以认定符合'情节恶劣'"。

---

[1] 《未成年人检察工作白皮书（2014—2019）》《未成年人检察工作白皮书（2020）》，最高人民检察院分别于2020年6月1日、2021年6月1日发布于检察工作内网。

根据本案案例要旨,奸淫幼女具有《性侵意见》规定的从严处罚情节,社会危害性与《刑法》第236条第3款第2—4项规定的情形相当的,可以认定为该款第1项规定的"情节恶劣",多数观点认该案例要旨确立了"相当性标准",即社会危害性与《刑法》第263条第2—4项规定的情形相当。[1] 这一标准可以说为"情节恶劣"的认定释明了清晰的注脚,但由于实务的复杂性,亟待进一步阐明如何认定奸淫幼女情节恶劣的问题。

理论观点认识不一。理论界对奸淫幼女情节恶劣的认定存在多种观点。较早时期刘家琛大法官认为"强奸妇女、奸淫幼女情节恶劣"主要包括:利用残酷的暴力手段如捆绑、捂嘴卡脖等强奸妇女的;在行奸过程中肆意蹂躏妇女的;长期多次对某一妇女进行强奸的;强奸精神病患者、严重痴呆症患者、孕妇、病妇等。[2] 近年来较有代表性的观点如张明楷教授主张,在公共场所劫持并强奸妇女、聚众强奸妇女、奸淫幼女但不构成轮奸的等属于"情节恶劣"。[3] 刘宪权教授认为,"情节恶劣"是指强奸妇女手段残忍的;因强奸妇女引起被害人自杀、精神失常的;多次利用淫秽物品、"跳黑灯舞"等手段引诱女青年,进行强奸,在社会上造成很坏影响,危害极大的等。[4] 姚建龙教授主张,"情节恶劣"一般是指强奸的手段残酷,在社会上造成恶劣影响。[5] 学者黄尔梅认为,司法实践中认定是否构成"情节恶劣",一般要结合犯罪主体、犯罪对象、犯罪手段、犯罪持续的时间、犯罪地点、犯罪次数等犯罪情节进行综合判断;《性侵意见》第25条规定的七个方面均是酌定从重处罚情节,单独某一项内容可能达不到"情节恶劣"的程度,但若同时具有几项情节,则可以认定为"情节恶劣"。[6] 不同观点大都从犯罪主体、犯罪对象、犯罪地点、犯罪场所、犯罪手段、犯罪后果等角度为认定"情节恶劣"提供了判断标准,但实践中的案件事实往往错综复杂,列举式的规定无法覆盖所有情节,原则性的规定又赋予法官过大的自由裁量空间,因此上述观点离司法实践要求的确定性还存在差距。

---

〔1〕 姚建龙、林需需:《性侵未成年人刑法适用若干疑难问题与争议问题辨析》,载《中国应用法学》2019年第2期。

〔2〕 刘家琛主编:《刑法分则及配套规定新释新解》,人民法院出版社2008年版,第164页。

〔3〕 张明楷:《刑法学》(下·第5版),法律出版社2016年版,第876页。

〔4〕 刘宪权主编:《刑法学》(下·第4版),上海人民出版社2016年版,第568页。

〔5〕 姚建龙主编:《刑法学分论》,北京大学出版社2016年版,第199页。

〔6〕 黄尔梅主编:《性侵害未成年人犯罪司法政策案例指导与理解适用》,人民法院出版社2014年版,第123页。

司法实践适用困境。齐某强奸、猥亵儿童案的要旨实际上提出和确立了认定奸淫幼女情节恶劣的“相当性标准”，即社会危害性与《刑法》第236条第3款第2—4项规定的情形相当。相当性标准的提出和确立，坚持了实质解释的立场，克服了办案中的形式主义倾向，为实践中奸淫幼女没有当众强奸、轮奸、未达到奸淫幼女3人及以上则基本不可能认定为情节恶劣的严重弊端提供了矫正路径，是规范此类案件办理的一大进展。但“社会危害性相当”将《性侵意见》中应当依法从严惩处的七种情形与加重处罚情节适用标准联系起来，因缺乏量化标准可能造成量刑失衡，在适用中仍存在一定问题。

一是如何理解“危害性相当”的标准。实际上仍然需要司法人员凭借自身法学理论修养和丰富的办案经验评估判断，这就容易导致不同地区、不同司法人员对同一犯罪情节和后果的认识和评价不一，进而导致量刑不同。例如，没有奸淫幼女3人、没有公共场所当众强奸、没有2人以上轮奸、没有致被害人重伤或死亡的其他严重后果，是否就必然不会达到“情节恶劣”的认定标准？对同一被害人多次实施强奸、奸淫能否认定为“情节恶劣”？强奸幼女是否必须造成重伤以上才能认定为“情节恶劣”？对未成年人负有特殊职责人员在学生集体宿舍强奸幼女能否认定为“情节恶劣”等情形，实践中均存在分歧。

如张某强奸、绑架案，被告人张某在绑架过程中产生性侵欲念，将被害人林某某抱至屋内床上实施奸淫行为，致使林某阴道出血，经法医学鉴定“损伤程度系轻伤二级”。三门峡市中级人民法院合议庭在评议案件中产生两种意见：第一种意见认为，对于强奸妇女、奸淫幼女“情节恶劣”的认定，目前没有司法解释予以明确。《刑法》将“情节恶劣”与第236条第3款中的加重情节并列，认定“情节恶劣”就应当与加重情节规定的违法严重性相当，最直观的即是与“致使被害人重伤、死亡或者造成其他严重后果的”一致。在此案中，张某的奸淫行为造成林某某致轻伤二级的后果，并未达到“致使被害人重伤”以上的严重后果。因此，张某强奸林某某不构成“情节恶劣”，只能在强奸基本犯的量刑幅度内对张某从重量刑。第二种意见认为，张某在实施绑架犯罪过程中对年仅8岁的被绑架人林某某强行奸淫，致使林某某会阴撕裂伤Ⅱ度，阴道双侧壁撕裂伤。且本案发生后，对林某某心理和生活造成了重大影响，致使林某某长期因恐惧无法正常学习、生活，最终不得不离开原生家庭，跟随亲戚到外地学习生活，因此，张某的犯罪行为不仅对林某某本人身心健康造成了重大损害,而且对林某某家庭造成了重大损害后果,故其对林某某实施强奸的行为属于奸淫幼女犯罪的"情节恶劣"。最终三门峡市中级人民法院一审判决被告人张某奸淫不满14周岁的幼女,其行为构成强奸罪,且属情节恶劣,判处其有期徒刑10年。一审宣判后,上诉人张某以"强奸不构成情节恶劣,原判量刑重"为由提出上诉。河南省高级人民法院审理后认为,原判定罪准确、量刑适当,驳回上诉,维持原判。[1]

二是如何区分从重处罚情节和加重处罚情节。《性侵意见》第25条中所列七项从严惩处情形是酌定从重处罚情节,应在同一档法定刑量刑幅度内处以更重的刑罚,而"情节恶劣"属于加重处罚情节,应在原有法定刑基础上提升一档法定刑。满足何种标准时两者可谓"危害性相当"?哪些情节"从严惩处"的酌定情节可以评价为提升法定刑、加重处罚法定情节?是否只符合"从严惩处"的一种情形就一定不能认定为"情节恶劣",符合多种情形便当然认定为"情节恶劣"?有学者认为,"一般情况下,对于符合《性侵意见》第25条所列其中情形中多种情形的,可以认定为情节恶劣"。[2] 但是"多种"又如何判定,是否只符合其中一种情形就一定不能升一档法定刑?有观点认为"满足三条以上从严处罚情节时宜认定情节恶劣",因为"在法律体系解释中'多次'是指三次及以上,那么'多条'应指三条及以上,当满足《性侵意见》的三条及以上从重处罚情节时,如果还认为尚未达到情节恶劣情形的,显然存在自由裁量标准把握太过宽松,于被害人利益保护不利,这亦是一种不公正"。[3] 该评价方式在实践中易于理解和适用,但每个具体的个案都是鲜活的、特殊的,用"一刀切"的量化适用方式未免过于机械和片面。

三是如何认定"情节恶劣"。首先,进一步从规范化层面明确指导性案例的适用效力是解决争议的最佳路径,但在更细化的司法解释尚未进入调研论证阶段之时,亦可通过省级或市级公检法部门共同印发规范机制、办案指引、典型案例等方式,在事实认定、证据运用、法律适用、政策把握、办案方法等方面提炼类案适用规则,为同类案件办理中常见的较普遍的疑难复杂问题提供适用参照的维度。此外应注意,规范和案例应更为明晰并具有可操作性,特别是就实务中存在极大争议的

---

〔1〕 薄金栋:《强奸罪"情节恶劣"该如何准确认定》,载《中国商报》2020年7月2日,P4版。

〔2〕 刑进生、刘艳、梁国武:《强奸妇女、奸淫幼女"情节恶劣"的认定》,载《中国检察官》2020年第20期。

〔3〕 金朝、余丽:《浅析奸淫幼女情节恶劣的认定》,载《中国检察官》2018年第14期。

问题,可在文本中明确具体操作指引,突出量化标准。

其次,司法实践中判断是否属于“情节恶劣”,应坚持实质性解释的立场,不能仅局限某一法条当中,而应结合案件的具体事实、情节综合考察认定。《刑法》第236条第3款第2—6项分别从人数(奸淫幼女多人)、场所(公共场所当众)、情节(二人以上轮奸)、对象(不满10周岁的幼女)、后果(重伤、死亡或者造成其他严重后果)五个方面列举判处10年以上有期徒刑的情形;而《性侵意见》第25条则结合实践中多发的另外几种情形,从犯罪主体、场所、手段、对象、人数和次数、后果、前科七个方面列举从严惩处的情形,两者列举的情形在对未成年被害人造成身体和心理上造成的实质伤害程度上是一致的。因此,笔者认为认定奸淫幼女“情节恶劣”,应在“相当性标准”的前提下,坚持实质性危害的判断标准,并主要考量以下具体因素。一是犯罪主体,例如事实上具有共同生活关系的家庭成员,又如共同生活的近亲属、临时照管人、具有经济和情感依附关系的其他同居人等;偷越国、边境组织者、传销者;拐卖儿童者;组织卖淫者等。二是犯罪对象,即对不具有认识、辨认、反抗能力或能力极低的未成年人实施奸淫。三是犯罪手段,以特别残忍、恶劣、卑鄙的手段和方式实施强奸,强奸过程中进行凌辱、虐待、拍摄或传播录音录像、强令他人围观等,长期、多次反复对同一人实施强奸,具有霸占被害人为其性工具的意图等。四是犯罪后果,造成未成年被害人精神失常、自杀、堕胎,在本地区或社会舆论、网络媒体上造成恶劣影响,造成被害人所在单位的恐慌等。

二、关于“在公共场所当众”猥亵儿童的认定及适用

2013年《性侵意见》第23条专门明确《刑法》第237条第2款规定的“公共场所当众”作为猥亵儿童罪加重情节的适用情形,很大程度上缓解了司法困境,近几年司法实践中出现了在学生宿舍、教室、卫生间等场所实施猥亵儿童的犯罪适用该条款的案例,再度引起争议。为回应争议,2018年齐某强奸、猥亵案的要旨中进一步明确:“只要场所具有相对公开性,且有其他多人在场,有被他人感知可能性的,就可以认定为在‘公共场所当众’加重情节。”这一指导意见提供了司法认定上的关键指引。

2020年《刑法修正案(十一)》对猥亵儿童罪作进一步修改,可概括为“一个限制和一个明确”。“一个限制”,是指在《刑法》第237条第3款“在公共场所当众猥

亵儿童”原规定的基础上,增加了“情节恶劣”的限制性条件;“一个明确”是指明确了《刑法》原规定的猥亵“有其他恶劣情节”的若干情形,包括“猥亵儿童多人或者多次”“造成儿童伤害或者其他严重后果”“猥亵手段恶劣”等。作出上述限制性规定的背景,是为了克服近年来司法实践中不问猥亵情节轻重与否,而简单地以是否在公共场所当众实施即加重科刑的机械、错误倾向。从指导实践的角度出发,在《刑法修正案(十一)》对该情节进行修正后,有必要结合指导案例精神对相关争议问题作进一步的探讨。

(一)理论争议和司法分歧

一是对“公共场所”的理解和适用存在争议。学者、司法机关对“公共场所”的众多解释导致司法适用的任意性和不稳定性,以文本解释的方式解读公共场所认定的规范来源如《辞海》《公共场所管理条例》《刑法》《性侵意见》等,会形成多样化的认定标准。而对“公共场所”一般作狭义解释,是指在车站、码头、街道及其他不特定人员可以随意进出、使用的场所。其他较为代表性的观点有:公共场所的本质特征是不特定多数人使用的开放性空间,具体包括空间的开放性和共享性、人员的不特定性和高流动性、活动的开放性和透明性。[1] 公共场所应当具有涉众性的对象特征和供多数人使用的功能特征,其中涉众性的对象特征包括特定人员和不特定人员。[2] 从合目的性出发,公共场所是形式概念,核心在于“多人”在场,实质是为了突出“多人”,违背了性活动私密性的特征[3]。

近年来《性侵意见》和指导案例相继对性侵未成年人案件中的“在公共场所当众”情节予以扩张解释,导致司法实践中出现类似学校教室功能、供未成年人集中活动的场所,不加甄别地认定为公共场所,而对校外培训班、公共厕所、集体洗澡间等能否认定为公共场所,检法两院常常存在分歧。此外,对于在公共场所当众猥亵儿童情节较为轻微并未导致法益侵害性显著增加的案件,司法机关若倾向从严从重惩处的刑事政策,认定加重情节成立,则可能导致量刑过重;若不认定为加重情节,又有违反法律规定或有权解释之嫌。如刘某猥亵儿童案,[4] 被告人刘某在一

---

〔1〕 王丽枫:《性犯罪行为地系公共场所的认定标准》,载《人民司法》2015 年第 16 期。

〔2〕 王永兴:《在公共场所当众实施性侵犯罪的认定》,载《人民司法(案例)》2017 年第 26 期。

〔3〕 姚建龙、林需需:《性侵未成年人刑法适用若干疑难问题与争议问题辨析》,载《中国应用法学》2019 年第 2 期。

〔4〕 刘某猥亵儿童案,广东省中山市中级人民法院(2019)粤 20 刑终 257 号刑事判决书。

处健身广场将4岁的被害人黄某抱起,用手伸进黄某裤子触碰其私处,有证据证明案发现场有超过3人在场。一审法院认为,被告人在公共场所当众猥亵儿童,判处其有期徒刑5年。二审法院则认为,原判决认定量刑情节有误,导致量刑过重,改判为有期徒刑3年,理由是被告人并非采取公然猥亵的方式进行犯罪,而是以一种隐蔽的手段遮掩,使他人不易发现,在场他人并未看到,客观上亦未做出易被公共场所民众发现的猥亵行为。

二是对“当众”的理解和适用存在争议。如有观点认为“当众”包括行为人主观方面的不惧怕被发现和客观方面当着他人面实施猥亵,并不要求在场人员实际看到,但要有可能发现、可以发现。[1] 有观点认为“当众”应从“众”存在的现实性和发现的可能性两个层次考虑,行为人实施猥亵时必须有其他多人在场,是一种现实的、具体的在场,而非可能的、抽象的在场,这是认定“当众”的前提和基础条件。[2] 司法实务中对“众”是否有对象、数量及同时在场的要求,站在谁的角度理解“当众”等问题争议颇多。例如,韩某猥亵儿童案,[3]被告人韩某尾随11岁的被害人马某进入公交车后一直紧贴马某身体站立,并抓住马某的左手压在自己下体之上,过程持续6分钟左右。一审法院认为韩某的行为系在公共场所猥亵儿童,但其行为具有隐蔽性,在车上人多拥挤的状况下未被他人看到,不宜认定为“当众”。检察机关抗诉称只要有其他多人在场,无论在场人员是否实际看到,都应认定为“当众”,一审判决未认定该情节属于认定事实和适用法律错误。二审法院采纳了抗诉意见,判处被告人有期徒刑5年。又如周某某猥亵儿童案,[4]2017年初至当年8月,周某某经常到某中学门卫值班处与被害儿童苏某的爷爷交谈。其间,周某某多次单独带苏某(5岁)外出玩耍,并在该校操场对苏某猥亵1次、在自己的出租房内猥亵2次。原审法院认为被告人周某某系在公共场所当众猥亵儿童,判处有期徒刑5年。二审法院认为,周某某实施猥亵的地点为学校操场,系公共场所,但周某实施猥亵的时间为晚上8点,没有证据证实周某在实施猥亵行为时有他人在

---

〔1〕 黄尔梅主编:《性侵害未成年人犯罪司法政策案例指导与理解适用》,人民法院出版社2014年版,第62页。

〔2〕 钟芬、金昀:《猥亵儿童案件中“公共场所当众”的认定及适用》,载《青少年犯罪问题》2020年第1期。

〔3〕 韩某某猥亵儿童案,广东省深圳市中级人民法院(2019)粤03刑终631号刑事判决书。

〔4〕 周某某猥亵儿童案,四川省成都市中级人民法院(2008)川01刑终1009号刑事裁定书。

案发现场附近，故本案不具有“当众”的条件，不属于“当众”实施。

三是“公共场所当众”是入罪情节还是量刑情节存在争议。司法实践中，对于不少发生在地铁、公交车上的猥亵儿童及强制猥亵案件中的“公共场所当众”猥亵，应作为量刑情节还是入罪情节评价争议颇大。如孙某某猥亵儿童案，[1]被告人孙某某采取抓、摸胸部的方式在新华书店猥亵儿童2次，在道路交叉口附近的花店门口猥亵女童1次，原审法院判处被告人有期徒刑2年。检察院认为原判量刑过轻故提起抗诉，认为孙某某在公共场所多次当众猥亵儿童，应适用法定加重情节。二审法院认为，孙某某多次猥亵不满14周岁的儿童，构成猥亵儿童罪，孙某某虽然在新华书店、路口等公共场所当众采取袭胸方式猥亵，但系乘人不备，其实施猥亵行为的持续时间极为短暂，基本为一瞬间，一触即走，而且猥亵手段及危害程度较轻，属一般猥亵行为，不属于情节恶劣。因此，裁定驳回抗诉和上诉，维持原判。

（二）“公共场所当众”的具体认定思路

对“公共场所”和“当众”的认定关系司法实践的准确适用，首先不能脱离文义本身的范畴，从最有利于未成年人保护的角度来说，应当保证解释的合理性和适当性。过分缩小其认定的范围，不利于对儿童权益的保护；过分扩大认定的范围，可能有造成类推适用的风险。因此，有必要对猥亵儿童行为当众实施的情节进行更为细致、稳定的认定，以此进行规范的司法适用，进而达到罪责刑相适应。

首先，从法规范的保护目的出发，在公共场所当众的情节中，“公共场所”是从对象和数量上排除私密场所的外在特征，核心在于“多人”在场。在公共场所当众猥亵不仅侵害儿童的身心健康，而且侵害儿童性的隐私权，损害大众的性伦理观并对被害人造成难以愈合的伤害，体现了行为人主观恶性更深。刑法对该情节加重处罚主要是因为性活动具有高度的私密性，而当众对被害人实施性侵，侵犯了普通公民最基本的性羞耻心和道德情感，更重要的是，此种情形对被害人身心造成的伤害更严重，社会影响更恶劣，需要对此配置与其严重程度相适应的更重的法定刑。[2] 因此，对于人数较多、人员不固定、多数人随时进入、现场不具有排他性的

---

〔1〕 孙某某猥亵儿童案，浙江省舟山市中级人民法院(2019)浙09刑终9号刑事裁定书。

〔2〕 黄尔梅主编：《性侵害未成年人犯罪司法政策案例指导与理解适用》，人民法院出版社2014年版，第62页。

场所可以认定为公共场所,这也与《性侵意见》中明确列举的校园、游泳馆、游乐场等场所的范畴相互印证。如谢某猥亵儿童案,[1]被告人谢某连续2日在中小学附近街道上实施抚摸多名被害中小学生的臀部或腿部的猥亵行为,法院经审理认为,谢某在公共场所当众猥亵多名儿童,情节恶劣,社会危害性大,判处有期徒刑5年6个月。

其次,对"当众"的理解应坚持实质解释立场。指导性案例和《性侵意见》均给出明确的规定,即只要其他多人在场,无论在场人员实际看到,均可认定为在公共场所当众。该条款应从两个层次理解。第一层次应以猥亵行为发生时有其他多人在场,此为"众",这种在场是现实的、具体的、实际的在场,而非可能的、抽象的在场,应从刑法的人权保障机能出发坚持客观性标准,避免主观立场的不确定性。第二层次是猥亵行为发生时在场他人感知的可能性和现实性,此为"当"。指导性案例和《性侵意见》均指出了"当众"需要满足"有被他人感知可能"的条件。因此,对"当众"的判断虽然不要求其他在场多人实际看到,但需要具备被看到、听到等感知到的可能性。此处还存在判断立场和角度的问题,即站在行为人、被害人、众人还是一般人的立场感知判断。笔者认为,应以一般人的标准考察案发地所在公共场所的环境特征和在场他人与案发地之间的距离,若案发地处在其他在场多人视力与听力不可及的范围之内,便不具有被感知到的可能性,"当众"情节就不能成立。如陈某猥亵儿童案,[2]被告人陈某在泳池内先后多次用手故意触摸4名被害女童的隐私部位,并在被害人采取躲避行为后仍主动游向被害人实施猥亵行为,其虽然未采用隐蔽手段实施猥亵行为,但被害人发现躲避后仍追逐上前的明目张胆,具有被在场他人发现的较大可能性,属于"公共场所当众"的情形。

最后,猥亵犯罪的前身为1979年《刑法》规定的流氓罪,其中"情节恶劣"是猥亵行为构成犯罪的必要条件。刑法中的"猥亵"行为与治安管理处罚中的"猥亵"行为本质区别在于犯罪情节的恶劣程度,因此"公共场所当众猥亵"除了是加重刑罚的考量因素,也可以是具有刑事处罚必要性的考虑因素。司法实践中,往往需要综合行为人的作案时间、手段、地点、次数、猥亵部位、猥亵人数等,结合社会危害性以及人身危险性进行实质判断,最终得出"公共场所当众"是否"情节恶劣",应作

---

[1] 谢某猥亵儿童案,四川省简阳市中级人民法院(2016)川2081刑初401号刑事判决书。

[2] 陈某猥亵儿童案,江苏省南通市崇川区人民法院(2019)苏0602刑初641号刑事判决书。

为入罪情节还是量刑情节适用的结论。在作为加重情节认定时，应从加重刑罚的目的和配套的刑法解释规范出发，注意刑法规范与规范的体系差异，面对相对开放的语义时应在不同语境中选择适当的定义范围。

(三)网络猥亵认定为“公共场所当众”的延伸探讨

网络社交工具的普及化和网络用户的低龄化导致发生在网络空间的猥亵儿童行为不再鲜见，网络猥亵行为能否被认定为“公共场所当众”也引发了思考。网络空间猥亵儿童犯罪能否构成在“公共场所当众”实施，首要问题便是网络空间是否属于公共场所。

有学者认为，信息网络属于公共空间但不属于公共场所，空间是场所的上位概念，且公共场所必须是能够使人的身体自由出入的场所。[1] 有观点认为，网络猥亵能被认为是发生于网络空间这一公共场所的前提是因为猥亵行为相较于强奸行为而言不需要身体的直接接触，具备在网络空间实施的可能。[2] 笔者认为，随着网络视听传输技术的飞速发展，对“网络原住民”的当代未成年人来说，网络已成为主要生活空间之一，网络空间的活动早已不限于言论，而是可以借助影像在各个网络平台自由出入并开展各种活动，不同物理空间的公众可以在言论、视听等范畴实现即时交互，与现实空间中的公众场所无异。在网络空间相遇的传统线下法律概念与新的线上案件事实绝不会视而不见、擦肩而过，而是可能会发生矛盾，甚至激烈碰撞。二者的和解需要传统刑法概念的新解释和传统刑法学说的新发展。[3] 早在2013年，最高人民法院、最高人民检察院下发的《关于办理利用信息网络实施诽谤等刑事案件适用法律若干问题的解释》就对“公共场所”的概念作了适度扩大解释，[4] 综合考量网络空间内参与对象的广泛性、从事活动的多样性以及可使用的随时性等特征，以及《刑法》《未成年人保护法》在维护网络秩序、从严治理网络犯罪、加强未成年人网络保护的形势政策导向，网络空间确已具备公共场所的特点。

---

〔1〕 张明楷：《网络时代的刑事立法》，载《法律科学》2017年第3期。

〔2〕 陈家林：《〈刑法修正案(九)〉修正后的强制猥亵、侮辱罪解析》，载《苏州大学学报(哲学社会科学版)》2016年第3期。

〔3〕 刘艳红：《网络犯罪的刑法解释空间向度研究》，载《中国法学》2019年第6期。

〔4〕 《关于办理利用信息网络实施诽谤等刑事案件适用法律若干问题的解释》第5条第2款规定，编造虚假信息，或者明知是编造的虚假信息，在信息网络上散布，或者组织、指使人员在信息网络上散布，起哄闹事，造成公共秩序严重混乱的，依照《刑法》第293条第1款第4项的规定，以寻衅滋事罪定罪处罚。

在肯定网络空间属于公共场所的前提下,网络猥亵行为能否认定为“公共场所当众”,仍要按照上文中对“公共场所”和“当众”的实质化判断并结合案件具体情形认定。司法实践中常见的网络猥亵行为主要包括网络直播猥亵儿童行为和网络隔空猥亵儿童行为两类。网络直播猥亵儿童行为借助具有即时观看属性的社交软件和直播平台,将视频画面同步公布于公共空间供人观看,虽然相对于现实空间来说具有一定私密性,但是网络空间存在随时被不特定多数人看到的可能性,因此应被视为在公共场所当众实施,不能因为网络用户观看到的只是同步直播的影像而非真实画面就否认犯罪当众发生的事实。但如果有直播平台的记录等证据证明猥亵行为发生时确实无人进入直播间,或者直播结束后网络用户进入直播间看的视频回放,即无人在场或者没有当众实施,则不能认定。对于网络隔空猥亵儿童行为认定为“公共场所当众”,还需判断行为发生时是否具备“公开性”和“共时性”,即分别对应现实空间中“公共场所”和“当众”的本质内涵,要求是在不特定多数网络用户都可以自由进入观看的网络平台,猥亵行为发生之时有其他多数人在场(登录),并有被观看的现实可能性。此外,如果行为人在聊天室、微信群、直播群等网络即时社交平台通过引诱、胁迫、欺骗的手段,要求被害人实施自我猥亵行为,如满足多数人在线并被看到的可能性,情节恶劣的,也可认定为“公共场所当众”猥亵。

在2018年最高人民检察院发布的第十一批指导性案例中,齐某强奸、猥亵儿童案有针对性地回应和明确了对未成年被害人证言的审查认定、强奸加重处罚情节的认定及猥亵儿童犯罪“公共场所当众猥亵”情节的认定等若干争议问题,为类案办理提供了指引,在规范法律适用、具象化加重处罚情节的认定、统一司法办案认识等方面发挥了重大作用,但在学理上和实务中仍有诸多亟待解决的问题。从司法适用的视角检视、反思那些处理方面欠缺实质合理性的司法个案,可以管窥案件背后司法理念、实践等方面存在的症结、短板。立法上《刑法修正案(十一)》有关性侵犯罪刑事法的修订和《未成年人保护法》对入职查询和强制报告制度的吸纳,司法实践中第十一批指导案例的编发、“一号检察建议”的持续深入推进落实、“一站式”办案救助机制的不断完善等,都在一定程度上回应了对典型个案及个案处理所暴露出的问题和对社会民意的正向回应,具有很大进步意义。然而,鉴于性侵犯罪在司法处理问题上具有高度复杂性,夹杂着民众朴素道德情感诉求、现代传媒强大的议题塑造影响,必须通过合理解释刑法条款,以此确保对犯罪行为的妥当惩治,同时实现有效的犯罪预防。

相关法律规范

《中华人民共和国刑法》

第二百三十六条 【强奸罪】以暴力、胁迫或者其他手段强奸妇女的,处三年以上十年以下有期徒刑。

奸淫不满十四周岁的幼女的,以强奸论,从重处罚。

强奸妇女、奸淫幼女,有下列情形之一的,处十年以上有期徒刑、无期徒刑或者死刑:

(一)强奸妇女、奸淫幼女情节恶劣的;

(二)强奸妇女、奸淫幼女多人的;

(三)在公共场所当众强奸妇女、奸淫幼女的;

(四)二人以上轮奸的;

(五)奸淫不满十周岁的幼女或者造成幼女伤害的;

(六)致使被害人重伤、死亡或者造成其他严重后果的。

第二百三十七条 【强制猥亵、侮辱罪、猥亵儿童罪】以暴力、胁迫或者其他方法强制猥亵他人或者侮辱妇女的,处五年以下有期徒刑或者拘役。

聚众或者在公共场所当众犯前款罪的,或者有其他恶劣情节的,处五年以上有期徒刑。

猥亵儿童的,处五年以下有期徒刑;有下列情形之一的,处五年以上有期徒刑:

(一)猥亵儿童多人或者多次的;

(二)聚众猥亵儿童的,或者在公共场所当众猥亵儿童,情节恶劣的;

(三)造成儿童伤害或者其他严重后果的;

(四)猥亵手段恶劣或者有其他恶劣情节的。

《中华人民共和国未成年人保护法》

第一百一十二条 公安机关、人民检察院、人民法院办理未成年人遭受性侵害或者暴力伤害案件，在询问未成年被害人、证人时，应当采取同步录音录像等措施，尽量一次完成；未成年被害人、证人是女性的，应当由女性工作人员进行。

最高人民法院、最高人民检察院、公安部、司法部《关于依法惩治性侵害未成年人犯罪的意见》

23. 在校园、游泳馆、儿童游乐场等公共场所对未成年人实施强奸、猥亵犯罪，只要有其他多人在场，不论在场人员是否实际看到，均可以依照刑法第二百三十六条第三款、第二百三十七条的规定，认定为在公共场所“当众”强奸妇女，强制猥亵、侮辱妇女，猥亵儿童。

25. 针对未成年人实施强奸、猥亵犯罪的，应当从重处罚，具有下列情形之一的，更要依法从严惩处：

(1)对未成年人负有特殊职责的人员、与未成年人有共同家庭生活关系的人员、国家工作人员或者冒充国家工作人员，实施强奸、猥亵犯罪的；

(2)进入未成年人住所、学生集体宿舍实施强奸、猥亵犯罪的；

(3)采取暴力、胁迫、麻醉等强制手段实施奸淫幼女、猥亵儿童犯罪的；

(4)对不满十二周岁的儿童、农村留守儿童、严重残疾或者精神智力发育迟滞的未成年人，实施强奸、猥亵犯罪的；

(5)猥亵多名未成年人，或者多次实施强奸、猥亵犯罪的；

(6)造成未成年被害人轻伤、怀孕、感染性病等后果的；

(7)有强奸、猥亵犯罪前科劣迹的。

宣告缓刑罪犯蔡某等 12 人减刑监督案*

摘要与关键词

摘要:2013 年 2 月 7 日,南京市中级人民法院依据 2004 年、2006 年江苏省、南京市两级人民法院、人民检察院、公安机关、司法行政机关先后制定的有关社区矫正规范性文件的有关规定,对蔡某等 12 名罪犯裁定减刑。南京市人民检察院经审查认为,南京市中级人民法院对没有重大立功表现的缓刑罪犯裁定减刑,违反了最高人民法院《关于办理减刑、假释案件具体应用法律若干问题的规定》(法释〔2012〕2 号)第 13 条"判处拘役或者三年以下有期徒刑并宣告缓刑的罪犯,一般不适用减刑。前款规定的罪犯在缓刑考验期限内有重大立功表现的,可以参照刑法第七十八条的规定……"的规定,依法应当予以纠正。符合法定减刑条件是为社区矫正人员办理减刑的前提,因此,对缓刑罪犯减刑应当适用法律和司法解释的规定,不应当适用与法律和司法解释相冲突的地方规范性文件。南京市人民检察院向该院发出《纠正违法通知书》,要求该院予以纠正。2015 年 1 月 21 日,南京市中级人民法院重新作出刑事裁定,同意南京市人民检察院的纠正意见,认定本院对蔡某等 12 名缓刑罪犯作出的原减刑裁定、原再审减刑裁定,系适用法律错误,分别裁定撤销原减刑裁定、原再审减刑裁定,对蔡某等 12 名缓刑罪犯不予减刑,剩余缓刑考验期继续执行。

该案件反映出我们刑事执行制度有待完善,减刑、假释、暂予监外执行制度是司法实践中容易滋生腐败、产生执法司法不公的重点环节,而我国现行法律法规仅

---

* 本案例来自最高人民检察院第十九批指导性案例(检例第 70 号)。本文作者:陈云衢。

规定了减刑制度，却没有构建起完善的减刑、假释、暂予监外执行的撤销制度，只有强化检察机关在减刑撤销制度中的法律监督职能，才能最大限度地保证减刑监督的效果。

关键词：缓刑罪犯减刑；持续跟进监督；地方规范性文件法律效力；最终裁定纠正违法意见；减刑撤销；刑事执行

案情与程序

蔡某，女，1966 年 9 月 6 日出生，因犯受贿罪于 2009 年 12 月 22 日被江苏省南京市雨花台区人民法院判处有期徒刑 3 年，缓刑 4 年，缓刑考验期自 2010 年 1 月 4 日起至 2014 年 1 月 3 日止。另有陈某某、丁某某、胡某等 11 人分别因犯故意伤害、盗窃、诈骗等罪被人民法院判处有期徒刑并宣告缓刑。上述 12 名缓刑罪犯，分别在南京市的 7 个市辖区接受社区矫正。

2013 年 1 月，南京市司法局以蔡某等 12 名罪犯在社区矫正期间确有悔改表现为由，向南京市中级人民法院提出减刑建议。2013 年 2 月 7 日，南京市中级人民法院以蔡某等 12 名罪犯能认罪伏法、遵守法律法规和社区矫正相关规定、确有悔改表现为由，依照《刑法》第 78 条的规定，分别对上述罪犯裁定减去 6 个月、3 个月不等的有期徒刑，并相应缩短缓刑考验期。

检察机关履职情况

线索发现：2014 年 8 月，南京市人民检察院在开展减刑、假释、暂予监外执行专项检察活动中发现，南京市中级人民法院对 2014 年 8 月之前作出的部分减刑、假释裁定，未按法定期限将裁定书送达南京市人民检察院，随后依法提出书面纠正意见。南京市中级人民法院接受监督意见，将减刑、假释裁定书送达南京市人民检察院。南京市人民检察院通过将减刑、假释裁定书与辖区内在押人员信息库和社区矫正对象信息库进行逐一比对，发现南京市中级人民法院对蔡某等 12 名缓刑罪犯裁定减刑可能不当。

调查核实：为查明蔡某等 12 名缓刑罪犯是否符合减刑条件，南京市人民检察院牵头,组织有关区人民检察院联合调查,调取了蔡某等12名罪犯在社区矫正期间的原始档案材料,并实地走访社区矫正部门、基层街道社区,了解相关罪犯在社区矫正期间实际表现、奖惩、有无重大立功表现等情况。经调查核实,蔡某等12名缓刑罪犯,虽然在社区矫正期间能够认罪伏法,认真参加各类矫治活动,按期报告法定事项,受到多次表扬,均确有悔改表现,但是均无重大立功表现。

监督意见:南京市人民检察院经审查认为,南京市中级人民法院对没有重大立功表现的缓刑罪犯裁定减刑,违反了最高人民法院《关于办理减刑、假释案件具体应用法律若干问题的规定》(法释〔2012〕2号)第13条"判处拘役或者三年以下有期徒刑并宣告缓刑的罪犯,一般不适用减刑。前款规定的罪犯在缓刑考验期限内有重大立功表现的,可以参照刑法第七十八条的规定,予以减刑,同时应依法缩减其缓刑考验期限。拘役的缓刑考验期限不能少于二个月,有期徒刑的缓刑考验期限不能少于一年"的规定,依法应当予以纠正。2014年10月14日,南京市人民检察院向南京市中级人民法院分别发出12份《纠正不当减刑裁定意见书》。南京市中级人民法院重新组成合议庭对上述案件进行审理,并于2014年12月4日作出了维持对蔡某等12名罪犯减刑的刑事裁定。主要理由是,依据2004年、2006年江苏省、南京市两级人民法院、人民检察院、公安机关、司法行政机关先后制定的有关社区矫正规范性文件的有关规定,蔡某等12名罪犯在社区矫正期间受到多次表扬,确有悔改表现,可以给予减刑,因此原刑事裁定并无不当。经再次审查,南京市人民检察院认为南京市中级人民法院的刑事裁定仍违反法律规定,于2014年12月24日向该院发出《纠正违法通知书》,要求该院纠正。

2015年1月8日,南京市中级人民法院重新另行组成合议庭对上述案件进行了审理;南京市人民检察院依法派员出庭,宣读了《纠正违法通知书》,发表了检察意见;南京市司法局作为提请减刑的机关,派员出庭发表意见,认为在社区矫正试点期间,为了调动社区矫正对象接受矫正积极性,江苏省、南京市有关部门先后制定规范性文件,规定对获得多次表扬的社区矫正对象可以给予减刑。这些规范性文件目前还没有废止,可以作为减刑的依据。出庭检察人员指出,2012年3月1日实施的《社区矫正实施办法》(司发通〔2012〕12号)明确规定,符合法定减刑条件是为社区矫正人员办理减刑的前提,因此,对缓刑罪犯减刑应当适用法律和司法解释的规定,不应当适用与法律和司法解释相冲突的地方规范性文件。

监督结果:2015 年 1 月 21 日,南京市中级人民法院重新作出刑事裁定,同意南京市人民检察院的纠正意见,认定法院对蔡某等 12 名缓刑罪犯作出的原减刑裁定、原再审减刑裁定,系适用法律错误,分别裁定撤销原减刑裁定、原再审减刑裁定,对蔡某等 12 名缓刑罪犯不予减刑,剩余缓刑考验期继续执行。裁定生效后,南京市中级人民法院及时将法律文书交付执行机关执行,蔡某等 12 名罪犯在法定期限内到原区司法局报到,接受社区矫正。

类案学理研讨

减刑、假释、暂予监外执行是我国重要的刑罚执行制度,也是司法实践中容易滋生腐败、产生执法司法不公的重点环节。在刑罚执行中,部分罪犯拉拢、腐蚀管教民警、社区矫正工作人员,给予其财物,让其呈报虚假表扬、立功,违规获取减刑。“两反”转隶后,检察机关保留的 14 个职务犯罪罪名中有相当部分是刑罚执行中常见罪名。2018 年 5 月以来,检察机关组织开展监狱巡回检察,查获大量监狱民警利用职权实施的徇私舞弊减刑、假释、暂予监外执行等案件。2021 年 3 月初,全国政法队伍教育整顿启动,截至 6 月 10 日,依法纠正近 30 年以来违规违法“减刑、假释、暂予监外执行”案件共 10279 件。然而我国现行法律法规仅规定了减刑制度,却没有构建起完善的减刑、假释、暂予监外执行的撤销制度(以下简称减刑撤销制度)。只有强化检察机关在减刑撤销制度中的法律监督职能,才能最大限度地保证减刑监督的效果,杜绝在减刑过程中不公平、不公正甚至腐败现象发生。

一、我国减刑撤销的制度设计简况及存在的问题

第一,当前我国《刑法》没有规定减刑撤销制度。根据《刑法》第 78 条关于减刑的规定可知,减刑没有限定考验期限,一经作出即生效,该条款没有明确规定在何种条件下可以撤销。

第二,《刑事诉讼法》及相关规定也均没有明确规定减刑可以撤销。《刑事诉讼法》规定不服一审裁定的可以上诉,对于已经生效的裁定可以申诉启动审判监督程序,对于人民法院作出的减刑裁定不服的可以“上诉”或者“申诉”,但结合减刑裁定的效力而言,并不能确定适用哪种程序对减刑裁定进行撤销。最高人民法院

《关于适用〈中华人民共和国刑事诉讼法〉的解释》规定人民法院审理错误减刑裁定案件应当另行组成合议庭,但是没有明确是否可以减刑撤销以及减刑撤销应当适用何种程序。

第三,司法解释关于减刑撤销的内容同样没有详细规定。最高人民法院《关于办理减刑、假释案件具体应用法律的规定》(2016年)第32、33、34条均涉及了减刑裁定效力存续问题。一方面,再审案件当中,依法改判或者再审无罪的,减刑裁定自动失效;另一方面,对于漏罪和故意犯罪的减刑犯,在数罪并罚后,减刑裁定自动失效。最高人民法院《关于减刑、假释案件审理程序的规定》第20、21条规定了检察院、法院发现减刑、假释裁定存在错误时,可以要求、决定重新审理,但是未细化相关流程。

由此可见,现行法律法规对于减刑撤销制度缺乏详细且具有可操作性的制度设计,并没有明确规定减刑撤销的实质条件、程序、救济和监督等必要内容。由于现行减刑制度没有考验期限,缺乏事后的约束性,在实践中,服刑罪犯为了实现以欺骗手段获取减刑的目标,在监禁过程中假装进行努力改造,在实现减刑的目的后,其劳动改造的表现逐渐变差,甚至发生违反监狱管理秩序或者再犯新罪的情况。针对上述情况,有的地区予以撤销处理,有的地区则缺乏有力的应对措施,仅能对其施以警告、禁闭等处分。由于各地刑罚执行尺度和标准的不统一,难以实现对服刑罪犯在享受减刑奖励后的行为施加长期有效的约束,最终也难以保障对服刑罪犯进行教育改造的刑法目的的充分实现。

二、减刑撤销制度的完善

建议立法机关在对减刑制度的执行情况和实际效果进行调查研究和综合评估的基础上,结合减刑撤销案件的特点,构建起完善的减刑撤销制度,明确检察机关在减刑撤销程序中的法律监督职权。

(一)适时制定刑事执行法

刑事执行,是指法定的国家专门机关依法将法院作出的发生法律效力的刑事判决、裁定以及某些决定的内容付诸实施的各种活动。我国缺乏统一的刑事执行法,党的十八届四中全会提出要“完善刑罚执行制度,统一刑罚执行体制”。建议适时制定“刑事执行法”,统一刑罚执行尺度和标准,促进不同种类刑罚在执行上的衔接。

1. 国外刑事检察执行制度

(1)德国刑事执行检察制度

根据《德国刑事诉讼法典》的有关规定,检察机关既是诉讼的启动者,也是判决的执行者,并且检察官可以根据被执行人的实际情况决定延期执行。德国法中的延期执行制度与中国的暂予监外执行制度相类似,但其执行程序更加严苛。如果被执行人不能自动服刑或者逃跑,检察官可直接采取逮捕、拘留措施。德国的刑事执行监督权统一由顾问委员会行使,顾问委员会主要履行接受控诉、提请建议的职能,同时了解被羁押人员的劳动改造、医疗卫生情况。

(2)日本刑事执行检察制度

日本法首创"指挥刑事执行"制度,该制度的监督权具体表现在:对罚没、罚金等财产刑的执行,依据检察官的意见实施;对自由刑的执行中出现酌定、必要停止等法律明确规定的情形时,由检察官作出停止的决定;对于死刑的执行,检察事务官、检察官享有在场监督权。这一制度的特点是检察部门的工作性质不是狭义的监督,而是具有统筹全局的效果。执行裁判包括执行刑罚和非刑罚措施,检察官执行裁判主要依据指挥执行书来进行,并附以记载裁判的笔录副本;检察部门注重交付执行阶段,有权处理决定收监和暂予监外执行。

(3)法国刑事执行检察制度

随着法国刑事制度的变革,《法国刑事诉讼法典》规定,检察院对其发动的追诉拥有指挥和监督权力,[1]法国检察院对刑事执行的检察监督方式为参与对审辩论、发表意见和提起抗诉。依现行《法国刑事诉讼法典》的相关规定,涉及减刑的,批准被监禁人在被监视看管下外出或无监视看管下外出,一般情况下,需要在充分听取刑罚执行委员会的意见或者建议后才能作出是否批准的决定。发表意见是指当事人和检察都应促使有关本身的每一个判决或裁定得以有效执行;共和国检察官有直接要求公共力量协助的权力,以确保判决和裁定的执行。提起抗诉是指刑罚执行庭与执行法官的判决和裁定,上诉法院检察长、共和国检察官以及被判刑人均可以自该判决和裁定通知起,向上诉法院提起抗诉。

---

〔1〕[法]贝尔纳·布洛克:《法国刑事诉讼法典》,罗结珍译,中国政法大学出版社2009年版,第9页。

2. 国外减刑撤销的相关制度

国外减刑撤销程序主要包括监狱惩戒程序、假释委员会撤销假释中附带撤销程序以及司法程序。首先,监狱惩戒程序为行政程序,由监狱自行启动以正式或不正式听证的方式作出决定,满足保障罪犯之陈述权和听证主持人的公正无偏私的最低正当程序标准要求。罪犯是否能获得律师帮助具有争议,一般在监狱的自由裁量范围之内法院不予干预;若作出撤销决定,罪犯可有救济途径,主要分为行政系统之内和行政系统之外救济方式。行政系统之内的救济主要是诉冤和复议;行政系统之外的救济则主要是诉讼和提请司法审查。

其次,在假释委员会的附带撤销程序中,关于减刑的撤销依假释撤销程序进行。同时,如在美国还有制定法上规定的折抵与矫正中的折抵不同程序标准之分。制定法上的折抵比矫正中的折抵权利保障的程度更高。撤销制定法上的折抵满足一些证据防护规则。例如,在惩戒程序中运用报告者所提供的信息受到严密的控制,以防其违反正当程序。这些防护措施意在确保公正的事实认定程序,防止适用不相关的传闻证据以及潜在地对告密者的信息进行滥用。

再次,严守合理证明的标准。因此,对于公正听证的这些程序性要求能起到平衡双方力量的作用。同时,在对没有争议的事实运用法律的时候,听证也可以不举行。此外,对于减刑或善行折抵的撤销罪犯可独立要求诉讼救济或复查。

最后,司法程序中撤销由负责执行的法官裁决,提请人通常为行刑机关、检察官或对罪犯具有监管权力的其他机关组织。执行法官在发现罪犯具有减刑撤销的情形后也可直接启动。例如,法国执行法官应监狱机构提出的请求,或者应共和国检察官提出的意见,受理案卷,撤销已给予的减刑。同时,法官具有复查权。在给予减刑宣告后的当年内,执行法官听取社会回归与考验事务委员会的意见后,也可撤销减刑的一部分或全部。减刑撤销审理一般由法官调查清楚事实情况,听取监狱方、检察官或刑罚执行委员会的意见后作出裁决。通常罪犯、检察官等可对撤销裁决提出上诉。

3. 我国“刑事执行法”的制度设计

(1)我国刑事执行法律规范的现状

目前,我国关于刑事执行的规范散见于《刑法》《刑事诉讼法》《监狱法》等法律以及一些司法解释文件、行政法规中,规定得都比较原则简约,可操作性有待加强。

而对于管制、拘役、死刑立即执行等主刑，罚金、没收财产、剥夺政治权利、驱逐出境等附加刑，拘役和3年以下有期徒刑的缓刑等刑罚及其变更的执行，判决无罪、免除刑事处罚后的立即释放的执行，以及强制医疗决定的执行等，更是缺少细致的专门规定。由于没有统一完整的刑事执行法典，对刑事执行各类问题缺乏顶层、系统设计，导致有关法律、法规对于刑事执行的某些规定欠协调，刑事执行主体不统一，决定机关和执行机关不分，刑事执行的法律监督力度不够等诸多问题。

(2)我国"刑事执行法"的立法体例

党的十八届四中全会作出的中共中央《关于全面推进依法治国若干重大问题的决定》提出"优化司法职权配置"的任务，指出应当完善刑罚执行制度，统一刑罚执行体制。因此，制定一部统一、完整的刑事执行法典——"刑事执行法"，十分必要。

"刑事执行法"应规定统一的刑罚执行机关，这将有利于统一刑罚执行尺度和标准、促进不同种类刑罚执行上的衔接。"刑事执行法"在立法体例上可考虑设定总则、分则、附则的结构体系。总则分为刑罚执行的概念、原则、任务、执行主体、被执行人及其法律地位、执行中的检察监督等；分则规定不同刑罚的执行，包括设置减刑考验期限，社区矫正、监禁刑、死刑的执行等；附则规定法律适用范围、时间空间效力范围等。"刑事执行法"还应对刑罚执行变更作出特殊规定。包括减刑、假释在内的刑罚执行变更，是对原生效裁判所确定的内容在刑罚期限或执行方式上的变更，属于司法权范畴，应由检察机关提出意见，由审判机构负责裁判。

(3)形成完善的检察监督机制

国外的刑事执行检察监督制度经历了漫长的探索和岁月的洗礼，形成了健全的监督机制。如德国检察机关特别注重交付执行环节，日本则以亲自指挥的监督方式强化刑事执行检察监督。在中国，刑事执行检察监督实质上是将刑罚和非刑罚强制措施付诸现实的活动，兼有刑事性与行政性、诉讼性与非诉性，具有独立的复合性的法律检察权意义。对于国外的经验不能照搬照抄，必须根据我国的实际予以参考。比如，日本的检察制度虽然在一定程度上加强了对刑事执行的检察监督，但也造成了权力的过分集中，欠缺监督制约。我国检察机关作为专门的法律监督机关，其性质决定了检察机关无法对其他国家机关职权范围内的具体事项做决定，只能依靠启动特定的程序来监督其他国家机关的决定权与执行权的行使。因此,必须通过立法确立检察监督的强制力,明确对检察监督结果进行责任追究等问题,才能确保刑事执行检察工作科学发展。

（二）设置减刑考验期限

所谓减刑考验期限,是指为了促进获得减刑的罪犯能一如既往地积极改造,设定一定的期间,减刑罪犯只有在经过此期间未有违规抗改和其他违法违规行为的,其所减刑期才正式有效,否则,其所减刑期将被撤销而归于无效,这个期间就叫作减刑考验期。例如,英国法规定,特定罪犯即使减刑释放,在原判刑期届满前仍按假释犯对待。又如,法国法规定,罪犯在减刑之后的服刑期间,如有不良行为,可以全部或部分撤销缩减的刑期。设立减刑考验期限的目的和意义在于延长因减刑对罪犯形成激励的时间,强化减刑制度的后续监督机制和制约机制。

减刑考验期限应当如何确定更为合理?笔者认为,可以将减刑考验期限定为:第一次减刑的减刑考验期为本次减刑的生效日至下一次减刑的生效日,以此类推。如果在此期间,罪犯有撤销减刑的情形,其所减刑期因被撤销而无效。最后一次减刑的减刑考验期为该次减刑生效的次日至刑满释放日加上最后一次减刑的天数,如某罪犯的最后一次减刑为3个月,其减刑生效日为2019年1月5日,其刑满释放日为2019年5月25日,由于司法实践中减刑都是整月,不妨规定一个月为30日,因此该罪犯的减刑考验期为140日+(3×30日)=230日。在这230日里如果出现撤销减刑的情形,其所减刑期因被撤销而无效,由原刑罚执行机关收监将其最后一次减刑的期间执行完毕。若重新犯罪的,按照我国《刑法》关于数罪并罚的规定,决定执行的刑罚。减刑考验期届满,刑罚执行机关提出减刑建议或者作出不予减刑决定后,须报检察机关审核。

在减刑考验期限内的罪犯,出现下列情形时,应当撤销减刑考验期所指向的减刑裁定:(1)再犯新罪;(2)发现判决宣告以前还有其他罪没有判决;(3)违反《监狱法》和监管规定,破坏监管秩序,在服刑罪犯中造成恶劣影响的;(4)严重违反《治安管理处罚法》,影响社会安定团结的;(5)未达到《司法部关于计分考核罪犯的规定》中关于减刑所需分数。

（三）明确减刑撤销的启动程序

刑罚执行机关是提请减刑撤销的当然主体。检察机关是法律监督机关,当发现属于不当减刑时,可以提请撤销减刑。

刑罚执行机关提请撤销减刑的，由刑罚执行机关比照提请减刑程序制作《提请撤销减刑建议书》，并同时附送认定服刑人员减刑后严重违反监规纪律并受到警告、记过或者禁闭等行政处分的证据，提交给检察机关审查核实后向原作出减刑裁定的人民法院提交。

检察机关提请撤销减刑的，对于因又犯新罪或者发现漏罪而应当在数罪并罚的同时撤销减刑的案件，则由人民检察院在对新罪或者漏罪提请公诉时，在起诉书中载明撤销减刑的建议，人民法院依法判决撤销减刑，实行数罪并罚；对于违法违纪却未构成犯罪的，检察机关可以向刑罚执行机关、人民法院提交《纠正不当减刑裁定意见书》。

（四）构建减刑撤销的参与制度

在司法实践中，如果某一法院的裁判结果可能危及特定的法律主体的权益，且在裁判过程中，该法律主体无法参与进来，表明己方的主张并与其他相关方进行沟通、质询和辩论，则该法律主体势必会在内心感觉到严重的不公平。之所以会产生上述感觉，是因为其相关权利被法官漠视，其法律主体地位未得到承认，其所固有的人格尊严亦未得到应有的尊重。[1] 反之，倘若法律主体能够充分、有效地参与到相关的裁判程序之中，则裁判结果即使最终与法律主体本身的利益不符，其亦可能心悦诚服地认可并接纳相关的裁判。如前所述，减刑撤销制度与服刑罪犯的利益之间息息相关。因此，在减刑撤销的程序运行全过程中，立法应确保服刑罪犯能够充分、有效地参与。唯有此，才能确保人民法院全面听取相关主体的观点，确保减刑撤销裁定的正确制作，最终实现刑罚执行中的公平与正义。减刑撤销的参与制度应从如下方面进行构建。首先，在庭审前，人民法院应将案件开庭审理的基本情况通知服刑罪犯，包括参与庭审、案件基本情况、减刑撤销的法律后果、合议庭组成人员、申请回避的权利等。其次，在庭审过程中，人民法院应确保服刑罪犯能够充分有效地参与法庭审理，自行或委托律师充分地陈述意见和进行辩论，确保减刑撤销裁定严格依据事实和法律公正地作出。此外，人民法院应将作出减刑撤销裁定所依据的事实、法律和详细理由告知服刑罪犯，使其在裁定制作中成为能够充分协商、对话、辩论和被说服的一方，[2] 进而使服刑罪犯能够心悦诚服地认同和接纳

---

[1] 陈瑞华：《刑事审判原理论》（第2版），北京大学出版社2003年版，第134页。

[2] 宋高初：《论减刑撤销》，载《中国法学》2014年第6期。

裁判结果,并对其他服刑罪犯发挥教育功能。

(五)构建减刑撤销的审理程序

就减刑撤销案件的审理程序而言,未来立法应当重点关注以下几个方面。

第一,减刑撤销案件中法院的确定。减刑撤销以原有减刑裁定的作出为前提,鉴于作出减刑裁定的法院对于相关案件材料更为熟悉,为提升司法效率,减刑撤销案件的审理应由作出减刑裁定的法院担任。倘若服刑罪犯重新实施故意犯罪行为,且审理该犯罪行为的法院为审理减刑案件的下级法院的,则下级法院应当将减刑撤销案件移送至审理减刑案件的法院予以审理。

第二,减刑撤销案件中合议庭的组成。基于确保案件审理的公平公正,法院在审理减刑撤销案件时,应当另行确定合议庭组成人员,而不得与原作出减刑裁定的合议庭组成人员发生雷同。

第三,减刑撤销案件的法庭审理。鉴于减刑撤销的目的在于剥夺服刑罪犯所享受的减刑待遇,故减刑撤销与罪犯的利益息息相关。因此,此类案件的审理应当以公开的形式进行庭审活动。在庭审过程中,法院应当对刑罚执行机关提供的撤销减刑的事实进行调查,对相关的证据材料进行审查,认真听取服刑罪犯的陈述和辩解,以及要求证人到庭提供证人证言。倘若服刑罪犯一方对减刑撤销不予认同,则可以针对相关的事实和证据同刑罚执行机关、检察机关相互质询。

第四,减刑撤销案件中罪犯的诉讼权利。减刑撤销涉及罪犯的法定权益,根据《刑事诉讼法》的基本原则,罪犯享有辩护权,可以自行辩护,既有权委托辩护人,也可以申请法律援助;根据《刑事诉讼法》的规定,减刑裁定可以提出上诉,因此,在减刑撤销案件中,罪犯不服法院减刑撤销裁定的也可以提出上诉。

(六)构建减刑撤销的申诉程序

司法裁判所追求的目标就在于确保相关案件在事实认定和法律适用上的准确无误。故而,立法应当构建相关的救济制度,使刑事司法裁判过程中存在的错误能够及时得到改正,以确保上述裁判能够尽可能地与客观事实相符,与法律规则的本意和内在的法律精神相契合。[1] 就减刑撤销制度而言,其实施意味着对服刑罪犯所享受的减刑奖励予以剥夺,是对其所存在的不良表现的一种惩治,势必会延长其

〔1〕 冀祥德:《控辩平等论》,法律出版社2008年版,第375页。

服刑的期间和推迟早日回归社会的期限，这将会严重影响到服刑罪犯的相关利益。因此，未来立法应当建立起有关减刑撤销的监督救济制度体系，确保减刑撤销制度得到正确地实施，并使得服刑罪犯的合法权益得以维护，促使其心悦诚服地接纳相关机关作出的撤销减刑的处理。基于在减刑撤销制度运行过程中保障服刑罪犯的合法权益以及该制度的正确实施的需要，立法应当确立服刑罪犯的申诉制度。首先，无论是在减刑撤销程序启动之时，还是在审查核实过程中，相关国家机关均应将撤销减刑的意见及其相关事实和理由通知相关的服刑罪犯。服刑罪犯可以就该撤销减刑的意见进行申诉，相关国家机关应当就此予以复核，并向服刑罪犯告知复核结果。其次，在人民法院作出撤销减刑裁定后，倘若服刑罪犯对于前述撤销所获减刑奖励的裁定不认可，则可以在该裁定作出后的法定期间内提起上诉。二审法院经过审理，根据原裁定是否存在事实认定、法律适用等方面的错误或者是否存在违反法律程序的行为，而决定是裁定更正还是直接驳回上诉。

三、强化检察机关在减刑撤销制度中的法律监督职能

当前我国对刑罚执行的监督构造，属于典型的检、执分离体制。检察机关既无决定刑罚执行权，也无指导刑罚执行权，更不负责落实具体刑罚的执行及变更。权能分配的不合理，直接导致了权能之间制约的不足，决定了我国对减刑的监督只能倚重刑事执行检察部门的监督，而刑事执行检察部门又单靠审核刑罚执行机关提供的书面材料来对减刑开展监督，这样的监督力度是远远不够的，要在实质意义上实现同步监督，必须从以下几方面进行改良。

（一）完善检察机关的审核权

对于刑罚执行机关提请撤销减刑的，检察机关经过审查核实之后，不赞成撤销减刑的，则依法应将相关材料予以退还，同时就不赞成的事实与理由作出相应的说明。倘若检察机关赞成对服刑罪犯所获的减刑奖励予以撤销的，则依法应当制作减刑撤销意见书，并将该文书和相关的证据材料移交人民法院。之所以要规定检察机关在减刑撤销制度中的审核权，目的在于强化对减刑撤销制度正确实施的法律监督，并确保服刑罪犯的正当权益得到维护。同时，基于刑罚执行机关、检察机关和人民法院之间彼此相互制约的关系，赋予检察机关在减刑撤销程序中的审核权，显然也有助于对刑罚执行机关和人民法院实现相应的法律监督与制衡，进而有

助于确保减刑撤销制度运行中的公平和公正。

同时,也应当赋予刑罚执行机关相应的救济权力,倘若刑罚执行机关对于检察机关的意见不服,可以就此向该检察机关申请复议;对于复议结果仍然不服的,可以就此向上一级检察机关申请进行复核。

(二)强化检察机关的纠正权和抗诉权

减刑裁定属于刑事裁定的一种类型。检察机关作为国家法律监督机关,依法享有对人民法院作出的不当减刑裁定进行纠正的权力。检察机关行使减刑撤销案件的纠正权,一方面,可以基于检察机关的法律监督权,要求刑罚执行机关向人民法院提请撤销减刑,再由人民法院依法审查服刑人员是否符合撤销减刑的条件。另一方面,在司法实践中,有部分不当减刑是刑罚执行机关工作人员徇私枉法所致,如检察机关向刑罚执行机关提请撤销减刑的意见,刑罚执行机关不愿配合,检察机关就有要求人民法院针对不当减刑进行纠正的权力。针对人民法院作出的减刑裁定,可作两种情况处理,即未生效的减刑裁定处理和生效的减刑裁定处理。第一种情况下,根据《刑事诉讼法》第274条的规定:"人民检察院认为人民法院减刑、假释的裁定不当,应当在收到裁定书副本后二十日以内,向人民法院提出书面纠正意见。人民法院应当在收到纠正意见后一个月以内重新组成合议庭进行审理,作出最终裁定。"这就意味着在20日内,该减刑裁定尚未生效。这种情形下,检察机关发现服刑人员的减刑不符合法定条件的,可向人民法院制发《纠正不当减刑裁定意见书》。第二种情况下,根据《刑事诉讼法》第254条的规定:"……上级人民检察院对下级人民法院已经发生法律效力的判决和裁定,如果发现确有错误,有权按照审判监督程序向同级人民法院提出抗诉……"这是检察机关对生效的裁定作出的处理方式,人民法院应在收到人民检察院《纠正不当减刑裁定意见书》或《抗诉书》后的特定期限内重新进行审理并作出裁定。

(三)确保检察建议书与纠正违法通知书的强制执行力

我国现阶段的法律并没有赋予检察机关在对减刑过程中的法律监督强制力,"刑事执行法"中应规定的检察建议和纠正违法通知书这两种监督手段都没有强制执行力,使监督的效力无法真正实现。因此,很有必要在今后的立法中赋予检察建议和纠正违法通知书应有的强制执行力,以解决监督手段刚性不足的问题。因为检察机关作为我国的法律监督机关,在对刑罚执行活动行使法律监督时必定需要一定的裁判权能,才能发挥检察监督的效用,让检察监督从“纸面的”变成“实际的”。既然我国的检察机关在履行公诉职能、侦查监督职能等的过程中,其权力的完成必然要依托一定的裁判权,比如不起诉决定、逮捕决定等都含有判断权,那么检察机关在执行刑罚监督过程中,同样应当遵循上述司法权的属性,应当赋予检察机关提出的刑罚执行检察建议及违法纠正书以一定的强制力,才能有效地实现刑罚执行检察监督。法律应当明确规定被监督主体对检察建议和纠正意见不予接受的法律后果,改变刑罚执行机关以往接不接受纠正意见都不用承担责任的状态。当然,有权利就应当有义务。对作为监督主体的检察机关来说,在赋予其检察建议和纠正意见的强制执行力的同时,也应当规定检察机关必须审慎监督的义务,以及错误提出纠正意见要承担的法律后果。同时,也应当赋予被监督的刑罚执行机关向检察机关的上级机关申诉的权利,如果纠正意见被上级检察机关否定或者有错误,那么检察机关也要承担相应责任。

(四)细化检察机关的调查权

在司法实践中,对罪犯的日常考察阶段往往是最容易被不法之徒钻空子的阶段,因此刑罚变更执行权行使到哪里,监督就应该跟到哪里,对减刑也应该进行全程监督。由于减刑的起点就是考察服刑罪犯是否达到法律规定的条件,只有符合减刑的法定要求,才能进而启动减刑程序,所以检察机关不仅要对罪犯的考察阶段进行监督,而且对其监督应当是整个刑罚变更执行监督工作中的一个重要环节。针对罪犯获取的不当减刑,检察机关启动监督调查,但是由于不当减刑案件并不一定涉及刑事犯罪,检察机关缺乏进行调取案卷等的法定依据,这就限制了检察机关行使监督职权。

刑罚执行机关有配合检察机关监督的义务,检察人员有权随时查看监管场所记录的服刑人员劳动计分,对于诸如监管场所评比“劳动改造积极分子”等对减刑有重要影响的事项材料,检察人员有权随时查阅,还有权随时调阅与减刑有关的案卷材料,有权随时要求刑罚执行机关等部门提供减刑有关的案卷材料接受监督。法律应当规定:检察机关可以随时介入刑罚执行机关的刑罚变更执行活动,并有权调阅相关材料,刑罚执行机关或人员违反以上配合义务,拒不提供或者提供虚假材料的,要追究直接责任人员的责任,检察机关可以建议其上级机关给予必要的行政纪律处分,构成犯罪的依法追究刑事责任。

这种随时介入和调查阅卷的权力还应当向后延伸到减刑提请阶段和裁决阶段,因为修改过的《刑事诉讼法》虽然规定检察机关有权对这两个阶段进行监督,但是对如何调查发现违法违规情况的具体规定付之阙如,在对减刑的提请阶段和裁决阶段,检察机关可以随时介入刑罚执行机关评审刑罚变更执行的各种会议,在收到裁决后检察机关认为有问题的,可以对有关机关和个人进行调查。

(五)检察官约谈与接待制度

检察机关通过检务公开,在监管场所内放置检察官信箱。罪犯可以通过投递信件的方式约见驻监检察人员,也可以在检察人员在刑罚执行机关内部进行日常巡视时提出会见的请求。检察官通过与罪犯的约谈,了解刑罚执行机关及其人员在减刑活动中是否存在违法违规的情况,了解关于重点罪犯的日常改造表现情况,回答罪犯相关法律咨询问题,受理罪犯的申诉和控告。另外,派驻检察室可以在罪犯家属会见场所设立专门的检察官接待点,由检察机关在罪犯家属会见期间进行家属的接待工作,就罪犯家属最关心的减刑等问题进行有效的解释答疑和沟通交流,消除罪犯家属的焦虑情绪,确保监所检察监督的公开性和透明性。而对那些即将刑满释放的罪犯,检察官也可以通过主动约见、发放问卷调查表或与其进行个别的谈话,了解刑罚执行机关或其执行人员是否有违规违纪或职务犯罪的情况。

除此之外,对于向检察机关提供违法违规相关情况的证言的罪犯,法律应当赋予检察机关"保护证人"的权力。由于罪犯处于监所部门的实际控制之下,导致很多在押人员即使了解了一些违法违规的情况,出于对自身的考虑,也不敢向检察人员举报或控告。因此,检察机关要想从这些人员口中获得真实的资料,就必须获得他们的信任。故法律应当明确规定,驻监检察人员在约见在押的罪犯时,刑罚执行机关民警不得在场,同时,检察机关还负有为在押人员保守秘密的义务。检察人员要随时关注在押人员的处遇变化问题,防止他们因为检举、控告而受到打击报复。对于举报监所部门工作人员职务犯罪的在押人员,法律还应授权检察机关在必要时可以变更执行场所,将他们调换至其他监所部门。

(六)建立重点罪犯重点监督制度

检察机关对于职务犯罪、破坏金融管理秩序和金融诈骗犯罪、组织(领导、参加、包庇、纵容)黑社会性质组织犯罪等重点罪犯的减刑进行检察监督时,除按照一般案件的审查程序外,还要加强同步监督的力度。

第一,除了对呈报的材料进行书面审理,还要进行调查核实。通过与被减刑罪犯所在监区的其他罪犯及管教民警谈话,对该罪犯的服刑表现、悔改表现作出认定。同时,对于重点罪犯派驻检察室应当逐人建立专档进行重点监督,将对其减刑活动的检察监督的时间提前为事前监督。通过日常的检察活动,掌握该类罪犯的改造表现,重点检察此类罪犯计分、奖惩情况,是否存在不当加分、奖励以及是否存在不当的岗位分配和狱所调换的现象,并注意其中可能存在的司法腐败行为。

第二,信息公开。对于重点罪犯的减刑应保证信息公开,监管到位。在刑罚执行机关减刑假释评审委员会评审后,检察机关应当监督刑罚执行机关对于将提请减刑的罪犯名单以及减刑意见进行公示。公示的内容应当包括罪犯的个人情况、原判罪名及刑期、历次减刑情况、提请减刑假释的建议及依据等。同时,如监狱人民警察或者罪犯对公示内容向检察机关提出异议,检察机关应当受理,采取个别询问、重新鉴定等多种途径开展调查核实,并将核实情况向刑罚执行机关通报,提出检察建议。

第三,严格办案责任终身追究制度。对减刑各个环节的承办人、批准人等检察人员,实行"谁承办,谁负责;谁主管,谁负责;谁签字,谁负责"的追责制度,在对重点罪犯减刑的案件审查过程中,所有案件材料及会议记录、案件讨论记录、案件汇报记录等材料均应存档保管,检察人员在职责范围内对执法办案质量终身负责,提高检察人员对重点罪犯减刑案件的责任心。

(七)推进检察机制配套改良

1. 加强检务保障,防止"同化"问题

落实对派驻监所检察室实行省一级财政统管,理顺经费来源,实行独立预算和直接拨款。在此基础上积极创造条件,增加对派驻机构的人力、物力和财力的投入,把监督机关与被监督机关及当地党委、政府的利益分割开,减少两者之间的联系。

建立派驻人员交流和轮岗的长效机制。通过落实驻监检察人员定期轮岗交流制度,加大轮岗交流范围,切实解决驻监检察人员交流范围过窄的问题,防止同化现象产生。

2. 继续完善巡回检察制度

2018 年起,最高人民检察院积极探索改"派驻"检察为"派驻 + 巡回"检察,最终建立起派驻检察与巡回检察相结合的模式,变“坐堂问诊”为“出门巡诊”,能强化检察机关内部监督,有效避免长期派驻检察造成“被同化”问题,“防止权力长青苔”,最终实现优化配置、形成监督合力,实现双赢,多赢,共赢,在推进巡回检察工作中,还应完善如下几个方面。

第一,实现巡回人员的专业化。专业工作需要专业人员。刑罚执行监督是一项专业化较强的监督工作,需要一双火眼金睛。特别是在巡回检察试点的当下,对人员专业素质的要求更高。加快巡回检察人员的专业化建设迫在眉睫。巡回检察欲发挥更大作用,改革需要站在更高的高度,可以考虑将巡回检察人员集中到某一家驻监检察室进行统一的实地业务培训,选派经验丰富的刑事执行检察骨干进行授课,统一执法尺度和规范化流程。同时,打造“检察 + 人大代表、政协委员 + 人民监督员 + 具有专门知识的人”的“检 + ”巡回检察模式,增强监督的专业性。

第二,增强巡回检察的突然性。目前在巡回检察试点中,一些检察院与监狱等刑罚执行机关会签的文件中规定有诸如“检察院在巡回检察前,应事前通报监狱当月巡回检察的时间、主要检察内容、需要监狱配合的事项等信息”,这就大大降低了巡回检察的威慑力和实效,也违背了巡回检察的设立目的。下一步可以改变巡回检察需要提前通报监狱的做法,增加不打招呼的巡回检察次数,增强巡回检察的突然性、非预告性。例如,可以适当开展夜巡,因为夜间也是监狱监管最松懈的时间段,暴露的问题也会较多。

第三,充实巡回检察的内容。从刑事执行检察的职责层面来看,按照法律规定,刑事执行检察部门对监管活动和刑罚执行活动实行监督,可以从具体的检察职能入手开展巡回检察。监狱检察的内容包括收监检察、出监检察;刑罚变更执行检察(减刑、假释、暂予监外执行);监管活动检察(事故检察、禁闭检察、狱政管理、教育改造);办理罪犯再犯罪案件;受理控告、举报和申诉线索等监督检察职责。其中任何一项职责,都可以设定为监狱巡回检察内容。例如,减刑、假释、暂予监外执行工作,其奖励积分考核的背后就是岗位安排等狱政管理活动;又如,监管活动中的事故、禁闭、罪犯又犯罪和控告举报申诉等,其背后是狱警的执法和监狱各项制度的落实情况,都是教育改造的内容。

3. 积极推行监督,利用现代科技手段提升检察监督质量和水平

探索刑罚执行机关台账系统和检察机关台账系统相衔接,建设“政法数据交互

平台”,实现网上业务协同,提高监督效率。推进刑罚执行机关监控视频系统检察机关独立存储建设,确保全面掌控监管场所情况,便于检察机关对执法办案全流程开展实时监督,提高司法公信力。推行罪犯视频会见检察官系统,及时掌控罪犯的诉求和舆情,拓宽监督渠道。通过不断加大投入提高信息化水平,实现对监管活动的动态管理,提升监督质效。

四、结语

构建检察机关对减刑制度的同步监督路径,是法律监督权由静态转向动态监督的拓展,是对减刑由事后的实体监督,向事前、事中程序性监督的纵向延伸,作为检察机关法律监督权的完善,加强对减刑的检察同步监督,是促进刑罚执行机关依法科学管理的必然要求,也是保证刑事裁判正确执行、保障国家法律得到统一实施的客观要求,还是适应法治发展与社会进步的趋势所在。

目前,检察同步监督的权限、监督方式、监督程序及监督效力的保障等方面尚需立法完善,检察机关在内部机制、工作机制上也需要作出相应的调整,在队伍建设、科技强检上有待加强。减刑程序作为刑罚变更的特殊程序,是审判权控制监督行刑权的重要方面,再加上“重审判、轻执行”的观念深深植根于法律工作者心中,使得现行减刑的监督状况不容乐观,检察监督作为外部的监督形式,对于密集闭合性的权力体系进行监督的难度可想而知。因此,以司法化为基本模式来大力完善减刑制度,使检察机关能够充分介入其中,履行监督职权,也是我国减刑制度改革在遵循法律理念和传统基础之上的合理方向。在司法实践中,全国已有不少法院开始采取通过开庭审理的方式来决定罪犯减刑,这无疑为检察机关实现对减刑的同步监督提供了一个很好的平台,更加有利于保证刑罚执行变更的公正。

在实现有效检察监督权能的同时,我们还应关注对减刑的刑罚变更执行制度的效益性。检察监督工作是把“双刃剑”,用得好可以保证减刑制度公正运行;反之,如果用不好,就可能会出现该监督的没监督到位,却做了大量本应由刑罚执行机关应做的“分内事”,从而影响刑罚执行机关的积极性,在很大程度上会限制和阻碍刑罚执行工作的正常开展。目前,我国犯罪形势依然严峻,执行机关在刑罚执行环节的运作面临多种压力。检察机关在履行监督过程中,要敢于监督,也要善于监督,对刑罚执行机关等部门面临的困难也要给予充分理解,对通过监督发现的问题的真实原因,尽可能地向法院、人大等司法和立法部门反映,以推动刑事执行制度、司法体制改革不断前行。

相关法律规范

《中华人民共和国刑法》

第七十八条　被判处管制、拘役、有期徒刑、无期徒刑的犯罪分子,在执行期间,如果认真遵守监规,接受教育改造,确有悔改表现的,或者有立功表现的,可以减刑;有下列重大立功表现之一的,应当减刑:

(一)阻止他人重大犯罪活动的;

(二)检举监狱内外重大犯罪活动,经查证属实的;

(三)有发明创造或者重大技术革新的;

(四)在日常生产、生活中舍己救人的;

(五)在抗御自然灾害或者排除重大事故中,有突出表现的;

(六)对国家和社会有其他重大贡献的。

减刑以后实际执行的刑期不能少于下列期限:

(一)判处管制、拘役、有期徒刑的,不能少于原判刑期的二分之一;

(二)判处无期徒刑的,不能少于十三年;

(三)人民法院依照本法第五十条第二款规定限制减刑的死刑缓期执行的犯罪分子,缓期执行期满后依法减为无期徒刑的,不能少于二十五年,缓期执行期满后依法减为二十五年有期徒刑的,不能少于二十年。

《中华人民共和国刑事诉讼法》

第二百五十四条　各级人民法院院长对本院已经发生法律效力的判决和裁定,如果发现在认定事实上或者在适用法律上确有错误,必须提交审判委员会处理。

最高人民法院对各级人民法院已经发生法律效力的判决和裁定,上级人民法院对下级人民法院已经发生法律效力的判决和裁定,如果发现确有错误,有权提审或者指令下级人民法院再审。

最高人民检察院对各级人民法院已经发生法律效力的判决和裁定，上级人民检察院对下级人民法院已经发生法律效力的判决和裁定，如果发现确有错误，有权按照审判监督程序向同级人民法院提出抗诉。

人民检察院抗诉的案件，接受抗诉的人民法院应当组成合议庭重新审理，对于原判决事实不清楚或者证据不足的，可以指令下级人民法院再审。

第二百七十四条　人民检察院认为人民法院减刑、假释的裁定不当，应当在收到裁定书副本后二十日以内，向人民法院提出书面纠正意见。人民法院应当在收到纠正意见后一个月以内重新组成合议庭进行审理，作出最终裁定。

《中华人民共和国监狱法》

第三十四条　对不符合法律规定的减刑、假释条件的罪犯，不得以任何理由将其减刑、假释。

人民检察院认为人民法院减刑、假释的裁定不当，应当依照刑事诉讼法规定的期间向人民法院提出书面纠正意见。对于人民检察院提出书面纠正意见的案件，人民法院应当重新审理。

最高人民法院《关于办理减刑、假释案件具体应用法律若干问题的规定》(2017年1月1日起失效)

第十三条　判处拘役或者三年以下有期徒刑并宣告缓刑的罪犯，一般不适用减刑。

前款规定的罪犯在缓刑考验期限内有重大立功表现的，可以参照刑法第七十八条的规定，予以减刑，同时应依法缩减其缓刑考验期限。拘役的缓刑考验期限不能少于二个月，有期徒刑的缓刑考验期限不能少于一年。

第二十四条　人民法院受理减刑、假释案件，应当审查执行机关是否移送下列材料：

(一)减刑或者假释建议书；

(二)终审法院的裁判文书、执行通知书、历次减刑裁定书的复制件；

(三)罪犯确有悔改或者立功、重大立功表现的具体事实的书面证明材料；

(四)罪犯评审鉴定表、奖惩审批表等;

(五)其他根据案件的审理需要移送的材料。

提请假释的,应当附有社区矫正机构关于罪犯假释后对所居住社区影响的调查评估报告。

人民检察院对提请减刑、假释案件提出的检察意见,应当一并移送受理减刑、假释案件的人民法院。

经审查,如果前三款规定的材料齐备的,应当立案;材料不齐备的,应当通知提请减刑、假释的执行机关补送。

最高人民法院《关于减刑、假释案件审理程序的规定》

第二十条　人民检察院认为人民法院减刑、假释裁定不当,在法定期限内提出书面纠正意见的,人民法院应当在收到纠正意见后另行组成合议庭审理,并在一个月内作出裁定。

第二十一条　人民法院发现本院已经生效的减刑、假释裁定确有错误的,应当依法重新组成合议庭进行审理并作出裁定;上级人民法院发现下级人民法院已经生效的减刑、假释裁定确有错误的,应当指令下级人民法院另行组成合议庭审理,也可以自行依法组成合议庭进行审理并作出裁定。

最高人民法院《关于办理减刑、假释案件具体应用法律的规定》

第三十二条　人民法院按照审判监督程序重新审理的案件,裁定维持原判决、裁定的,原减刑、假释裁定继续有效。

再审裁判改变原判决、裁定的,原减刑、假释裁定自动失效,执行机关应当及时报请有管辖权的人民法院重新作出是否减刑、假释的裁定。重新作出减刑裁定时,不受本规定有关减刑起始时间、间隔时间和减刑幅度的限制。重新裁定时应综合考虑各方面因素,减刑幅度不得超过原裁定减去的刑期总和。

再审改判为死刑缓期执行或者无期徒刑的,在新判决减为有期徒刑之时,原判决已经实际执行的刑期一并扣减。

再审裁判宣告无罪的,原减刑、假释裁定自动失效。

第三十三条　罪犯被裁定减刑后,刑罚执行期间因故意犯罪而数罪并罚时,经减刑裁定减去的刑期不计入已经执行的刑期。原判死刑缓期执行减为无期徒刑、有期徒刑,或者无期徒刑减为有期徒刑的裁定继续有效。

第三十四条　罪犯被裁定减刑后,刑罚执行期间因发现漏罪而数罪并罚的,原减刑裁定自动失效。如漏罪系罪犯主动交代的,对其原减去的刑期,由执行机关报请有管辖权的人民法院重新作出减刑裁定,予以确认;如漏罪系有关机关发现或者他人检举揭发的,由执行机关报请有管辖权的人民法院,在原减刑裁定减去的刑期总和之内,酌情重新裁定。

司法部《关于计分考核罪犯的规定》

第五条　计分考核内容分为教育改造和劳动改造两个部分,每月基础分为100分。

第六条　按照监狱管理规定,罪犯在服刑改造期间达到以下各项要求的,当月给予教育改造基础分65分:

(一)服从法院判决,认罪悔罪;

(二)遵守监规纪律,遵守服刑人员行为规范;

(三)服从管理,如实向监狱人民警察汇报改造情况;

(四)爱护公共财物,讲究卫生,讲究文明礼貌;

(五)参加思想、文化、技术学习,考核成绩合格;

(六)参加文体活动,接受心理健康教育;

(七)其他接受教育改造的情形。

第七条　按照监狱管理规定,罪犯在服刑改造期间达到以下各项要求的,当月给予劳动改造基础分35分:

(一)劳动态度端正,服从调配,按时出工劳动,参加劳动习艺;

(二)按时完成核定的劳动任务,达到劳动质量要求,无劳动定额的,认真履行岗位职责;

(三)遵守劳动操作规程和安全生产规定,爱护劳动工具和产品;

(四)其他接受劳动改造的情形。

第八条　对老年、身体残疾(不含自伤致残)、患严重疾病等经鉴定没有劳动能力的罪犯,只考核其教育改造的表现,每月基础分为100分。

第二十九条　监狱根据计分考核结果给予罪犯表扬、物质奖励的,及时将审批决定抄送派驻检察机构。

《人民检察院刑事诉讼规则》

第六百三十五条　人民检察院收到执行机关抄送的减刑、假释建议书副本后,应当逐案进行审查。发现减刑、假释建议不当或者提请减刑、假释违反法定程序的,应当在十日以内报经检察长批准,向审理减刑、假释案件的人民法院提出书面检察意见,同时也可以向执行机关提出书面纠正意见。案情复杂或者情况特殊的,可以延长十日。

第六百三十六条　人民检察院发现监狱等执行机关提请人民法院裁定减刑、假释的活动具有下列情形之一的,应当依法提出纠正意见:

(一)将不符合减刑、假释法定条件的罪犯,提请人民法院裁定减刑、假释的;

(二)对依法应当减刑、假释的罪犯,不提请人民法院裁定减刑、假释的;

(三)提请对罪犯减刑、假释违反法定程序,或者没有完备的合法手续的;

(四)提请对罪犯减刑的减刑幅度、起始时间、间隔时间或者减刑后又假释的间隔时间不符合有关规定的;

(五)被提请减刑、假释的罪犯被减刑后实际执行的刑期或者假释考验期不符合有关法律规定的;

(六)其他违法情形。

第六百三十七条　人民法院开庭审理减刑、假释案件,人民检察院应当指派检察人员出席法庭,发表意见。

第六百三十八条　人民检察院收到人民法院减刑、假释的裁定书副本后,应当及时审查下列内容:

(一)被减刑、假释的罪犯是否符合法定条件,对罪犯减刑的减刑幅度、起始时间、间隔时间或者减刑后又假释的间隔时间、罪犯被减刑后实际执行的刑期或者假释考验期是否符合有关规定;

(二)执行机关提请减刑、假释的程序是否合法;

（三）人民法院审理、裁定减刑、假释的程序是否合法；

（四）人民法院对罪犯裁定不予减刑、假释是否符合有关规定；

（五）人民法院减刑、假释裁定书是否依法送达执行并向社会公布。

第六百三十九条　人民检察院经审查认为人民法院减刑、假释的裁定不当，应当在收到裁定书副本后二十日以内，向作出减刑、假释裁定的人民法院提出纠正意见。

第六百四十条　对人民法院减刑、假释裁定的纠正意见，由作出减刑、假释裁定的人民法院的同级人民检察院书面提出。

下级人民检察院发现人民法院减刑、假释裁定不当的，应当向作出减刑、假释裁定的人民法院的同级人民检察院报告。

第六百四十一条　人民检察院对人民法院减刑、假释的裁定提出纠正意见后，应当监督人民法院是否在收到纠正意见后一个月以内重新组成合议庭进行审理，并监督重新作出的裁定是否符合法律规定。对最终裁定不符合法律规定的，应当向同级人民法院提出纠正意见。

最高人民法院、最高人民检察院、公安部、司法部《社区矫正实施办法》（司发通〔2012〕12号、2020年7月1日失效）

第二十八条　社区矫正人员符合法定减刑条件的，由居住地县级司法行政机关提出减刑建议书并附相关证明材料，经地（市）级司法行政机关审核同意后提请社区矫正人员居住地的中级人民法院裁定。人民法院应当自收到之日起一个月内依法裁定；暂予监外执行罪犯的减刑，案情复杂或者情况特殊的，可以延长一个月。司法行政机关减刑建议书和人民法院减刑裁定书副本，应当同时抄送社区矫正人员居住地同级人民检察院和公安机关。

盛科公司污染环境刑事附带民事公益诉讼案*

摘要与关键词

摘要:盛科公司污染环境刑事附带民事公益诉讼案,入选“2019 年度中国十大公益诉讼案”“最高人民检察院指导性案例”“2019 年度人民法院环境资源典型案例”,并以其 4.7 亿元高昂生态损害赔偿金额为社会所关注。该案的成功办理,体现了检察机关对重大环境污染案件提起刑事附带民事公益诉讼的必要性及优势所在,检察机关在案件办理过程中刑民一体取证办案、参与法庭调解创新责任承担方式、行政公益诉讼与刑事附带民事公益诉讼协同并举参与社会治理等诸多可借鉴经验,为检察机关办理生态环境损害刑事附带民事公益诉讼提供指引。

关键词:刑事附带民事公益诉讼;参与调解;替代性修复;专家证人;社会治理

案情与程序

一、基本案情

被告单位盛科公司,住所地南京某工业园区。

被告人 Z 某,男,1965 年 3 月出生,盛科公司总经理。

盛科公司于 2003 年 5 月成立,主营污水处理业务。2014 年 10 月至 2017 年 4 月,该公司在高浓度废水处理系统未运行、SBR(序批式活性污泥处理技术,主要用

---

* 本案例来自最高人民检察院第二十三批指导性案例(检例第 86 号)。本文作者:韩树军、刘忆冰。

于处理水中有机物）反应池无法正常使用的情况下，利用暗管向长江违法排放高浓度废水28.46万立方米和含有危险废物的混合废液54.06吨。该公司还采取在二期废水处理系统中篡改在线监测仪器数据的方式，逃避监管，向长江偷排含有毒有害成分污泥4362.53吨及超标污水906.86万立方米。上述排污行为造成生态环境损害，经鉴定评估，按照虚拟治理成本法的方式，以单位治理成本总数乘以环境敏感系数，认定生态环境修复费用约4.7亿元。

二、办案程序

（一）提前介入，同步开展调查程序

本案由群众举报犯罪线索，接到报警后，南京市公安、环保等部门成立专案组，协作推进案件查办，鼓楼区人民检察院成立由检察长担任组长的刑事和公益诉讼两个办案组，提前介入该案，同时启动刑事审查和公益诉讼调查程序，从案件定性、犯罪主体、危废排放数量、环境修复等方面提出取证意见。经调查，发现盛科公司原总经理Z某多次指使他人接收排污企业高浓度废水并利用暗管违法排放，人为篡改在线监测仪器数据，逃避环保部门监管，偷排有毒有害污泥污水，对长江环境造成严重污染。在公益诉讼调查程序中，鼓楼区人民检察院委托生态环境部南京环境科学研究所组织实地勘查、专家论证100余人次，出具阶段性鉴定意见6个，采用虚拟治理成本法计算得出生态环境损害赔偿费用为4.7亿元。

（二）提起诉讼，追究刑事、民事责任

2017年8月，公安机关以被告单位盛科公司、被告人Z某等人涉嫌污染环境罪向检察机关移送审查起诉。2017年12月29日，检察机关以被告单位盛科公司、被告人Z某等人涉嫌污染环境罪向法院提起公诉，并在庭审上围绕危险废物判定、案涉公司处理工艺、污染认定等问题进行辩论。经审理，法院对该案刑事部分作出一审判决，全部采纳了检察机关的公诉意见，盛科公司被判处罚金5000万元，Z某等12名被告人分别被判处1—6年有期徒刑。盛科公司不服一审判决，上诉至南京市中级人民法院，该院于2019年10月15日裁定驳回上诉，维持原判。

2018年9月14日，检察机关向法院提起刑事附带民事公益诉讼，请求判令盛科公司承担生态环境修复费用4.7亿元。

（三）开展调解，研究赔偿数额、方式

在提起刑事附带民事公益诉讼阶段，检察机关发现根据资产评估，盛科公司资

产为负,无力承担生态环境修复费用。2019 年 5 月 7 日,盛科公司的控股公司申请作为第三人加入刑事附带民事公益诉讼,并承诺承担连带担保及替代性修复责任,提出以调解方式解决此案,经检察委员会研究,检委会委员一致同意调解,在调解过程中,检察机关坚持"赔偿数额不能减、赔偿方式可磋商"的原则,提出"现金赔偿+替代性修复"的调解方案,经鼓楼区人民检察院与盛科公司、控股公司进行 35 轮,共 50 余次磋商,最终确定了具体的责任承担数额与方式。

检察机关履职情况

一、提起公诉追究刑事责任

2017 年 4 月 10 日,南京市公安局水上分局对盛科公司等以污染环境罪立案侦查。2017 年 8 月 25 日,公安机关对该案侦查终结后移送南京市鼓楼区人民检察院审查起诉。2018 年 1 月 23 日,根据南京市环境资源类案件集中管辖的要求,南京市鼓楼区人民检察院向南京市中级人民法院指定的南京市玄武区人民法院提起公诉。

2018 年 10 月、2019 年 3 月,南京市玄武区人民法院对该案开庭审理。庭审围绕危险废物判定、案涉公司处理工艺、污染标准认定、虚拟治理成本适用方法等问题展开法庭调查和辩论。经审理,法院采纳检察机关刑事指控,认定被告单位及被告人 Z 某等构成污染环境罪。2019 年 5 月 17 日,玄武区人民法院以污染环境罪判处被告单位盛科公司罚金 5000 万元;判处被告人 Z 某等 12 人有期徒刑 1—6 年,并处罚金 5 万—20 万元。一审判决作出后,盛科公司及 Z 某等提出上诉,2019 年 10 月 15 日,南京市中级人民法院作出二审裁定,维持原判。

二、提起刑事附带民事公益诉讼

南京市鼓楼区人民检察院在介入侦查、引导取证过程中发现公益受损的案件线索,遂决定作为公益诉讼案件立案。2017 年 9 月 22 日,按照公益诉讼试点工作要求,该院根据实际情况,采取走访环保部门及辖区具有提起环境公益诉讼资格的公益组织的方式履行了诉前程序,环保部门和公益组织明确表示不就该案提起公益诉讼。

公益诉讼案件立案后，检察机关进一步收集完善侵权主体、非法排污数量、因果关系等方面证据，并委托环保部南京生态环境研究所等专业机构，组织20余次专家论证会，出具6份阶段性鉴定意见。2018年9月14日，南京市鼓楼区人民检察院对盛科公司提起刑事附带民事公益诉讼，诉请法院判令其在省级以上媒体公开赔礼道歉并承担约4.7亿元生态环境损害赔偿责任。2018年10月、2019年3月，人民法院在两次开庭审理中，对民事公益诉讼案件与刑事部分一并进行了审理。2019年5月7日，盛科公司对民事公益诉讼部分提出调解申请，但其资产为1亿元左右，无力全额承担4.7亿元的赔偿费用。其控股股东盛科投资公司，持有盛科公司95%的股份）具有赔付能力及代为修复环境的意愿，自愿申请加入诉讼，愿意进行环境修复并出具担保函，检察机关和人民法院经审查均予以认可。

调解过程中，检察机关提出"现金赔偿+替代性修复"调解方案，由盛科公司承担现金赔偿责任，盛科投资公司承担连带责任。同时，盛科投资公司承担替代性修复义务，并确定承担替代性修复义务的具体措施，包括新建污水处理厂、现有污水处理厂提标改造、设立保护江豚公益项目等内容。

经过多次磋商，被告及盛科投资公司认同检察机关关于该案环境损害鉴定方法、赔偿标准与赔偿总额、赔偿方式等问题的主张。2019年12月27日，在南京市玄武区人民法院的主持下，检察机关与盛科公司、盛科投资公司共同签署分四期支付2.37亿元的现金赔偿及承担2.33亿元替代性修复义务的调解协议。2019年12月31日，法院对该调解协议在人民法院网进行了为期30日的公告，公告期间未收到异议反馈。2020年2月7日，调解协议签订。目前，盛科投资公司已按期支付1.17亿元赔偿金，剩余1.2亿元分3年支付。替代性修复项目正在有序进行中。

三、利用行政公益诉讼诉前程序发出检察建议参与社会治理

办理该案后，检察机关针对办案中发现的环境监管漏洞等问题，积极推动完善社会治理。一是针对办案中发现的污水排放核定标准中氯离子浓度过高等问题，鉴于环保部门未尽到充分注意义务，检察机关发出检察建议，要求将氯离子浓度纳入江苏省《化学工业水污染物排放标准》予以监管，被建议单位予以采纳。二是对包括盛科公司在内的300余名化工企业负责人和环保管理人员开展警示教育，增

强公司管理人员环境保护意识和法治意识,促进加强水污染防治监管。三是结合本案,对长江水污染问题开展调研,针对长江生态保护的行政监管部门多、职能交叉、衔接不畅等问题,提出制定"南京市长江生态环境保护实施条例"的立法建议,获得南京市人大常委会采纳,并决定适时研究制定该地方性法规,助力长江生态保护,促进区域治理体系和治理能力现代化建设。

类案学理研讨

一、检察机关对重大环境污染案件提起民事公益诉讼的优势及必要性

(一)重大环境损害案件行政处罚金额与实际损害结果不相适应

在对环境造成严重污染损害的案件中,行政机关对违法行为作出处罚受法律法规规定的处罚上限限制。例如,我国《水污染防治法》中对超标排放水污染物、私设暗管,篡改、伪造数据偷排污水等行为的处罚上限为人民币100万元,[1]对造成一般或较大水污染事故的,按照水污染事故造成的直接损失的20%计算罚款;造成重大或特大水污染事故的,按照直接损失的30%计算罚款[2]。尽管经过不断修订与完善,行政法律法规对规避监管,造成污染事故行为的处罚上限一再提高,但仍难以覆盖重大污染事故造成的所有直接、间接环境损害。环境刑事附带民事公益诉讼以违法者的环境侵权责任为基础,以公共利益的实际损害为赔偿依据。根据我国《民法典》的规定,违反规定造成生态环境损害的,国家规定的机关或者法律规定的组织有权请求侵权人赔偿修复期间服务功能损失、永久性环境功能损失、鉴定评估费用、清除污染、修复生态环境费用以及防止损害的发生和扩大所支出的合理费用,这一赔偿范围几乎涵盖了环境污染对公共利益造成的所有直接与间接损失。就本案来看,盛科公司自2011年以来,先后10次因超标排放污水、污泥泄露、露天堆放污泥、违规堆放生化污泥等污染环境行为被环境保护部门作出行政处罚,10次罚款共计460万余元,其中处罚金额最高的一次是2017年11月20日原南京市六合区环境保护局作出的罚款193万余元。根据检察机关在办案过程中收集到

[1] 《水污染防治法》(2017年修正)第83条第3项。
[2] 《水污染防治法》(2017年修正)第94条第2款。

的证据显示,2014 年 10 月至 2016 年 6 月、2017 年 1 月至 4 月,该公司一直持续实施偷排污水行为,并通过该行为获取违法所得人民币 3 亿余元。[1] 460 万余元的违法成本相较于 3 亿余元的获利,显然难以阻止盛科公司及其负责人逃避监管、偷排获利的脚步,而 10 次共计 460 万余元的行政处罚数额,远远不足以恢复盛科公司违法偷排污水对当地生态造成的损害,单纯进行行政处罚难以达到惩戒违法、弥补损害的效果,在惩罚违法行为的同时,只有通过民事公益诉讼追究其环境侵权责任,才能有效追偿其对社会公共利益造成的全部直接与间接损失。

(二)目前我国环保组织在重大环境污染案件公益诉讼中参与程度不高

1. 参与积极性不足

我国的法律法规及规范性文件规定了适格社会组织、国家机关可以对污染环境行为提起民事公益诉讼,且我国《民事诉讼法》[2] 中将个人、适格社会组织提起民事公益诉讼的顺位前置于国家机关之前,检察机关发现公益诉讼线索后,必须发出公告,在为期 1 个月的公告期限之后,只有个人及适格组织未提起公益诉讼,检察机关才可以独立提起公益诉讼,这一规定体现了我国法律设置充分赋予适格组织提起民事公益诉讼的主体地位。但在实践中,依据最高人民法院发布的《中国环境资源审判(2018)》以及《中国环境资源审判(2019)》中的相关数据显示,2018 年和 2019 年,全国各级人民法院共受理环境民事公益诉讼案件 669 件,其中由社会组织提起的案件数量有 244 件,由检察机关提起的案件数量有 425 件。自 2015 年最高人民法院《关于审理环境民事公益诉讼案件适用法律若干问题的解释》发布以来,国内致力于水资源保护、环境污染治理等数个领域的符合相关条件的社会组织有 700 余家,但真正能够在案件处理中承担起该职能的组织在数量上仅占总数的 4%,其余的社会组织只是通过了基本的资格认定,实际上并不具备承担这一职能的客观条件。[3] 作为法律设定中的前卫力量,社会组织在公益诉讼提起中并未像法律设定之初期待地占据主导地位,且在数额较大、案情复杂案件领域中,更缺乏参与积极性。

---

〔1〕 盛科公司污染环境案,江苏省南京市中级人民法院(2019)苏 01 刑终 525 号刑事裁定书。

〔2〕《民事诉讼法》(2017 年修正)第 55 条。

〔3〕 王社坤:《环保组织会不会力不从心?》,载《环境经济》2014 年第 9 期。

2. 证据调查能力欠缺、诉讼能力不足

在盛科公司污染环境案件中,侦查机关和检察机关为查明该公司违法事实及造成的生态损害进行了一系列工作量巨大而复杂的调查。进行了包括潜水员水下勘察[1]、专家勘察论证在内的实地勘察论证100余次,委托环保部南京生态环境研究所等专业机构组织专家论证会20余次,共出具6份阶段性鉴定意见,其所涉及的鉴定费用数额也非常巨大。笔者通过裁判文书网搜索相关案例,以2021年1月至9月公布的环境民事公益诉讼数据为例(仅选取民事公益诉讼一审案件),对涉及生态环境损害的案例相关情况列举如表1所示。

表1　涉及生态环境损害的民事公益诉讼案例相关情况

单位:万元

案件名称	提起公益诉讼主体(检察机关/社会组织)	鉴定费用	诉讼费用	生态环境损害费用	败诉方
湖州市南浔区人民检察院诉湖州佳新丝绸炼染有限公司侵权纠纷案①	检察机关	45	2.2057	191.7414	被告
湖南省生态保护志愿服务联合会诉臧可民事公益诉讼侵权责任纠纷案②	社会组织提起诉讼,检察机关支持起诉	未列明	0.0163	1.45	被告
贵州省毕节市人民检察院诉大方绿塘煤矿有限责任公司环境污染民事公益诉讼案③	检察机关	6	0.854	42.26074	被告
江西省浮梁县人民检察院诉浙江海蓝化工集团有限公司环境污染责任纠纷案④	检察机关	9.567	3.1	275.8	被告
山东省泰安市人民检察院诉于某锋非法狩猎案⑤	检察机关	未列明	0.0595	3.18	被告

〔1〕 梅静:《敢祸害长江水? 4.7亿元! 南京检察官开出最严厉罚单》,载微信公众号"南京检察",https://mp.weixin.qq.com/s/1hWnsG7rvxr66br4e5jzFQ,2021年2月7日访问。

续表

案件名称	提起公益诉讼主体(检察机关/社会组织)	鉴定费用	诉讼费用	生态环境损害费用	败诉方
北京市丰台区源头爱好者环境研究所、金华市绿色生态文化服务中心诉深超光电(深圳)有限公司环境污染民事公益诉讼案⑥	社会组织	未列明	8.45	1000	被告
北京市昌平区多元智能环境研究所诉山东绿丰农药有限公司环境污染责任纠纷案⑦	社会组织	未列明	0.01	未列明	被告
北京市朝阳区绿家园环境科学研究中心诉大连船舶重工集团有限公司环境污染责任纠纷案⑧	社会组织	未列明	未产生	未列明	原告
北京市朝阳区环友科学技术研究中心诉大连清本再生水有限公司环境污染责任纠纷案⑨	社会组织	未列明	0.01	未列明	原告

① 湖州市南浔区人民检察院诉湖州佳新丝绸炼染有限公司侵权纠纷案,浙江省湖州市中级人民法院(2020)浙05民初124号民事判决书。

② 湖南省生态保护志愿服务联合会诉臧可民事公益诉讼侵权责任纠纷案,湖南省长沙市开福区人民法院(2021)湘0105民初3397号民事判决书。

③ 人为绿塘煤矿有限责任公司环境污染民事公益诉讼案,贵州省毕节市中级人民法院(2020)黔05民初148号民事判决书。

④ 浙江海蓝化工集团有限公司环境污染责任纠纷案,江西省浮梁县人民法院(2020)赣0222民初796号民事判决书。

⑤ 于某锋非法狩猎案,山东省泰安市中级人民法院(2020)鲁09民初305号民事判决书。

⑥ 北京市丰台区源头爱好者环境研究所、金华市绿色生态文化服务中心诉深超光电(深圳)有限公司环境污染民事公益诉讼案,广东省深圳市中级人民法院(2019)粤03民初3509号民事判决书。

⑦ 北京市昌平区多元智能环境研究所诉山东绿丰农药有限公司环境污染责任纠纷案,山东省潍坊市中级人民法院(2020)鲁07民初1179号民事判决书。

⑧ 北京市朝阳区绿家园环境科学研究中心诉大连船舶重工集团有限公司环境污染责任纠纷案,大连海事法院(2021)辽72民初91号民事裁定书。

⑨ 北京市朝阳区环友科学技术研究中心诉大连清本再生水有限公司环境污染责任纠纷案,辽宁省大连市中级人民法院(2020)辽02民初937号民事判决书。

如表1所示,在环境公益诉讼中,通常涉及对生态环境造成的损害费用、鉴定费用、律师费用、诉讼费用等项目,在社会组织对破坏生态环境提起公益诉讼的案件中,较少委托具有司法鉴定资质的鉴定机构出具鉴定报告。其中的原因有两方面:一是由于社会组织面临诉讼成本困境,需要预先支付的律师费、差旅费、鉴定费用增加了诉讼成本,尽管胜诉后公益诉讼的鉴定费用由败方承担,但提出主张的社会组织需要先行支付鉴定费用并承担败诉的风险;二是社会组织由于缺乏专业知识,通常在举证阶段通过行政机关的处罚决定或被告破坏生态环境的相关新闻报道来证明被告对生态环境和公共利益造成的侵权,提起环境污染民事公益诉讼的环保组织缺乏有力鉴定支撑诉讼请求,薄弱的证据基础也使得败诉风险增加从而更不愿提前支出鉴定费用。

重大环境污染案件民事公益诉讼的提起,需要专业性强的调查取证,不仅需要实地勘察、专业论证来确定实际损害后果,如何证明被告存在违反国家法律法规的环境侵权行为也是社会组织公益诉讼中面临的一个难题,以表1中北京市丰台区源头爱好者环境研究所、金华市绿色生态文化服务中心诉深超光电(深圳)有限公司环境污染民事公益诉讼案为例,原告两社会组织以行政机关对被告作出的行政处罚内容为事实依据,提出被告长期排放废气超标的污染环境的主张,但当原告提出希望被告提供在线监测数据、全部项目的环境影响评价报告等项目验收运转等证明材料时,被告单位以各种理由拒绝提供,导致原告难以确定具体的损害数额,虽然该案以人民法院认定被告持有对其不利的证据而拒不提供,致使本案缺乏鉴定条件为由,推定原告主张成立,支持了原告的诉讼请求,但这也从侧面反映出社会组织由于调取证据能力较弱,不具备调取相关证据的强制力量,在诉讼中面临更大的证明难度。技术手段短缺、证据收集调查能力不足、资金来源不稳定等因素,使社会组织在重大环境污染案件提起公益诉讼面前望而却步。

(三)检察机关对重大环境污染案件提起刑事附带民事公益诉讼的必要性及优势

1.检察机关的职能设置决定其有必要对重大环境污染案件提起刑事附带民事公益诉讼

刑事附带民事公益诉讼,是指人民法院在审理具有程序性诉讼实施权的检察院提起的在特定领域导致社会公共利益损害的犯罪行为进行刑事公诉的过程中,对附带提起的请求判令致使公共利益受到损害的有责主体依法承担民事责任的诉讼活动。[1] 根据《人民检察院组织法》的规定,人民检察院是国家的法律监督机关,通过行使检察权,追诉犯罪,维护国家安全和社会秩序,维护个人和组织的合法权益,维护国家利益和社会公共利益。"提起公益诉讼"是检察机关的一项独立职能。自 2017 年 7 月 1 日起,修改后的《民事诉讼法》《行政诉讼法》正式施行,公益诉讼检察工作全面推开,2018 年 3 月 1 日,最高人民法院、最高人民检察院联合发布《关于检察公益诉讼案件适用法律若干问题的解释》,为人民检察院提起刑事附带民事公益诉讼提供了制度依据。[2] 检察机关同时具有惩罚犯罪,提起公诉和维护国家利益与社会公共利益,提起公益诉讼的职能。现实中,污染环境刑事犯罪不仅触犯了《刑法》,也侵犯了《刑法》所保护的社会公共利益,越是严重的环境违法犯罪行为对生态环境造成的损害以及修复生态环境所需要的成本越是巨大,检察机关的职能设置使其在面对污染环境犯罪行为时,不仅肩负着提起公诉,追究刑事责任的任务,而且面临对该犯罪行为致使国家利益和社会公共利益受到损失的追偿职责。

2. 检察机关提起重大环境污染案件刑事附带民事公益诉讼的优势

自公益诉讼制度全面建立以来,检察机关一直将生态环境和资源保护领域公益诉讼案件作为办理突出重点,专门对公益诉讼检察参与蓝天、碧水、净土保卫战作出部署,通过开展专项活动督促污染整治、追偿修复、治理费用。其中,检察机关提起刑事附带民事公益诉讼一直是环境公益诉讼检察中的重要组成部分,在实践中,对重大环境污染案件提起刑事附带民事公益诉讼具有功能与效率的双重优势。在功能方面,检察机关通过刑事诉讼程序,对犯罪行为提起刑事公诉,使犯罪分子受到刑事处罚,以维持社会安宁、稳定;通过民事诉讼程序,对犯罪行为提起公益诉讼,使犯罪分子承担民事责任,以弥补犯罪行为对社会公共利益造成的损害。通常情况下,检察机关依赖这两种路径,就能完成打击环境资源犯罪、食品药品犯罪,维护社会公共利益的职责。[3] 其中优势在于:一是节约了司法成本,检察机关在对违法犯罪事实进行调查的过程中收集到的证据资料,同样可以用于提起刑事附带

---

〔1〕 刘加良:《刑事附带民事公益诉讼的困局与出路》,载《政治与法律》2019 年第 10 期。

〔2〕 庄玮:《刑事附带民事公益诉讼制度理论与实践问题研究》,载《中国应用法学》2021 年第 4 期。

〔3〕 肖巍鹏:《刑事附带民事公益诉讼制度功能价值探析》,载《中国检察官》2019 年第 4 期。

民事公益诉讼,对确定环境损害事实进行的环境损害司法鉴定,同样可以在刑事附带民事公益诉讼中用于确定污染行为给公共利益造成的损失数额,避免了证据的重复收集与人力、物力成本的双重消耗;二是提高了诉讼效率,近年来,公益诉讼检察取得长足进步,各层级检察机关都设立了专门的公益诉讼办案组,公益诉讼办案人员的专业素质进一步提高,同时提起刑事公诉和刑事附带民事公益诉讼相较于针对不同主体分别提出也更具司法效率;三是更具有公平性和社会效果,由于追究刑事责任与民事责任的主体都是检察机关,在事实认定方面能避免产生冲突,更具公平性,且检察机关在追究刑事责任的同时追偿其造成的生态环境损害,对其他违法者也具有震慑作用,起到良好的社会教育作用,有助于实现诉讼效益和社会效益的有机结合。

二、检察机关在该案件中调查核实权的充分运用和刑民一体取证

(一)检察机关在提起刑事附带民事公益诉讼时充分运用调查核实权

根据《人民检察院组织法》的规定,检察机关在履行刑事案件侦查权、提起公益诉讼等法律监督职责时,可进行调查核实。在盛科公司污染环境一案的办理过程中,检察机关充分运用调查核实权,为完善证据链条、成功办理案件打下了坚实基础。一是通过行政机关调取相关证据。检察机关调取了原南京市环保局关于南京化学工业园污水处理厂建设项目环境影响报告书、盛科公司废水处理项目扩建相关项目环境影响报告书和原南京市环保局所作的批复等文件,以确定盛科公司污水处理设施、流程情况,以证明盛科公司的污水处置能力,为证明其存在超标排放污水破坏生态环境行为提供事实依据。二是委托司法鉴定机构出具鉴定报告。检察机关在调查中委托生态环境部南京环境科学研究所出具 6 份阶段性鉴定意见,对盛科公司 2014 年至 2017 年违规排放危险废物、废水、污泥的量进行梳理统计,对违规排放行为造成的违法所得和减少污染防治设施运行支出进行量化,并对违规排放废物造成的生态环境损害情况进行鉴定评估,结合专家研判,形成结论,对生态环境损害的数额确定提供了技术依据。三是聘请专家辅助人出具证言。针对本案中盛科公司在排放的经过稀释调节 pH 值后的高浓度废水是否属于危险废物、以其收水价格作为收费标准计算生态环境损害数额是否合理等技术性较强的争论焦点,聘请南京市环境保护科学研究院固体废物研究所所长陈某丁作为专家

副主任提供证言，对司法鉴定中涉及的专业性强的问题进行详细释明解读，并对案件事实认定中的关键问题提出意见，为检察机关认定生态损害数额提供了辅助意见。

（二）刑民一体调查取证的优势和发挥

在盛科公司污染环境一案的办理过程中，显示出了刑事、民事结合调查取证的优势。目前检察机关公益诉讼中调查核实权源于检察机关的法律监督权，权力行使方式与边界目前仍不甚清晰，对于不同对象的调查方式与限度缺乏明确规定，检察人员在行使公益诉讼检察调查核实权时，不得使用限制人身自由的强制措施以及查封、扣押、冻结等强制性权力。[1] 履行公益诉讼职能时，检察机关的定位是一方当事人，开展证据调查时，通常受制于复制行政机关的调查结论、询问、查询、委托鉴定、评估等方式范围，这种刚性欠缺的权力致使检察机关在面临调查对象不配合、刻意隐瞒的情况时缺乏强制力度，阻碍案件办理过程中证据的深入全面收集，但在刑事附带民事公益诉讼中，检察机关在查明刑事犯罪的过程中可以依托刑事案件的侦查权，获取通过普通调查核实手段难以取得的证据，在追诉刑事犯罪过程中取得的证据同样可以转化作为刑事附带民事公益诉讼中的证据加以运用。例如，本案中，为证实其存在超标排放而收集的嫌疑人供述与辩解、证人证言、刑事勘查现场照片、调取的案涉公司监控录像、证明犯罪嫌疑人违法事实的聊天记录、电子邮件往来等电子数据等，都可以在刑事附带民事公益诉讼中用于证明其违法行为与生态环境损害事实之间的因果关系。刑事附带民事公益诉讼有效提高了诉讼效率，把有限的司法资源用在最需要处理的案件上，“让人民群众在每一个司法案件中感受到公平正义”，使司法资源在社会运作中得到合理配置。[2]

本案中检察机关采用刑事审查和民事公益诉讼同时启动、结合办案的方法，在接到案件线索后迅速成立了由检察长担任组长的刑事和公益诉讼两个办案组，提前介入该案，同时启动刑事审查和公益诉讼调查程序，从案件定性、犯罪主体、危废排放数量、环境修复等方面提出取证意见。这种做法的优势在于：其一，充分发挥了检察机关提前介入引导侦查的作用，兼顾刑事审查和公益诉讼调查所需证据，对

---

〔1〕 上海市杨浦区人民检察院课题组、王洋：《公益诉讼检察调查核实权优化路径》，载《中国检察官》2021年第13期。

〔2〕 庄玮：《刑事附带民事公益诉讼制度理论与实践问题研究》，载《中国应用法学》2021年第4期。

于公益诉讼所需证据，在公安机关对刑事证据补充侦查的同时一并补充公益诉讼证据，弥补了公益诉讼证据缺乏强制力，证据收集调查困难的问题；其二，一体联动的办案方式加强了刑事与公益诉讼办案团队之间的充分交流，有助于实现刑民证据的充分利用与转化，提升了审查效率，节约了司法资源。

（三）专家辅助人意见在刑事附带民事公益诉讼中的作用和制度完善

在本案检察机关和被告盛科公司在诉讼中提供的证据组成中，专家辅助人意见都占据了一席之地。检察机关聘请了司法鉴定机构的负责人对争议问题进行了解读；被告盛科公司更是聘请了清华大学刑法学教授，国内法学界知名学者等人对生态损害计算方法的争议发表了专家辅助人意见，在案件的审理过程中，为查明事实，明确盛科公司对违法行为对生态环境造成的具体损害程度，审理刑事附带民事公益诉讼的法院也聘请了专家辅助人员对相关司法鉴定报告出具意见，这体现了专家辅助人意见在生态环境公益诉讼领域中越发占据了不可替代作用。刑事附带民事公益诉讼，特别是生态环境领域刑事附带民事公益诉讼，在案件办理和法庭审查过程中，检察机关作为公益诉讼起诉人经常会和被告方围绕专业问题产生争议，虽然检察机关通常在前期已经进行大量的调查并委托司法鉴定，但争议焦点通常集中在司法鉴定方法的选择、司法鉴定的内容以及对司法鉴定结论的解读，公益诉讼起诉人对司法鉴定相关内容与结论的解读受专业与身份所限，可能无法从专业领域出发进行有说服力的阐述，聘请案涉相关领域的专家、学者作为专家辅助人对争议问题发表观点，不仅具有专业说服力，而且在一定程度上可以避免对每个专业问题都委托司法鉴定，节约了人力、物力。

虽然本案中专家辅助人为检察机关查明案情事实、为法院提供审判参考发挥了重要作用，但是目前我国专家辅助人的地位与作用在刑事审判与公益诉讼案件审理中仍不明晰，人民法院对于专家辅助人意见的重视与采纳程度参差不齐。值得注意的是，本案判决书中，法院将公益诉讼起诉人、被告公司及法院聘请的专家辅助人意见归为“专家证言”，专家辅助人的身份成为“专家证人”。专家辅助人在诉讼中角色、定位的模糊也影响到专家辅助人意见的被采纳程度和专家辅助人在庭审中的定位。根据最高人民检察院《关于指派、聘请有专门知识的人参与办案若干问题的规定（试行）》所规定的“有专门知识的人”，不仅包括对鉴定意见质证的刑事专家辅助人，还包括参与检察院勘验、检查、检验等专门性工作，协助解决专门性问题或者提出意见的人，专家辅助人作为学界对“有专门知识的人”的一种通常叫法，为进一步发挥专家辅助人意见对于专业性较强的案件审理中的作用，迫切需要明确专家辅助人在诉讼中的参与地位、界定专家辅助人意见的法律效力，完善专家辅助人的准入标准，明确其权利义务，这样才能保证专家辅助人意见有效发挥更大作用。

三、生态环境损害刑事附带民事公益诉讼案件中的赔偿、调解

（一）生态环境损害刑事附带民事公益诉讼案件中赔偿数额的准确认定

1. 生态环境损害赔偿数额的构成

根据《民法典》的规定，违反国家规定造成生态环境损害的，国家规定的机关或者法律规定的组织有权请求侵权人赔偿生态环境受到损害至修复完成期间服务功能丧失导致的损失、生态环境功能永久性损害造成的损失、生态环境损害调查、鉴定评估等费用、清除污染、修复生态费用和防止损害的发生和扩大所支出的合理费用。本案中，检察机关通过委托鉴定等方式确定了盛科公司及其总经理Z某等人偷排高浓度废水、违规排放属于危险废物的混合废液、超标排放废水、偷排污泥等行为造成生态环境损害数额人民币约2.56亿元的犯罪事实，但最后经过认定与计算，检察机关提起的刑事附带民事公益诉讼中认定的生态损害赔偿数额为4.7亿元人民币。在实践中，环境污染类刑事附带民事公益诉讼确定的赔偿数额主要包括委托有司法鉴定资质的机构进行评估出的生态环境受到损害至修复完成期间服务功能丧失导致的损失和生态环境功能永久损害造成的损失；委托相关机构进行评估、鉴定所支出的费用；清运相关污染物所支出的费用；相关事务性费用，如租用场地对方污染物、雇用人员看守现场等费用。同时，在2021年施行的《民法典》中也规定，环境污染和生态破坏责任中，被侵权人还有权请求相应的惩罚性赔偿。

2. 生态环境损害的计算方法选择

生态环境损害计算方法的选取是本案庭审中的一个争议焦点，检察机关委托的南京环科所鉴定所采用虚拟成本法对盛科公司偷排废水给生态环境造成的损害进行计算，而盛科公司则认为对生态环境损害的计算应采用实际调查法进行计算，并邀请知名法学学者共同作出《污染环境案专家意见》以支持其采用实际调查法计算生态损害的意见；江苏省环保产业技术研究院则出具《分析评估意见》采用收费标准法，按照实际的处置成本作出分析评估意见。

生态环境损害计算中的虚拟治理成本,是指根据现行的污染治理技术和水平,对目前排放到环境中的污染及污染物实现全部治理所需要的支出。[1] 主要适用于污染行为事实明确,但损害事实不明确或无法以合理的成本确定生态环境损害范围、程度及损害数额的情形。实际调查法,是指通过实际调查相同或邻近地区、相同或相近生产工艺、产品类型、处理工艺的企业治理相同或相近污染物,最终实现稳定达标排放所需要的平均单位污染治理成本。收费标准法,是指对于废水和固体废物的单位治理成本,可以采用处理相同或相近污染物的园区集中式污水处理设施与危险废物处理企业最新的收费标准作为单位治理成本。[2] 实际调查法和收费标准法运用于可获得实际发生的应急处置费用或治理、修复、恢复费用的情况,根据原环境保护部《关于虚拟治理成本法适用情形与计算方法的说明》的有关规定,有明确的处置收费标准的,则适用收费标准法;没有收费标准的,优先采用实际调查法进行量化。在本案中,检察机关对生态损害进行计算时,采用了虚拟治理成本法,法院在判决中也支持了检察机关的这一计算方法,笔者通过查询并挑选部分最高人民法院公布的涉及生态损害公益诉讼指导性案例,就生态损害的计算方法分析如表2所示。

表2 部分指导性案例的生态损害计算方法及修复费用认定

案例名称	损害类型	计算方式	生态损害修复费用认定
中国生物多样性保护与绿色发展基金会诉宁夏瑞泰科技股份有限公司环境污染责任纠纷案①	土壤污染	未列明	58万元
中华环保联合会诉德州晶华集团振华有限公司环境污染责任纠纷公益诉讼案②	大气污染	虚拟治理成本法	被告振华公司所在区域为空气功能区为二类,按照规定,环境空气二类区生态损害数额为虚拟治理成本的3—5倍,法院认定按虚拟治理成本的4倍计算生态损害数额,即2198.36万元

---

[1] 原中华人民共和国环境保护部,关于印发《环境损害鉴定评估推荐方法(第Ⅱ版)》(环办〔2014〕90号)的通知。

[2] 原中华人民共和国环境保护部,《关于生态环境损害鉴定评估虚拟治理成本法运用有关问题的复函》(环办政法函〔2017〕1488号)。

续表

案例名称	损害类型	计算方式	生态损害修复费用认定
中国生物多样性保护与绿色发展基金会诉秦皇岛方圆包装玻璃有限公司大气污染责任纠纷案③	大气污染	虚拟治理成本法	被告公司所在秦皇岛地区为空气功能区Ⅱ类。按照规定,环境空气Ⅱ类区生态损害数额为虚拟治理成本的3—5倍,鉴定报告中认定生态损害数额为虚拟治理成本的3倍,按照虚拟治理成本法计算对大气环境造成损害数额分别约为0.74万元、27.10万元和127.12万元,共计154.96万元
山东省烟台市人民检察院王某殿、马某凯环境污染公益诉讼案④	水污染	虚拟治理成本法	受污染区域的地下水为Ⅲ类,地表水为Ⅴ类,取虚拟治理成本的6倍,按照已生效的莱州市人民法院(2016)鲁0683刑初136号刑事判决书认定的偷排酸洗废水60吨的数额计算,造成的生态损害修复费用为72万元,即单位虚拟治理成本为2000元/t×60t×6倍=72万元
重庆市绿色志愿者联合会诉湖北省恩施土家族苗族自治州建始县磺厂坪矿业有限公司水污染责任纠纷案⑤	水污染、土壤污染	虚拟治理成本法	本次污染土壤的生态环境损害评估认定:经过9个月后,事发区域土壤中的乙基钠黄药已得到降解,不会对当地生态环境再次带来损害,但洼地土壤中的Fe污染物未发生自然降解,超出当地生态基线,短期内不能自然恢复,将对千丈岩水库及周边生态环境带来潜在污染风险,需采取人工干预方式进行生态修复。根据《突发环境事件应急处置阶段环境损害评估推荐方法》(环办〔2014〕118号),采用虚拟治理成本法计算洼地土壤生态修复费用约需99.1万元

续表

案例名称	损害类型	计算方式	生态损害修复费用认定
江苏省徐州市人民检察院诉苏州其安工艺品有限公司等环境污染公益诉讼案⑥	土壤污染	虚拟治理成本法	被告倾倒的3桶硫酸废液实际污染的环境介质为Ⅱ类土壤。采用虚拟治理成本法对非法处置68桶硫酸废液产生的生态环境修复费用为4630852.26元(96.96×6822.92×7)

① 中国生物多样性保护与绿色发展基金会诉宁夏瑞泰科技股份有限公司环境污染责任纠纷案，宁夏回族自治区中卫市中级人民法院(2016)宁05民初17号民事调解书。

② 中华环保联合会诉德州晶华集团振华有限公司环境污染责任纠纷公益诉讼案，山东省德州市中级人民法院(2015)德中环公民初字第1号民事判决书。

③ 中国生物多样性保护与绿色发展基金会诉秦皇岛方圆包装玻璃有限公司大气污染责任纠纷案，河北省高级人民法院(2018)冀民终758号民事判决书。

④ 山东省烟台市人民检察院诉王某殿、马某凯环境污染公益诉讼案，山东省烟台市中级人民法院(2017)鲁06民初8号民事判决书。

⑤ 重庆市绿色志愿者联合会诉湖北省恩施土家族苗族自治州建始县磺厂坪矿业有限公司水污染责任纠纷案，重庆市第二中级人民法院(2015)渝二中法民初字第00071号民事裁定书。

⑥ 江苏省徐州市人民检察院诉苏州其安工艺品有限公司等环境污染公益诉讼案，徐州市中级人民法院(2018)苏03民初256号民事判决。

从表2环境民事公益诉讼指导性案例中的生态损害修复费用的认定方法可以看出，虚拟成本治理方法在环境民事公益诉讼中生态损害赔偿的认定中属于主流计算方法，虚拟治理成本法的采用对于惩罚污染行为、修复生态环境具有优势。一是虚拟成本治理法的计算结合了受损害环境的生态价值，更符合生态价值属性，在“绿水青山就是金山银山”的价值指引下，人类越发认识到优质的空气、土壤、地下水对于人类生活质量和可持续发展的重要价值，越是高质量的环境，在遭到破坏时，就越令人痛心，给整个生态系统造成的损失就越大，虚拟治理成本法从被污染环境所在区域的分级类别出发，结合其对应敏感系数，越是高质量环境，计算出的修复所需费用越高，符合人类追求高质量生态环境和保护绿水青山的价值理念。二是虚拟成本治理法的计算方法能有效避免偏差，更具公平性。在实践中，较多生态环境损害事件发生后，损害事实是尚不明确的，这时通过收费成本法、实际调查法进行修复费用评估，常常受到处理机构不同工艺类型、设施规模的影响。同时，不同地域间技术水平存在差异，收费水平也随之不同，采用收费成本法可能造成同类情况下对污染程度惩罚效果的地域间差异，而虚拟成本治理法有效避免了因地区、技术手段等因素的不同造成了类似损害事实，计算出的修复成本相差较大的情况,有利于减少地域间差别,更具公平性。三是虚拟成本治理法兼顾对违法行为的惩罚性。生态环境具有自净功能,在实务中,检察机关办理一些生态损害案件时时有出现一类情况就是,一些水污染、土壤污染事件中由于时过境迁,当地环境经过自净,已经不需要采取修复措施,或者是污染物水平已经符合该地基线值,在这种情况下,如果采用实际调查法或收费成本法,由于这时已经不产生实际的修复成本,显然对污染者的污染行为缺乏惩罚力度。例如,在"泰州天价公益诉讼案"——泰州市环保联合会与锦汇、常隆等公司环境污染公益诉讼案中,由于河流的持续流动、自然的净化能力,被污染的河流已经通过自我净化达到标准,没有产生实际修复费用。[1] 在该案中采用虚拟成本治理法,江苏省泰州市中级人民法院认定被告公司构成侵权,并根据环境保护部《环境污染损害数额计算推荐方法》所规定的Ⅲ类水体环境修复费用计算标准,以上述评估报告中合法处置副产酸的成本3662.0644万元为虚拟治理成本,按该虚拟治理成本的4.5倍计算环境修复费用。最终,一审判决6家公司分担赔偿环境修复费用共计约160666745.11元。[2] 该案中对于虚拟成本治理法的运用,给污染者开出高额"罚单",体现了对生态污染的惩罚性,有助于提高违法成本,产生震慑效果。

(二)检察机关参与刑事附带民事公益诉讼调解问题

1. 检察机关参与刑事附带民事公益诉讼调解的依据与优势

在刑事附带民事公益诉讼中,检察机关依据国家授权,对环境污染犯罪行为引起的国家利益、社会公共利益受损向违法者进行追偿。根据最高人民法院《关于适用〈中华人民共和国民事诉讼法〉的解释》的规定,对公益诉讼案件,当事人可以和解,人民法院可以调解。[3] 根据法律规定,检察机关作为公益诉讼起诉人,作为公益诉讼的一方当事人,具有参与调解的法律依据。笔者以"民事公益诉讼调解"为关键词,在人民法院公告网进行搜索,搜索结果为29件,全部为检察机关参与刑事附带民事公益诉讼调解公告,其中,2019年2件、2020年11件、2021年1月至2022年16件,可见在刑事附带民事公益诉讼中,调解形式的采用越来越多地被实际办

[1] 孙洪坤,胡杉杉:《环境公益诉讼中虚拟治理成本法律适用的认定》,载《浙江工业大学学报(社会科学版)》2017年第4期。

[2] 吕忠梅:《环境司法理性不能止于"天价"赔偿:泰州环境公益诉讼案评析》,载《中国法学》2016年第3期。

[3] 最高人民法院《关于适用〈中华人民共和国民事诉讼法〉的解释》(2014年)第289条第1款。

案运用。笔者选取人民法院公告网中 2021 年 1 月至 2022 年的刑事附带民事公益诉讼调解公告，在公告所涉及的 7 个省、自治区、直辖市中分别选取一件调解结案的刑事附带民事公益诉讼案件，就其损害数额、调解方式分析如表 3 所示。

表 3 部分刑事附带民事公益诉讼案例分析

案件名称	案由	损害事实及数额	调解结果
重庆市黔江区人民检察院诉朱某军、谢某平、朱某发刑事附带民事公益诉讼案	非法猎捕、杀害珍贵、濒危野生动物	被告人朱某军、朱某发、谢某平在未办理狩猎证的情况下，于 2020 年 2 月 20 日、27 日，先后 2 次使用改造后的射钉枪在彭水县猎得稚科锦鸡属红腹锦鸡（经济价值达 5000 元/只）为国家Ⅱ级保护动物，3 只	(1)刑事附带民事公益诉讼被告朱某军、谢某平、朱某发自愿共同赔偿国家野生动物资源损失人民币 23000 元；(2)刑事附带民事公益诉讼被告朱某军、谢某平、朱某发自愿在省级以上媒体公开赔礼道歉
河南省渑池县人民检察院诉杜某杰污染环境刑事附带民事公益诉讼案	污染环境	杜某杰及其他 3 名违法行为人污染环境产生鉴定及修复费用共计 116717 元	(1)杜某杰自愿承担修复及鉴定费用的 1/4 份额，共计 29179. 25 元；(2)检察机关保留对剩余 87537. 75 元修复及鉴定费用在对其他责任人不能实现时追索的权利；(3)杜某杰自愿承担修复及鉴定费 29179. 25 元，分两批支付，自杜某杰释放之日后 2 周内付清
浙江省缙云县人民检察院诉何某焌非法捕捞水产品公益诉讼案	破坏渔业资源	被告何某焌以电击方式非法捕捞水产品 160 尾	自愿承担生态环境修复费用 2000 元
福建省晋江市人民检察院诉王某棋犯非法收购、出售珍贵、濒危野生动物刑事附带民事公益诉讼案	非法收购、出售珍贵濒危野生动物	2015 年以来，被告王某棋在没有取得驯养、出售、繁殖等相关许可证的情况下，非法收购、出售珍贵、濒危野生动物(陆龟)，经公安机关查获 2 只马达加斯加陆龟、4 只辐纹陆龟、2 只亚达伯拉象龟、6 只苏卡达陆龟、8 只豹纹陆龟和 1 件辐纹陆龟龟壳	(1)被告王某棋承担消除 22 只珍贵、濒危野生陆龟放生造成危险所产生的合理必要费用共计人民币 144876 元；(2)被告王某棋在协议生效之日起 7 日内，在国家级媒体“正义网”上公开赔礼道歉，正视危害珍贵、濒危野生动物的违法行为，并对自己的行为真诚悔过

续表

案件名称	案由	损害事实及数额	调解结果
安徽省马鞍山市人民检察院诉杨某树非法狩猎环境民事公益诉讼案	非法狩猎	杨某树在禁捕期采用网捕方式非法猎捕野生鸟类20只，减少了野生动物资源量，影响了生态系统平衡，生态损害价值为人民币6000元，产生鉴定费用为500元	(1)被告杨某树于调解协议生效后至2021年9月30日，在和县康宁医院提供不低于20日的环境公益劳动，以抵偿其应支付的环境损害赔偿金，该项劳务执行由和县康宁医院负责协助管理，和县司法局历阳镇司法所负责监督；(2)本协议签订3日内向马鞍山市人民检察院支付鉴定费用500元
新疆维吾尔自治区乌鲁木齐市新市区人民检察院诉何某非法收购、出售珍贵、濒危野生动物公益诉讼	非法收购、出售珍贵濒危野生动物	2016年5月至2018年11月，何某非法收购、出售四爪陆龟、扁平陆龟、赫曼陆龟、苏卡达陆龟、红腿陆龟、绿颊锥尾鹦鹉、太阳锥尾鹦鹉等珍贵、濒危野生动物，其中部分死亡、出售；部分已飞走；部分被公安机关扣押，经鉴定，已扣押野生动物价值45000元，已死亡、出售野生动物价值125000元，已飞走野生动物价值5000元	(1)被告何某赔偿国家资源补偿费25000元；(2)在省级以上新闻媒体公开赔礼道歉；(3)被告何某在天山野生动物园做义工6个月，每月工作4天
西藏自治区工布江达县人民检察院诉白某、阿某、丁某、江某、泽某盗伐林木罪刑事附带民事公益诉讼案	破坏林业资源	被告白某、阿某、丁某于2020年11月13日在“珍玛林”林区盗伐3棵西藏红杉和1棵林芝云杉；白某、江某、泽某于2020年12月14日在“珍玛林”林区盗伐2棵林芝云杉。经鉴定，白某、阿某、丁某砍伐的3棵西藏红杉和1棵林芝云杉的立木蓄积为7.269立方米，价值5724.25元；白某、江某、泽某砍伐的2棵林芝云杉的立木蓄积为10.604立方米，价值8351元。5名被告盗伐林木区域属于工布自然保护区二级公益林，具有较大的生态价值，盗伐林木行为破坏了林业资源，造成了该地区的生态损失	(1)被告白某、阿某、丁某在西藏工布江达县林业主管部门指定的场所共同种植林木20株，被告白某、江某、泽某在西藏工布江达县林业主管部门指定的场所共同种植林木10株，于2022年5月1日前全部种完，并在西藏工布江达县林业主管部门验收合格后抚育养护1年；(2)被告白某、阿某、丁某、江某、泽某在签收调解书之日起15日内在市级以上媒体公开赔礼道歉

根据表3内容可知，刑事附带民事公益诉讼以调解形式结案目前在公益诉讼实物中，通常存在于赔偿数额较小，生态损害修复难度较低的案件中，损害赔偿方式也比较多样，通常包含金钱赔偿、公开赔礼道歉等，并综合考量了被告的实际情况与当地生态环境实际情况。例如，表3中安徽省马鞍山市人民检察院诉杨某树非法狩猎环境民事公益诉讼案中，检察机关在提起诉讼时要求被告赔偿6000元的生态损失和500元的鉴定费用，但在调解过程中，了解到被告的实际困难，遂在调解中经磋商，将责任承担方式变更为以等价环境保护劳动替代6000元的金钱赔偿并承担500元鉴定费用；西藏自治区工布江达县人民检察院诉白某、阿某、丁某、江某、泽某盗伐林木罪刑事附带民事公益诉讼案中，由于当事人经济条件窘迫，不具备实际金钱赔偿条件，单纯采用金钱赔偿的方式可能会导致案件陷入执行难的处境中，在此情况下检察机关通过调解对其采取以参与劳动、补种林木等修复生态环境的替代性赔偿活动，并委托林业机关对于其补种行为进行监督。以上案例体现了刑事附带民事公益诉讼中，检察机关通过调解方式结案的优势：一是提高了办案效率，节约了司法成本，通过调解形式确定被告的生态损害责任承担方式，可以简化办案流程，减少诉讼占用的公共资源和办案人员的精力，也减少了当事人的诉累；二是灵活责任承担方式，有效避免"执行难"问题，因调解确定的责任承担方式一般都是经过被告认同、可接受的承担方式，综合考虑了受损生态的修复路径与违法行为人的实际责任承担能力，因此提高了责任承担方式的接受程度，有效减少了"执行难"问题的发生；三是更具教育意义，兼具惩罚违法与教育影响社会面作用，在调解与磋商的过程中，通过检察机关对违法行为人进行说理，有效实现了办案的教育意义。根据最高人民法院《关于适用〈中华人民共和国民事诉讼法〉的解释》的规定，公益诉讼当事人达成和解或者调解协议后，人民法院应当将和解或者调解协议进行公告，征求社会公众的意见，该举措保障了人民群众对公共利益保护的参与权利，"一个案例胜过一沓文件"，一次对调解内容的公告本身就是一场生动的社会教育，可以有效起到教育影响社会面的良好效果。

2. 检察机关参与刑事附带民事公益诉讼调解需要遵循的原则

在盛科公司污染环境刑事附带民事公益诉讼案件中，检察机关向法院提起刑事附带民事公益诉讼后，收到了案涉企业控股公司的调解申请，根据最高人民法院《关于审理环境民事公益诉讼案件适用法律若干问题的解释》相关规定，调解也可以作为环境民事公益诉讼的一种结案方式，经检察委员会讨论后，检委会委员一致同意调解。随后检察机关与南京市人大常委会组成人员和人大代表召开座谈会，大多数人大常委会组成人员和人大代表也赞同或建议通过调解的方式妥善解决该案。[1] 在该案的调解过程中，展现了可借鉴的检察机关参与公益诉讼调解的原则与经验。

检察机关在办理盛科公司污染环境刑事附带民事公益诉讼案中，提出了“赔偿金数额不能减，赔偿方式可磋商”的原则，体现了检察机关对于社会公共利益毫不让步的保护原则。根据《人民检察院公益诉讼办案规则》第99条之规定，调解协议不得减免诉讼请求载明的民事责任，不得损害社会公共利益。检察机关作为公益诉讼起诉人，是国家利益和社会公共利益的代表，不同于普通民事诉讼的诉讼代理人，国家法律只赋予检察机关维护公共利益、代为向违法行为人追诉其责任的权力，并没有赋予检察机关代为承诺、放弃、减免责任的权力。检察机关不得就鉴定意见、评估报告或专家咨询意见中确定的损害赔偿、环境修复等费用与被告进行协商，不得就法定的损害赔偿计算标准与被告进行协商，应当确保社会公共利益不因纠纷解决方式的改变而受损。[2] 因此检察机关参与公益诉讼调解，必须以要求违法行为人损害生态环境受到的全部损失数额为前提，这一点是不可变更的。如果检察机关在公益诉讼调节中拥有减免责任的自由裁量权限，在调解中代为放弃一部分利益，就使国家利益和社会公共利益失去了一次获得赔偿与修复的机会，不仅显失公平，也会造成国家利益和社会公共利益的损害与流失。

（三）生态损害赔偿方式的选择及第三人参加公益诉讼问题

1. 赔偿方式的选择

在现实中，由于环境污染行为造成的影响深远，修复成本高昂，部分环境污染者无力承担其违法行为给生态环境造成的全部损害金额，在实务办理中，检察机关也经常遇到刑事附带民事公益诉讼即使诉讼请求得到法院支持，由于违法企业或个人无力承担，其结果也只是企业无法继续运营，违法行为人成为无力赔偿被纳入失信被执行人名录，但生态损害仍未得到有效修复的“执行难”问题，不仅打击了

---

〔1〕 孙风娟：《守护人民群众的美好生活——“现金赔偿＋替代性修复”，寻求公益诉讼“最优解”》，载《检察日报》2020年9月25日，第1版。

〔2〕 张培华、曹莉莉、张丝怡：《公益诉讼中替代性修复的实践探索——从一起污染环境公益诉讼案谈起》，载《人民检察》2020年第24期。

违法企业和人员承担责任的积极态度,也难以产生保护生态环境的实际效益,盛科公司污染环境刑事附带民事公益诉讼案中,盛科公司对于检察机关提出的4.7亿元生态环境修复费用无力全部承担,检察机关在调查中发现该公司还承担了南京化工园区内100多家企业生产废水的接管和净化处理,如果公司停产,这100多家企业一时将无法正常运转,对于经济健康发展和优化营商环境不利,且如果直接进入4.7亿元人民币的生态损害赔偿执行程序,并不能实现司法保护生态环境的目的,且会损害营商环境,这些情况要求检察机关必须综合考虑生态环境保护与经济社会长远发展因素,审慎选择责任承担方式。最终检察机关经过35轮、共50余次磋商,按照"现金赔偿+替代性修复"确定了调解协议的具体内容——盛科公司与其控股公司共同承担生态损害赔偿费用4.7亿元,其中直接赔付现金2.37亿元,由盛科公司在2022年12月31日前分四期支付,控股公司承担连带责任,其控股公司于2023年12月31日前完成替代性修复项目资金2.33亿元。其中,替代性修复方案主要包括设立向公众开放的水资源互动学习中心,开展江豚保护公益项目,面向学生设立水处理创新奖项,新建污水处理厂和案涉企业原污水处理厂的高标准提交改造。调解协议签署后,案涉企业及其控股公司积极履行赔偿义务,截至2020年年底,现金赔偿部分已到位1.1亿元,替代性修复项目也在有序推进中,取得了良好的社会效果。

2. 公益诉讼调解的第三人追加问题

在盛科公司污染环境刑事附带民事公益诉讼案的诉讼过程中,出于弥补其子公司违法行为给社会造成的不利影响,维护其信誉及子公司继续运营等综合考虑,盛科公司的控股公司主动申请加入刑事附带民事公益诉讼,并表示愿意承担相关赔偿责任,最终法院经审查,将其控股公司作为第三人加入了该诉讼中。根据《民事诉讼法》的规定,对当事人双方的诉讼标的,第三人虽然没有独立请求权,但案件处理结果同他有法律上的利害关系的,也可以申请参加诉讼,或者由人民法院通知其参加诉讼。[1] 第三人参加公益诉讼的前提是与公益诉讼标的有利害关系,认为与公益诉讼标的有利害关系的主体经申请,再由检察机关和法院经过审查认为其可以参加诉讼后,可将其追加为诉讼第三人。在笔者所在的检察机关办理的一起

〔1〕《民事诉讼法》第56条。

环境污染刑事附带民事公益诉讼中，检察机关对污染环境的某纺织印染公司和交通运输公司提起公益诉讼，但在办理过程中，两被告公司的法定代表人、实际控制人提出愿意以其个人财产为公司承担赔偿责任，最终在人民法院的主持下，与两被告公司签订了调解协议，两被告公司的法定代表人、实际控制人作为第三人支付了这次环境污染事件造成的生态损害，在调解协议达成后当日即完成了生态损害赔偿款的支付，[1]有效地提高了执行效率、弥补了生态环境受到的损失。实践证明有利害关系的第三人申请参加公益诉讼有助于提高执行效率，对于生态损害的弥补具有积极作用。需要注意的是，为保障案件审理的公平与效率，并非所有人经申请都可被追加成为公益诉讼的第三人，只有当第三人与案件涉及的社会公共利益具有利害关系时，检察机关才能追加其成为公益诉讼的第三人。

四、重大环境污染案件中民事公益诉讼与行政公益诉讼的协同并举作用

(一)发生重大环境污染案件时，监管主体可能怠于履职

重大生态环境污染事故的发生不是偶然，严重违法的背后经常有许多未得到惩治违法行为。正是因为违法行为人从较小的违法行为中未付出与之相当的成本，或是从事较轻微违法行为时没有被主管行政机关发现并有效制止，才酿成了重大的生态污染事故。例如，盛科公司自2014年起一直有超标排放废水、违规堆放污泥等破坏生态环境的违法行为，但受到10次行政处罚后仍未停止，其违法行为一直持续到2019年案发，这意味着其在受到行政处罚后仍能通过其违法行为获利，而对于盛科公司这样承担100多家企业生产废水的接管和净化处理任务却频繁违法的公司，属地政府、行业监管等部门本应予以充分地重视与监管，督促其彻底整改违法行为并对其后续的生产经营进行适当的限制与约束，但事实是2014年至案发期间，盛科公司一直在从事偷排废水等违法行为，并对地区生态环境造成了巨大破坏，这样的损害发生，属地政府、行业主管部门、生态环境部门等行政机关都存在履职不到位问题。

检察机关履行公益诉讼职能，不仅在于向违法行为人追偿其给社会公共利益造成的损失，而且应善于敏锐发现行政机关存在的履职不到位问题；不仅要在个案

---

〔1〕 卢晶、刘忆冰：《跨市倾倒污染环境？追偿生态损害两百余万元，省级媒体公开赔礼道歉！》，载微信公众号“斗门检察”，https://mp.weixin.qq.com/s/nTLKEXR96m4ICSmMn5PLwg，2020年12月28日访问。

中惩罚违法行为人，而且要发现问题发生背后的监管漏洞及填补路径。检察机关运用行政公益诉讼及其诉前程序督促行政机关依法履职，要充分发掘案件线索，从刑事、民事、行政多角度，充分发挥主观能动性，在各个环节与领域充分发现问题，填补疏漏，运用行政公益诉讼手段，通过召开诉前磋商会议、发出诉前检察建议督促整改等方式，对行政机关存在的未妥善履职行为督促整改，从而实现在诉前阶段实现社会公共利益保护的最佳司法状态，如果行政机关未依法整改或未依法履职行为仍然存在，那么检察机关应考虑提起行政公益诉讼，采用更有力的手段督促其依法履职。

（二）后续生态环境修复及责任承担中需要行政机关的有效督促

我国刑事附带民事公益诉讼发展至今，对生态环境损害责任的承担方式除金钱赔偿外，还有停止侵害、恢复原状以及探索中采用的替代性修复、补种树木，参加环保活动等以劳务形式弥补生态环境受到的损害、公开赔礼道歉等人格性赔偿、禁止从事相关行业等惩罚性措施。这些惩罚违法行为、修复生态环境措施的产生丰富了刑事附带民事公益诉讼的责任承担方式，有助于实现生态环境损害的全方位修复，且更为灵活，兼顾违法行为实际情况及违法行为人的责任承担能力，但在实际执行中，却增加了监督执行难度。首先，检察机关及人民法院执行部门对生态修复实际操作缺乏理论知识指导，如在盛科公司污染环境刑事附带民事公益诉讼案中，替代性修复中的一项内容是按照高于国家目前规定的标准对污水处理项目进行提标改造，由于缺乏环保项目建设改造相关知识与经验，仅依靠检察机关与人民法院执行部门无法进行验收。其次，检察机关受限于人力问题，在一些以环保劳动承担修复责任的替代性责任承担的过程中，检察机关无法实现全过程的督促，在此类情况下检察机关通常发挥协调作用，委托相关行业主管部门对其进行全面监管与验收，如表3中安徽省马鞍山市人民检察院诉杨含树非法狩猎环境民事公益诉讼案，检察机关在调解协议达成后委托当地司法局与环境公益劳动所在单位进行监督。最后，赔偿金额的合理运用需要与行政机关充分协调，虽然一些地区已经有检察机关设立公益诉讼专项账户的尝试，但大额生态损害赔偿金额的充分合理运用需要与生态损害当地政府、相关行业主管部门的充分商讨与运用。有效督促生态损害修复责任的承担需要充分运用行政机关的力量，与其进行充分地协调，运用行政公益诉讼诉前程序，在诉前磋商中厘清各行政机关职责范围，协调各单位督促义务,并及时开展“公益诉讼回头看”行动,对修复成果进行验收与把关。

（三）检察机关利用行政公益诉讼诉前程序参与社会治理

社会治理检察建议是检察建议的重要组成部分,是人民检察院在办理案件中发现需要消除违法犯罪隐患、完善风险预警防范、堵塞管理监督漏洞等情形时向有关单位和部门提出改进工作、完善治理的专业建议。党的十九届四中全会通过的中共中央《关于坚持和完善中国特色社会主义制度、推进国家治理体系和治理能力现代化若干重大问题的决定》对完善法治体系、建设法治国家作出了重大部署,提出要加快形成严密的法治监督体系、有力的法治保障体系。检察机关针对司法办案中发现的社会治理方面的问题,要向负有责任的单位提出检察建议并督促整改,这是检察机关推动国家治理体系和治理能力现代化的重要手段。通过社会治理检察建议推动有关部门建章立制、消除隐患、积极履职,已成为新时期检察机关履行法律监督职责的重要方式。[1] 中共中央《关于加强新时代检察机关法律监督工作的意见》要求检察机关充分发挥法律监督职能,为坚持和完善中国特色社会主义制度、推进国家治理体系和治理能力现代化不断作出新贡献。各级人民代表大会及其常务委员会要通过多种方式监督和支持检察机关依法履行职责,当检察机关在案件办理中发现存在行政机关职能交叉不清,迫切需要地方性立法对其进行厘清、填补法律疏漏时,可以通过行政公益诉讼诉前程序发出社会治理检察建议,也可以在磋商中与行政机关达成一致意见,向人大反馈相关情况,从而助推地方性立法的产生。

规范与文书

《中华人民共和国水污染防治法》

第八十三条　违反本法规定,有下列行为之一的,由县级以上人民政府环境保护主管部门责令改正或者责令限制生产、停产整治,并处十万元以上一百万元以下的罚款;情节严重的,报经有批准权的人民政府批准,责令停业、关闭:

---

〔1〕 周芳、王庆新:《社会治理检察建议实践思考与政策建议》,载《社会治理》2021 年第 8 期。

（一）未依法取得排污许可证排放水污染物的；

（二）超过水污染物排放标准或者超过重点水污染物排放总量控制指标排放水污染物的；

（三）利用渗井、渗坑、裂隙、溶洞，私设暗管，篡改、伪造监测数据，或者不正常运行水污染防治设施等逃避监管的方式排放水污染物的；

（四）未按照规定进行预处理，向污水集中处理设施排放不符合处理工艺要求的工业废水的。

第八十六条 违反本法规定，生产、销售、进口或者使用列入禁止生产、销售、进口、使用的严重污染水环境的设备名录中的设备，或者采用列入禁止采用的严重污染水环境的工艺名录中的工艺的，由县级以上人民政府经济综合宏观调控部门责令改正，处五万元以上二十万元以下的罚款；情节严重的，由县级以上人民政府经济综合宏观调控部门提出意见，报请本级人民政府责令停业、关闭。

《中华人民共和国民法典》

第一千二百三十五条 违反国家规定造成生态环境损害的，国家规定的机关或者法律规定的组织有权请求侵权人赔偿下列损失和费用：

（一）生态环境受到损害至修复完成期间服务功能丧失导致的损失；

（二）生态环境功能永久性损害造成的损失；

（三）生态环境损害调查、鉴定评估等费用；

（四）清除污染、修复生态环境费用；

（五）防止损害的发生和扩大所支出的合理费用。

《中华人民共和国民事诉讼法》（2017 年修正）

第五十五条 对污染环境、侵害众多消费者合法权益等损害社会公共利益的行为，法律规定的机关和有关组织可以向人民法院提起诉讼。

人民检察院在履行职责中发现破坏生态环境和资源保护、食品药品安全领域侵害众多消费者合法权益等损害社会公共利益的行为，在没有前款规定的机关和组织或者前款规定的机关和组织不提起诉讼的情况下，可以向人民法院提起诉讼。前款规定的机关或者组织提起诉讼的，人民检察院可以支持起诉。

《中华人民共和国人民检察院组织法》(2018 年修订)

第二十条　人民检察院行使下列职权:

(一)依照法律规定对有关刑事案件行使侦查权;

(二)对刑事案件进行审查,批准或者决定是否逮捕犯罪嫌疑人;

(三)对刑事案件进行审查,决定是否提起公诉,对决定提起公诉的案件支持公诉;

(四)依照法律规定提起公益诉讼;

(五)对诉讼活动实行法律监督;

(六)对判决、裁定等生效法律文书的执行工作实行法律监督;

(七)对监狱、看守所的执法活动实行法律监督;

(八)法律规定的其他职权。

最高人民法院、最高人民检察院《关于检察公益诉讼案件适用法律若干问题的解释》(2020 年修订)

第二条　人民法院、人民检察院办理公益诉讼案件主要任务是充分发挥司法审判、法律监督职能作用,维护宪法法律权威,维护社会公平正义,维护国家利益和社会公共利益,督促适格主体依法行使公益诉权,促进依法行政、严格执法。

最高人民检察院《关于指派、聘请有专门知识的人参与办案若干问题的规定(试行)》

第二条　本规定所称"有专门知识的人",是指运用专门知识参与人民检察院的办案活动,协助解决专门性问题或者提出意见的人,但不包括以鉴定人身份参与办案的人。

本规定所称"专门知识",是指特定领域内的人员理解和掌握的、具有专业技术性的认识和经验等。

《人民检察院公益诉讼办案规则》

第九十九条第一款　民事公益诉讼案件可以依法在人民法院主持下进行调

解。调解协议不得减免诉讼请求载明的民事责任,不得损害社会公共利益。

最高人民法院《关于适用〈中华人民共和国民事诉讼法〉的解释》(2020年修正)

第二百八十九条 对公益诉讼案件,当事人可以和解,人民法院可以调解。

当事人达成和解或者调解协议后,人民法院应当将和解或者调解协议进行公告。公告期间不得少于三十日。

公告期满后,人民法院经审查,和解或者调解协议不违反社会公共利益的,应当出具调解书;和解或者调解协议违反社会公共利益的,不予出具调解书,继续对案件进行审理并依法作出裁判。

《中华人民共和国民事诉讼法》(2021年修正)

第五十九条 对当事人双方的诉讼标的,第三人认为有独立请求权的,有权提起诉讼。

对当事人双方的诉讼标的,第三人虽然没有独立请求权,但案件处理结果同他有法律上的利害关系的,可以申请参加诉讼,或者由人民法院通知他参加诉讼。人民法院判决承担民事责任的第三人,有当事人的诉讼权利义务。

前两款规定的第三人,因不能归责于本人的事由未参加诉讼,但有证据证明发生法律效力的判决、裁定、调解书的部分或者全部内容错误,损害其民事权益的,可以自知道或者应当知道其民事权益受到损害之日起六个月内,向作出该判决、裁定、调解书的人民法院提起诉讼。人民法院经审理,诉讼请求成立的,应当改变或者撤销原判决、裁定、调解书;诉讼请求不成立的,驳回诉讼请求。

胜科公司、Z某等污染环境罪案一审刑事判决书

江苏省南京市玄武区人民法院(2018)

苏0102刑初68号(节录)

江苏省南京市鼓楼区人民检察院指控,2014年10月至2017年4月18日,被告单位胜科公司在其一期B高浓度废水处理系统未运行、SBR池无法正常使用的情况下,仍多次接收排污企业(管线进水、槽罐车进水)高浓度废水并利用暗管违法排放;多次利用暗管违法排放低浓度废水;在一期、二期废水处理系统中修建暗

管用于偷排污泥；人为篡改在线监测仪器数据，逃避环保部门监管，致二期废水处理系统长期超标排放污水；在无危废处理资质情况下，接收德××染料（南京）有限公司（另案处理，简称德××公司）属于危险废物的混合废液共计118.48吨，利用暗管偷排54.06吨，其余64.42吨尚未排放。根据环境保护部南京环境科学研究所司法鉴定所（简称南京环科所鉴定所）司法鉴定意见书（国南环司法鉴定所〔2019〕环评鉴字第2号），2014年10月1日至2016年6月30日、2017年1月1日至2017年4月18日，该单位违规排放高浓度废水共计288235.04立方，违法所得共计人民币33785162.93元，对应造成的生态环境损害数额为人民币236496140.51元；违规排放54.06吨属于危险废物的混合废液违法所得237933.54元，对应造成的生态环境损害数额为人民币1793710.80元至2459730.00元；二期废水处理系统超标排放废水造成减少防治污染设施运行支出共计人民币4855882.80元；偷排污泥约4362.53吨（含水率53%），减少设备运行支出人民币71996.70元，违法所得人民币2471373.25元，对应造成的生态环境损害数额为人民币17803589.65元。上述生态环境损害数额共计为人民币256093440.96元至256759460.16元。

……

综上，结合被告单位胜科公司主动缴纳部分生态环境损害赔偿金等实际情况，本院为依法惩治污染环境犯罪，经审判委员会讨论决定，依据《中华人民共和国刑法》第六条第一款，第三百三十八条，第三百四十六条，第三十条，第三十一条，第二十五条第一款，第二十七条，第二十三条，第六十七条第一款、第三款，第六十八条，第五十二条，第六十四条，第七十二条，第七十三条第二款、第三款，最高人民法院、最高人民检察院《关于办理环境污染刑事案件适用法律若干问题的解释》第一条第（八）项，第三条第（六）项，第六条第一款，第十一条，第十二条，第十三条第一款，第十四条，第十五条第（一）项、第（四）项，第十七条之规定，判决如下：

一、被告单位南京胜科水务有限公司犯污染环境罪，判处罚金人民币五千万元。

（罚金于判决生效之日起一个月内缴纳。）

被告人Z某（郑某甲）犯污染环境罪，判处有期徒刑六年，并处罚金人民币二百万元。

（刑期自判决执行之日起计算。判决执行以前先行羁押的，羁押一日折抵刑期一日,即自2017年4月24日至2023年4月23日止。罚金于判决生效之日起一个月内缴纳。)

被告人浦某犯污染环境罪,判处有期徒刑二年九个月,并处罚金人民币二十万元。

(刑期自判决执行之日起计算。判决执行以前先行羁押的,羁押一日折抵刑期一日,即自2017年4月19日至2020年1月18日止。罚金于判决生效之日起一个月内缴纳。)

被告人李某甲犯污染环境罪,判处有期徒刑二年六个月,并处罚金人民币二十万元。

(刑期自判决执行之日起计算。判决执行以前先行羁押的,羁押一日折抵刑期一日,即自2017年4月22日至2019年10月21日止。罚金于判决生效之日起一个月内缴纳。)

被告人高某甲犯污染环境罪,判处有期徒刑二年三个月,并处罚金人民币六万元。

(刑期自判决执行之日起计算。判决执行以前先行羁押的,羁押一日折抵刑期一日,即自2017年4月19日至2019年7月18日止。罚金于判决生效之日起一个月内缴纳。)

被告人陈某甲犯污染环境罪,判处有期徒刑二年三个月,并处罚金人民币六万元。

(刑期自判决执行之日起计算。判决执行以前先行羁押的,羁押一日折抵刑期一日,即自2017年4月19日至2019年7月18日止。罚金于判决生效之日起一个月内缴纳。)

被告人毛某甲犯污染环境罪,判处有期徒刑二年三个月,并处罚金人民币六万元。

(刑期自判决执行之日起计算。判决执行以前先行羁押的,羁押一日折抵刑期一日,即自2017年4月21日至2019年7月20日止。罚金于判决生效之日起一个月内缴纳。)

被告人金某犯污染环境罪,判处有期徒刑一年九个月,缓刑二年,并处罚金人民币五万元。

（缓刑考验期限，自判决确定之日起计算。罚金于判决生效之日起一个月内缴纳。）

被告人洪某犯污染环境罪，判处有期徒刑二年，缓刑二年六个月，并处罚金人民币五万元。

（缓刑考验期限，自判决确定之日起计算。罚金于判决生效之日起一个月内缴纳。）

被告人赵某甲犯污染环境罪，判处有期徒刑一年十个月，缓刑二年，并处罚金人民币八万元。

（缓刑考验期限，自判决确定之日起计算。罚金于判决生效之日起一个月内缴纳。）

被告人谷某犯污染环境罪，判处有期徒刑二年，缓刑二年六个月，并处罚金人民币五万元。

（缓刑考验期限，自判决确定之日起计算。罚金于判决生效之日起一个月内缴纳。）

被告人夏某犯污染环境罪，判处有期徒刑一年九个月，缓刑二年，并处罚金人民币五万元。

（缓刑考验期限，自判决确定之日起计算。罚金于判决生效之日起一个月内缴纳。）

被告人高某乙犯污染环境罪，判处有期徒刑一年，缓刑一年六个月，并处罚金人民币五万元。

（缓刑考验期限，自判决确定之日起计算。罚金于判决生效之日起一个月内缴纳。）

二、被告单位南京胜科水务有限公司的违法所得予以追缴，上缴国库。禁止被告人金某、洪某、赵某甲、谷某、夏某、高某乙在缓刑考验期内从事与排污或者处置危险废物有关的经营活动。

胜科公司、Z 某、浦某东、李某珍、高某阳、陈某、毛某、金某、洪某伟、赵某、谷某风、夏某、高某犯污染环境案二审刑事裁定书

江苏省南京市中级人民法院(2019)
苏 01 刑终 525 号(节录)

原审法院查明事实:

原审法院经审理查明,胜科公司于2003 年5 月成立,注册资本为1848 万美元,股东为南京化学工业园有限公司和胜科投资公司,经营范围为南京化学工业园的排污企业提供污水处理及其他相关服务(依法须经批准的项目,经相关部门批准后方可开展经营活动),属于污水处理厂、危险废物国家重点监控企业。

胜科公司的污水处理设施分为一期工程和二期工程:一期工程项目主要接纳南京化学工业园区企业的生产废水[包括江苏钟山化工有限公司(以下简称钟山公司)等,产品主要为农药、医药中间体、染料等],设计处理能力为2.5 万吨/天,尾水排放须满足COD≤80mg/L、pH6 -9 等指标;二期工程项目主要处理南京金浦锦湖化工有限公司(以下简称金浦公司)的生产废水,设计处理能力为1.92 万吨/天,尾水排放须满足COD≤80mg/L、pH6 -9 等指标。一期工程又分为一期 A 工程和一期 B 工程:一期 A 工程设计处理满足COD≤1000mg/L 等指标的低浓度污水,一期 B 工程设计处理满足COD≤4000mg/L 等指标的高浓度污水;一期 B 工程出于改进处理工艺以确保一期工程出水达标的目的,起初建设有 SBR/物化反应池(以下简称 SBR 池),SBR 池共有5 格相互独立的处理单元,每个单元容量2000 立方米,废水可在其中一个单元处理后通过集水池进入另一个单元处理,SBR 池处理后的出水可进入后续处理环节或在水质达标的情况下直接排入总排池继而通过管线排入长江。后因 SBR 池存在诸多操作问题,基本处于闲置状态,胜科公司于2013年经环保部门等批准后启动了一期工程改造项目,新建深度处理混凝沉淀装置替代原 SBR 池深度处理功能,并将被替代的3 格 SBR 池改造为钟山公司的废水预处理装置;剩余2 格被替代的 SBR 池全部废弃,设计可在短期内用作事故池或调节池,用于临时储存高浓度废水或作为一期高浓度废水预处理设施,但其中直接通往总排池的管道未被拆除。为满足排污口规范化整治等要求,胜科公司集中设置了总排池,一期工程的排水、二期工程的排水和南京钛白化工有限责任公司(以下简

称钛白公司,使用胜科公司排江管线)的排水达标后分别进入总排池,一期和二期工程排水口按规定均安装COD、pH、污水流量计等在线监测仪器,三股排水混合后经推进器搅匀由泵提升经管线排入长江。

一期A工程的工艺技术方案是好氧流化床工艺,工艺路线为:污水—匀质调节池—好氧流化床+曝气池—二沉池—排江。因南京化学工业园区内各企业生产来水特点不确定,所有的园区内事故来水先进入一期B工程的事故池。事故池分为5格,以满足容纳事故时的低浓度污水、高浓度污水、园区内部分企业由槽罐车拉来的污水等不同需求。一期B工程高浓度废水处理原设计主要采用:预处理加生化处理工艺(好氧流化床+曝气),厌氧生化处理工艺(EGSB厌氧反应器),SBR池(后被废弃)生化或物化处理工艺。根据废水水质水量,一期B工程高浓度废水处理流程原设计分三种情况:(1)废水水质水量符合厌氧反应器设计要求,高浓度废水进入高浓度废水匀质池,在匀质池中进行混合和pH调节后提升至厌氧反应器,厌氧反应后出水可进入一期A或一期B生化系统进一步降解COD,生化出水在二沉池中进行固液分离,上清液排入总排池达标排放;(2)废水水量较大且高浓度废水匀质池液位较高时,则废水先进入事故池中存储,待高浓度废水匀质池液位正常后,由事故池提升至高浓度废水匀质池,后续处理流程如上;(3)废水水质不符合厌氧进水要求时,则先进入事故池存储,再由事故池提升至SBR池做物化或生化等预处理,根据预处理后的水质情况,分别进入低浓度废水匀质池或高浓度废水匀质池做后续处理。一期工程污水处理后产生的污泥部分回流至生化池,剩余污泥浓缩脱水后外运至有资质的危险固体废弃物处理中心安全处置。二期工程产生的脱水污泥(HW41)等属于固体废物,须外运至有资质的固废处理单位处理。

2014年10月至2017年4月18日,被告单位胜科公司在一期B高浓度废水处理系统未运行、SBR池无法正常使用的情况下,仍多次接收排污企业(管线进水、槽罐车进水)的高浓度废水并利用暗管违法排放;多次利用暗管违法排放低浓度废水;在一期、二期废水处理系统中修建暗管用于偷排有毒有害成分的污泥;人为篡改在线监测仪器数据,逃避环保部门监管,致使二期废水处理系统长期超标排放污水;在无危险废物处理资质情况下,于2016年11月9日接收德司达染料(南京)有限公司(以下简称德司达公司)遗留在IBC吨桶内含有DRB相分离液、Red9废液、YellowCarbDF废液、金黄71废液等混合母液、废液调配处理后的危险废物18.94

吨，分别于2016年12月29日、2017年1月12日接收德司达公司IBC吨桶内金黄GL废母液和洗液调配处理后的危险废物17.2吨、17.92吨，分别于2017年3月23日、3月31日、4月12日接收德司达公司A7车间噻唑蓝前驱体滤饼生产环节第一步废母液和洗液的混合废液调配处理后的危险废物19.7吨、22.12吨、22.6吨，胜科公司接收前述危险废物共计118.48吨后，放入一期B事故池内，将前3次的危险废物合计54.06吨利用暗管违法排放，其余64.42吨尚未排放。

被告人Z某作为胜科公司总经理，明知运行部经理浦某东等人实施上述污染环境行为，未加以制止或者及时采取措施，而是予以默许、纵容。被告人浦某东作为胜科公司运行部经理，组织、参与实施了上述全部污染环境行为。被告人李某珍作为胜科公司商务部经理，明知胜科公司高浓度废水处理系统未运行、总排出水长期超标等情况，仍在被告人Z某授意下从事接收高浓度废水商务洽谈活动，大量接收高浓度废水。被告人高某阳、陈某、毛某作为胜科公司运行部主管，被告人金某、洪某伟、谷某风、夏某作为胜科公司运行部班长，存在安排或实施偷排高浓度废水、低浓度废水的行为；存在安排或实施偷排污泥的行为；存在取水样送检过程中弄虚作假、手动篡改自动监测仪器数据等行为。被告人高某作为胜科公司分析室主管，在制作检测台账时存在造假数据应付环保部门检查的行为。

经统计和鉴定，2014年10月1日至2016年6月30日、2017年1月1日至2017年4月18日，胜科公司违法排放高浓度废水共计284583.04立方，违法所得共计人民币33744505.76元，对应造成的生态环境损害数额为人民币236211540.32元；偷排污泥约4362.53吨（含水率53%），减少设备运行支出人民币71996.70元，违法所得人民币2471373.25元，对应造成的生态环境损害数额为人民币17803589.65元；二期废水处理系统超标排放废水造成减少防治污染设施运行支出共计人民币4855882.80元；违法排放54.06吨属于危险废物的混合废液违法所得人民币237933.54元，对应造成的生态环境损害数额为人民币1793710.80元至2459730.00元。前述生态环境损害数额共计人民币255808840.77元至256474859.97元。

被告人Z某、浦某东应当对上述全部污染环境行为造成的后果承担相应责任。被告人李某珍上述参与的污染环境行为，造成的生态环境损害数额为人民币236211540.32元。被告人高某阳、陈某、毛某、金某、洪某伟、谷某风、夏某上述参与实施的污染环境行为，造成的生态环境损害数额为人民币254015129.97元，并帮助胜科公司减少防治污染设施运行支出共计人民币4855882.80元。被告人高某上述参与的污染环境行为,帮助胜科公司减少防治污染设施运行支出共计人民币4855882.80元。

被告人赵某作为熊猫公司第三方运营科科长,职责是保证环保部门在污水处理国家重点监控企业安装的自动监测设备正常运行以及上传数据的真实性,其明知胜科公司相关人员篡改自动监测仪器数据,仍违反职责不加以监督和管理,放任二期废水处理系统自动监测仪器数据长期被篡改,并存在应胜科公司相关人员要求向环保部门虚报监测仪器故障配合胜科公司逃避监管的行为,帮助胜科公司减少防治污染设施运行支出共计人民币4855882.80元。

宣判后,原审被告单位胜科公司、原审被告人Z某、李某珍不服,提出上诉。

二审法院裁定结果:

二审法院认为,上诉单位胜科公司,上诉人Z某、李某珍,原审被告人浦某东、高某阳、陈某、毛某、金某、洪某伟、赵某、谷某风、夏某、高某犯污染环境罪事实清楚,证据确实、充分,定性准确,量刑适当,审判程序合法,应予维持。江苏省南京市人民检察院的意见正确,本院予以采纳。依照《中华人民共和国刑事诉讼法》第二百三十六条第一款第一项的规定,裁定驳回上诉,维持原判。

刘某某贩卖毒品抗诉案*

摘要与关键词

摘要：检察机关要发挥检察一体化办案优势，在办理疑难复杂、检法争议较大的案件时，上级检察机关要及时指导、大力支持，帮助解决办案中的实际问题。合理怀疑是综合全案证据、穷尽补证空间、充分论证事实之后的怀疑。控方要善于从毒品犯罪“上下家”关系，补充完善证据，及时释疑解惑。要亲历性复核关键证据，走出去追诉漏罪漏犯，以客观性证据为核心构建证据体系。

关键词：贩卖毒品；无罪抗诉；合理怀疑

案情与程序

2015 年 12 月 21 日，广州市公安局番禺区分局市桥派出所接到举报称，有人从汕尾带回一批毒品，拟于当天中午通过举报人将毒品卖出。经警方布控，现场抓获犯罪嫌疑人刘某某，并从其车副驾驶座下查获毒品 1 千克。案件侦查终结后，广州市公安局番禺区分局以非法持有毒品罪移送审查起诉。广州市番禺区人民检察院以非法持有毒品罪起诉后，番禺区人民法院三次开庭审理了本案。审理后认为，案件应定性为贩卖毒品罪。经沟通后，番禺区人民检察院变更罪名为贩卖毒品罪起诉。鉴于案涉毒品数量为 1 千克，可能判处无期徒刑以上，区人民法院以级别管辖

* 本案例来自 2019 年 6 月最高人民检察院发布《检察机关依法惩治和预防毒品犯罪典型案例》。本文作者：余响铃。

为由将案件退回检察机关,案件报送广州市人民检察院审查起诉。

2017 年 7 月 4 日,广州市人民检察院以刘某某构成贩卖毒品罪起诉,广州市中级人民法院分别于 2017 年 8 月 1 日、10 月 18 日开庭审理。2018 年 2 月 2 日,广州市中级人民法院一审以该案证据不足、事实不清判决刘某某无罪。2018 年 2 月 12 日,广州市人民检察院提出抗诉。2018 年 7 月 31 日,广东省人民检察院支持抗诉。2019 年 3 月 21 日、5 月 10 日,广东省高级人民法院两次开庭审理。2019 年 6 月 7 日,广东省高级人民法院作出终审裁判:撤销广州市中级人民法院(2017)粤 01 刑初 283 号刑事判决书,判处原审被告人刘某某犯贩卖毒品罪,判处无期徒刑,剥夺政治权利终身,并处没收个人全部财产。

检察机关履职情况

刘某某案一审宣判无罪后,该案引起了一定的社会反响,甚至被有关媒体评为年度十大无罪案件,认为该罪是典型的疑罪从无案例,体现了司法裁判的新理念,是社会进步的表现。该案背后的真相到底是什么?疑云重重。是否真的属于无罪?看法不一。该案被广州市人民检察院抗诉,并请求省人民检察院支持抗诉后,无论是还原事实的压力,还是舆情压力,都扑面而来。

一、努力发现新证据

本案是典型的"零口供"案件,被告人刘某某被抓获后直至二审法庭,一直拒绝承认犯罪。在二审阶段,如何挖掘新证据、寻找案件突破关键点,一直是抗诉工作的难点和薄弱环节。在本案中,一审法院认为,虽然在被告人刘某某的车上发现了案涉的毒品,但是刘某某供称该毒品所在位置是举报人周某下车前所坐的副驾驶位,该毒品是否为周某所有并由其携带上车?现有证据无法排除刘某某的这一辩解,故对其作出无罪判决。该案要顺利改判,抓捕刘某某上家、获取刘某某与其交易的相关证据至关重要。

在进一步工作,承办检察官办理的另一起死刑二审毒品案件(被告人凌某等 4 人贩卖毒品团伙案)中,有多名被告人均明确指证毒品上家为"老陈""阿谦",案卷材料还附有 4 人与该上家交易时的监控照片及视频,里面人像照片清晰。这里的

“老陈”和刘某某案中的“陈某某”是否有关联？是否为同一个人？承办检察官立即将这一情况通报给了侦查机关，侦查机关利用内部数据系统，进行详细的技术分析后发现，该毒品犯罪团伙案的毒品上家“老陈”“阿谦”，与刘某某的上家“陈某某”为同一个人。

经过更深入地梳理，检察官还发现该院办理过的两起死刑案件中被告人与刘某某案件中的陈某某也有关联。例如，举报人的老公张某（其对本案知情）因涉嫌贩卖毒品罪，一审已判死刑，已经上诉至省高级人民法院；刘某某从陈某某处购买毒品后，曾联系一个叫“阿玲”的人贩卖此批毒品，该人正由哈尔滨市人民检察院审查起诉。至此，围绕本案新证据的收集与审查思路逐渐清晰，体系逐渐完善。

二、亲历性复核关键证据

司法责任制改革特别强调办案检察官司法亲历性。刘某某无罪抗诉案件是一起典型的“零口供”毒品犯罪案件，案件的成功改判正是检察官的司法亲历性，找到了成功抗诉的关键证据，主要体现在三个方面。一是不“坐堂办案”，坚持司法亲历性与案情综合研判相结合，自行调查取证，加强对案件的综合研判，学会“案案结合”“此案与彼案结合”，从毒品犯罪活动的“金字塔”关系（毒品上家常常会有不同的下家）入手，在刘某某案卷中发现了毒品上家的蛛丝马迹，再从另一起毒品犯罪案卷中发现了共同上家的身份信息线索，从而围绕刘某某毒品犯罪构建起上下家的立体关系证据体系。二是直观体验犯罪过程，对被告人提到的行车路线、抓捕现场等关键地点驾车沿线亲身体验，力求还原作案真实场景，增强内心确信。三是将亲历性审查传导给审判人员。邀请主审法官前往案发地当面听取侦查人员意见、查看相关视频录像等，解决了主审法官对一些问题的困惑。同时双方多次就庭审程序以及强制措施变更等方面进行充分交流，比如在毒品上家落网后，新证据已经依法固定的基础上，及时建议二审庭审前对被告人刘某某的取保候审强制措施变更为逮捕措施，确保了诉讼活动的顺利进行。

三、排除怀疑查明事实

因证据不足而判处无罪，既有证明标准的问题，也有证明规则如何运用的问题。本案是“零口供”的毒品犯罪案件，一审法庭上就有是否存在“合理怀疑”的事实判断问题，即车上毒品来源于何人？是否举报人故意放在车上栽赃陷害？被告人前一天到汕尾是否就是为了购买燕窝？排除合理怀疑最关键的是通过证据和事实说话，即从证据的“三性”入手，补充完善证据，正确运用证明规则，准确查明犯罪事实。一是以合法性为原则，核实每一个证据来源。证据的合法性和真实性，是证明案件事实的基础性、根本性问题。本案侦查阶段取证过程确实存在不少瑕疵。在二审阅卷时，省院检察官多次到侦查机关，一一列明证据瑕疵之处，提出补正要求，要求侦查机关完善相关取证手续，将瑕疵证据转变为具有真实性、合法性的定案依据，夯实了证据合法性这个大前提。二是用客观性证据搭建框架，重构犯罪事实。二审阶段经恢复的手机聊天信息、通话记录、查获的毒品和入住记录等客观事实，是重构本案犯罪事实的基础，当言词证据与之相冲突时，要以这些客观性证据印证，能够印证上的，才是符合客观事实的供述或者证言。而不能以言词性证据来否定客观性证据的效力。本案一审判处无罪，公诉机关提出抗诉，正是双方对证据裁判规则的争议分歧点。比如，一审判决否定了关键证据之一举报人的证人证言，认为其庭审证词与庭前书面证言前后不一，进而否定了证言中定罪事实的真实性和关联性部分。二审检察官在核实翻证原因时，发现在于一审庭审证人的家人曾经遭到他人报复，故法庭上不敢说出真话。二审检察官还进一步通过语音聊天记录、短信内容的恢复等，还原了客观事实，印证了举报人证词中的有关事实。三是夯实关联性，围绕犯罪关键环节补充完善证据。本案二审阶段补充完善了毒品上家证言和手机通话记录等证据，进一步否定了被告人购买燕窝的辩解，也排除了查获毒品为举报人所留的不合理怀疑，确保证据达到毒品犯罪的证明标准。终审判决后，被告人刘某某多次写信向检察官表达悔意，承认了终审判决所认定的犯罪事实。

四、争取上级部门支持

在办理刘某某贩卖毒品抗诉案中，当时该案的证人只有举报人一人，而被告人一直狡辩其是被举报人栽赃陷害，这也是本案一审判决无罪的重要原因。但实际上，被告人刘某某与上家陈某某就在案发前几天还有过联系，如果能将上家陈某某抓获归案，就有助于形成一条更加完整的证据链条，将对认定刘某某贩卖毒品这一事实起到十分重要的作用。但当时，当地公安机关因种种未对陈某某进行抓捕,再要求当地公安机关抓捕陈某某,希望不大。为此,专门派人到最高人民检察院第二检察厅就该案办理的进展情况及需要解决的问题进行了汇报。最高人民检察院第二检察厅听取汇报后,同意了广东省人民检察院的意见,并于第二天上午带领广东省人民检察院办案人员赴禁毒局就抓捕陈某某一事进行沟通。会上,与禁毒局政策法规处、缉毒行动处人员达成共识,抓捕陈某某是刘某某所贩毒品来源能否查清的关键,也是刘某某是否构成贩卖毒品罪的关键。为尽快行动,禁毒局行动处就抓捕工作进行了部署,当天晚上就将陈某某抓捕归案,为本案改判奠定了扎实基础。

五、强化引导取证

针对侦查出现的问题进行梳理,尤其是对不规范取证甚至是违法取证问题,要求下级人民检察院作出监督处理意见。针对案件证据存在的问题,两次向公安机关发出《提供法庭审判所需证据材料通知书》,提出补证提纲、证据完善意见。公安机关进一步补充完善了案件证据,比如,重新称量了扣押毒品的数量、对鉴定资质、手机数据资料鉴定、现场监控等一审存在的问题进行完善补充等。陈某某到案后,明确要求当地检察机关指定办理无罪被告人刘某某的一审公诉人提前介入,多次与侦查人员充分交流沟通,要求围绕无罪被告人的上家、下家以及其他能够指控被告人毒品犯罪主观故意有关的关系人等全面收集证据。比如,通过多起毒品犯罪案件的毒贩以及有关证人证实,所抓获的毒品上家陈某某从来没有经营过燕窝生意,从而驳倒了被告人刘某某到汕尾向陈某某购买燕窝的狡辩。

六、成功追诉漏犯

本案办理过程中,检察官并没有就案论案、简单地“在卷审卷”,而是“走出去”,积极协调有关部门抓获了毒品上家,在完善了本案证据的同时也成功追诉了漏犯,促进了毒品犯罪的“全链条”打击,延伸了办案效果。被抓捕的漏犯贩卖毒品案涉数量高达 20 多千克,目前正在审查起诉中。刘某某贩卖毒品一案,是司法改革后广东省首例一审判无罪经抗诉二审直接改判无期徒刑的毒品犯罪案件。该案的成功抗诉,有力打击了毒品犯罪分子的嚣张气焰。

类案学理研讨

一、如何理解“所认定事实已排除合理怀疑”

我国《刑事诉讼法》和司法解释规定，认定被告人有罪应当适用确实、充分的证明标准，证据确实、充分应当符合三个条件：(1)定罪量刑的事实都有证据证明；(2)据以定案的证据均经法定程序查证属实；(3)综合全案证据，对所认定事实排除合理怀疑。

如何理解“所认定事实已排除合理怀疑”存在不同理解。有的学者认为，是指办案人员在每一证据均查证属实的基础上，经过对该证据的综合审查，运用法律知识和逻辑、经验进行推理、判断，对认定的案件事实达到排除合理怀疑的程度。“排除合理怀疑”表示的是一种主观心理状态，是指对于认定的事实，已经没有符合常理的、有根据的怀疑，达到确信的程度。[1] 也有的学者认为，排除合理怀疑的客观前提是全案证据，司法人员首先要确认“定罪量刑的事实都有证据证明”“据以定案的证据均经法定程序查证属实”，在此基础上，需要综合全案证据，对所认定的案件事实达到内心确信的程度。[2] 合理怀疑不能建立在单一证据、部分证据的基础上，而要建立在全案证据的基础上。单一证据、部分证据引发的怀疑，只是一种猜测或者假设，不能称为法律意义上的“合理怀疑”。一种情况是，从单一证据、部分证据可以引发怀疑，但是综合全案证据就得出了确定结论，特别是在审查被告人供述和辩解时，应当结合控辩双方提供的所有证据及被告人的全部供述和辩解进行。另一种情况是，从单一证据、部分证据可以得出确定结论，但是综合全案证据就会引发合理怀疑。[3] 比如，在呼格吉勒图案中，被告人所作自己曾“采取卡脖子、捂嘴等暴力方式强行猥亵被害人杨某某”和被害人所穿高领秋衣的供述与客观证据能够相互“印证”，但从全案证据来看，被告人供述的犯罪手段与尸体检验报告不符，呼格吉勒图供称从杨某某身后用右手捂杨某某嘴，左手卡其脖子同时向后拖动杨某某两三分钟到隔壁，与“死者后纵隔大面积出血”的尸体检验报告所述不符。

---

〔1〕 参见童建明、万春主编：《人民检察院刑事诉讼规则条文释义》，中国检察出版社 2020 年版，第 75 页。

〔2〕 参见杜邈：《“排除合理怀疑”标准的司法适用》，载《法律适用》2019 年第 7 期。

〔3〕 参见杜邈：《“排除合理怀疑”标准的司法适用》，载《法律适用》2019 年第 7 期。

呼格吉勒图供称杨某某担在隔墙上，头部悬空的情况下，用左手卡住杨某某脖子十几秒钟，与“杨某某系被扼颈致窒息死亡”的尸体检验报告结论不符；呼格吉勒图供称杨某某担在隔墙上，对杨某某捂嘴时杨某某还有呼吸，也与“杨某某系被扼颈致窒息死亡”的尸体检验报告结论不符。上述案件中，尽管表面上形成了部分口供和物证、现场勘验笔录等相互印证，能够得出被告人实施犯罪的唯一结论。但是，如果把目光放到全案证据的视角，就会发现口供存在前后不一、时供时翻的情况，甚至据以定案的关键证据之间存在矛盾，足以对案件的最终结论产生关键性影响。[1]

在刘某某贩卖毒品案中，一审期间，广州市中级人民法院先后于2017年8月1日、10月18日两次开庭审理。庭审阶段，控辩双方的争议焦点集中在车上毒品的归属问题上。刘某某自归案后，拒不供认毒品是自己从汕尾购得，辩解事前去汕尾陆丰买燕窝，案发当天驾车搭乘周某到约定地点，周某离开后，公安人员在周某所坐副驾驶位下面查获毒品，该毒品系周某携带上车后故意留下、诬告陷害。一审判处无罪的关键理由，也正是此怀疑，一审判决认为，周某向公安机关举报被告人刘某某贩卖毒品，但公安机关在案发1年后向关键证人周某取证，其证言中对于被告人刘某某向谁贩卖毒品、贩卖多少毒品及其是否共同乘坐刘某某车辆前往案发地的陈述，前后不一，且无法与微信聊天记录相互印证；周某在出庭作证时亦当庭否认有毒品买家的存在。因此，公诉机关指控被告人刘某某犯贩卖毒品罪的事实不清、证据不足。虽然在被告人刘某某的车上发现了案涉的毒品，但是被告人刘某某供称该毒品所在位置是证人周某下车前所坐的副驾驶位，被告人就此提出该毒品是由周某携带上车，现有证据无法排除被告人刘某某提出毒品归周某所有的辩解。辩护人也提出，案涉毒品不是刘某某所有，是周某放置在车上；不能排除侦查机关在侦查过程中弄虚作假、周某栽赃陷害的合理怀疑，应坚持疑罪从无原则，判处刘某某无罪。

二审期间，法院第一次开庭后，合议庭认为，由于周某举报后害怕受到打击报复，一直不愿意接受问话作证，公安机关出于对特情人员的保护，也未及时调取其关键证言，案发近1年后，才在检察机关的跟踪监督下，收集提供周某的书面证言。

---

〔1〕 内蒙古自治区高级人民法院(2014)内刑再终字第00005号刑事判决书。

周某证言证实刘某某从汕尾陆丰带回毒品准备贩卖、被举报抓获,但否认案发当天坐过刘某某的小汽车。而检察机关出示的道路卡口监控视频显示,案发当天离案发地点前的一段距离,刘某某驾驶的小汽车副驾驶位上隐约有人,但不能确定是否为周某。针对证据间的矛盾,法院根据辩方申请通知周某和侦查人员出庭作证。周某当庭证言发生部分变化,承认案发当天坐过刘某某的小汽车,在案发地点附近下车,并承认虚构毒品买家,但坚称没有留下毒品陷害刘某某。侦查人员当庭证言与庭前书面证言一致,与周某证言中关于举报和抓捕的过程相互印证。

检察机关发表公诉意见时,着重运用被告人刘某某与举报人周某之间的微信聊天记录论证刘某某主观上有贩卖毒品的故意。例如,刘某某承认曾打开被缴获的毒品包装袋看过,以为是冰糖,但其与周某的聊天记录多次提及"警察""上线""玩那个""验尿""阳""大麻"等毒品交易行话、黑话,反映其对毒品有认知且具有较高的反侦查意识。两人的聊天记录清晰还原了案发前一天刘某某前往汕尾拿货并告知周某,案发当天周某告知刘某某自己华海大厦的客户要"两个",让刘某某拿"三个",刘某某将车停在华海大厦等时,周某称客户钱不够要去取,后刘某某被公安机关抓获的过程。刘某某的辩解自相矛盾,且不符合生活常识,不应采信。例如,辩解自己是微商,前往汕尾是为了购买燕窝,但其聊天记录显示其拿货时处处小心、生怕被查,由老板亲自带路绕开容易被查的点,并教周某躲避警察侦查,辩解车上缴获的苹果5s手机系周某使用,但结合手机通话记录与周某有多达110次通话记录,不可能为周某日常所用,可见应为刘某某本人使用。

关于本案事实、证据及定罪问题,综合一审原有证据及检察机关在二审庭审中出示的新证据,足以认定被缴获的案涉毒品是刘某某于案发前一天去陆丰向同案人陈某某购回,拟由周某介绍贩卖出去,可排除案涉毒品是周某持有并带上车的合理怀疑,刘某某的行为依法已构成贩卖毒品罪。具体理由分析如下。

一是公安机关的抓获经过材料、搜查笔录、扣押物品清单、交通监控视频截图、证人周某、陈某某等人证言、刘某某的辩解等证据,证实刘某某驾车搭乘周某停在抓获现场路边,周某下车离开后打电话举报,公安人员接报后上前抓捕刘某某,在其车上缴获冰毒1.06千克,并扣押小汽车、手机等财物。

辩方对化验检验报告的证据效力、扣押物品的属性、数量等提出质疑,经查,化验检验报告根据法定程序出具,张建春等鉴定人具有鉴定人资格,虽鉴定报告对鉴定过程叙述过于简单,但最终鉴定意见具有客观真实性,与扣押物品照片、查明的毒品购买途径等情节相印证,应予采用。

此部分首先肯定侦查机关运用特情侦破案件人赃并获的客观事实,关键是确认周某证言的真实性和侦查机关抓捕的合法性。

二是刘某某的手机通话清单、声纹鉴定书、电子物证检查工作记录、周某的证言等证据证实刘某某于案发前一天凌晨到达汕尾陆丰,与陈某联系购买毒品,拟将案涉毒品由周某介绍贩卖出去,并约定贩卖毒品的时间地点。

此部分特别重视综合运用电子物证检查笔录中短信、微信聊天记录及手机通话清单、银行账户交易记录等客观性证据,结合言词证据分析说明陈某某是刘某某到汕尾陆丰的唯一联系人,还原刘某某提取毒资、驾车前往、联系住宿、接洽购买毒品、驾车返程、通报返程信息、联系支付剩余毒资、贩卖毒品的全过程,结论认为案涉毒品来源明确,在案证据充分指向毒品系刘某某向陈某某购买所得,并准备用于贩卖。

三是证人谢某、周某证言、电子物证检查工作记录证实刘某某长期从事毒品贩卖,案发前刚购回毒品,答应谢某向其赊购毒品的要求,后谢某因刘某某被抓而无法取得联系并获得毒品。

此部分运用品格证据和关键证人证言证实刘某某对毒品犯罪的主观故意。

四是刘某某辩称去汕尾陆丰找陈姓老板购买走私燕窝,不认识陈某的辩解,与2人有密切联系,陈某没有从事燕窝生意的客观事实矛盾,与刘某某手机聊天记录中有大量疑似毒品交易的行话、黑话及其反侦查意识、对毒品有较强认知、身边有多名联系密切的涉毒人员、汕尾陆丰并非走私燕窝集散地等情况矛盾,不应采信,刘某某归案后不如实供述在番禺的租住处,十分可疑。

此部分采取破立结合的方法,法理情交融,驳斥否定刘某某有关燕窝交易的辩解,也是对辩护意见的回应,间接证明其毒品来源。

五是周某不具备购买1000余克冰毒去陷害刘某某的经济条件及动机,关于案涉毒品为周某持有并带上车的合理性怀疑已完全排除。刘某某手机微信聊天记录证实周某在案发前问刘某某何时去拿毒品,称目前已没有毒品,好多人在问,并称没钱交房租了,要求向刘某某借1000元。刘某某称已将钱全部用去拿货了,故周某不具备购买1000余克冰毒去陷害刘某某的经济条件,结合周某的证言及广州市番禺区现行举报毒品违法犯罪奖励做法,案涉毒品的非法交易价格,周某应不具备购买毒品去陷害刘某某的动机。

此部分结合案情和证据,运用常识常情常理的逻辑经验法则驳斥刘某某的核心辩解,间接证明案涉毒品的归属,同时也有针对性地回应了辩护意见和一审无罪判决的裁判理由。

六是部分证据存在的瑕疵或疑点不影响案件事实、证据的整体认定,且通过检察机关法律监督和公安机关补充补强工作,基本已排除或得到合理解释,目前证据已达到确实、充分的定案标准,足以定案。

公安机关的前期侦查工作的确存在取证不规范,办案态度不端正,办案责任心不强等缺点,不符合当前以庭审为中心的刑事案件办案要求、标准,检察机关为此进行了法律监督,公安机关之后对证据进行了补充、补强,本案存在的瑕疵或疑点基本已排除或得到合理解释。侦查工作主要存在以下问题。(1)不重视刘某某租住处的搜查工作。公安机关没有利用监控视频资源等条件及时找到刘某某在番禺的租住处,错过扩大战果、补强证据的机会。(2)前期未及时开展抓捕毒品上家陈某某及下家谢某某等同案人的工作。(3)未以制作、称重、笔录或照相、录像等方式证实毒品称重取样过程,固定好证据。(4)在证人陈某杰、周某的证言之间存在当天是否有当面举报、事后是否有发放举报奖金等矛盾的情况下,未能及时提供手机通信清单或微信聊天记录等客观证据以排除案件侦破经过存在的疑点。(5)在举报人不到案配合办案制作询问笔录的情况下,多次出具不客观真实的证明材料谎称"同案人"周某在逃,未能归案。(6)前期不重视对刘某某无罪辩解的查证,收集可能存在的无罪或罪轻证据,在一审审判阶段不能及时按一审法院的要求履行侦查人员出庭作证的法定义务。卷宗中案涉人员陈某勇、叶某珍作无罪辩解,张某伟的证言与其他证据存在较大矛盾,且该三人的供述、证言与本案关联性较弱,因此不作为证据使用,不影响案件处理。至于辩方所提案涉毒品的数量与微信聊天记录不一致的意见,经查,微信聊天记录显示,周某在案发前一天的晚上,称有客户要"一套东西",于案发当天 13 时 41 分又提出华海大厦的客户要"两个"(2000 克),让刘某某带"3 个"(3000 克),同一分钟,周某又告知刘某某"出来了,出来了!"而刘某某在当天 12 时 36 分已告知周某,称其在外面("罗家")喝茶。结合周某的证言、刘某某的供述、交通监控截图、上述微信聊天记录及二审期间公安机关查得的刘某某租住处地址,可合理推断出刘某某极可能当时未来得及准备好3千克冰毒,而只准备了1000余克,故公安机关只在刘某某的车上缴获到1000余克冰毒亦属正常。

综上所述,检察机关所提刘某某贩卖毒品的事实清楚,证据确实、充分,刘某某构成贩卖毒品罪的意见据理充分;辩方认为现有证据不足以定案的意见没有事实和法律依据。

二、检察机关介入引导侦查

介入引导侦查,主要是重大疑难复杂案件正式移送批捕和起诉前,由检察机关及时介入公安机关的侦查活动,引导侦查取证,并对侦查活动是否违反法定程序、是否符合诉讼要求、是否侵犯犯罪嫌疑人合法权利进行监督。

介入引导侦查彰显了检察机关法律监督属性。介入引导侦查是重大、疑难、复杂案件正式移送批捕和起诉前,经公安机关商请或检察机关认为确有必要时,主动及时介入公安机关的侦查活动,参加公安机关对重大案件的讨论,引导公安机关进行侦查取证,并对案件定性提出意见,对侦查活动是否违反法定程序、是否符合诉讼要求、是否侵犯犯罪嫌疑人合法权利等,进行法律监督的活动。介入引导侦查在性质上属于检察权引导、监督侦查权的一种方式,通过介入引导侦查,防止侦查工作步入违法的误区或者把案件做成“夹生饭”,实现对侦查活动违法行为的早发现、早处理,从源头上保障案件质量。

介入引导侦查遵循了刑事诉讼相互配合原则。介入引导侦查并不是“捞过界”,也不是“联合办案”。一般是在侦查活动开始的早期阶段,经公安机关主动商请或者检察机关认为确有必要的时候,对侦查活动的方向和重点提出建议。但“介入”不是“干预”侦查,更不是指挥、领导侦查,“介入”只是“引导”侦查,“介入”秉持的原则是“参与但不干预、参谋而不代替”。在介入引导侦查阶段,对案件发表的意见,属于“良药苦口”“忠言逆耳”,具有建议属性,供侦查参考所用,一般没有强制性的要求。

介入引导侦查不与客观公正立场相冲突。秉持客观公正立场,是检察机关办理案件的基本立场。在参与诉讼过程中,既注重对被追诉者不利的方面,又注重对被追诉者有利的因素;既维护被害人的合法权益,又不单纯地站在被害人的立场,做到兼顾惩罚犯罪与保障人权的统一。对于介入引导侦查的案件，检察机关在审查批捕、审查起诉阶段，并不因为前期有过“介入”，在后期就可以“放松”，结果“耕了别人的田，荒了自己的地”；也不因前期“介入”，后期就“自缚手脚”，影响对捕、诉与否的独立判断。检察官认为不能排除以非法方法收集证据的可能，可以决定撤回有关证据，对于在出庭过程中发现不应当追究被告人刑事责任的，应当撤回起诉。

介入引导侦查体现了检察担当和作为。比如，在一些重大命案案件，还有一些突发、多发，政策性、敏感性案件中，公安侦查取证难度大、时效性又强，涉及的一些罪名可能少见、敏感，一些侦查人员没办过此类案件，确实存在经验不足、不好把握的情况。检察机关介入引导侦查，而不是“坐等送饭”，充分发挥“捕诉一体”办案的优势，实现案件办理的收集固定证据的快速性、准确定性，进而快捕快诉，达到依法严惩、震慑犯罪的目的，体现了以人民为中心的办案理念，展现了检察机关的担当和作为。

在本案中，广东省、市、区三级检察机关在最高人民检察院的有力指导下，在二审阶段，承办检察官开展了以下工作。

一是现场复核关键证据。检察官为直观体验犯罪过程，对刘某某提到的行车路线、抓捕现场等关键地点驾车沿线亲身体验，力求还原作案真实场景，增强内心确信。同时，主动邀请承办法官前往案发地当面听取侦查人员意见、查看相关视频录像、研判微信聊天记录等，将亲历性审查结果传导给审判人员，解决法官困惑。

二是加强毒品案件关联审查。承办检察官注重自行补充侦查和调查取证，从毒品犯罪的上下家及有关密切关系人入手，串并联审查了5起毒品犯罪案件。通过公安机关技术手段恢复刘某某的灰色苹果6手机里被删除的短信记录和手机通讯录，发现刘某某的毒品上家是汕尾陆丰一个存有手机号码182××××766、名字为“陈生”的人，而串并联审查的另一起运输毒品死刑上诉案中，上家也是汕尾陆丰叫“老陈”“阿谦”的人。经过“案案结合”的综合研判，承办检察官敏锐发现“陈生”与“阿谦”可能为同一人。通过借助侦查机关内部数据系统进行技术分析，确认两案确有共同的毒品上家陈某某。随后，省、市检察机关承办检察官及时向最高人民检察院汇报，协调公安部禁毒局统一指挥，当天成功抓捕陈某某，从而为确定刘某某一案毒品的来源和归属奠定了坚实基础。另外，从另外4起毒品犯罪中，也成功调取到有利于进一步补强支持抗诉的证据。

三是补强证据链条。承办检察官深入一线侦查机关成立的联合专案组,多次充分沟通交流,两次向公安机关发出《提供法庭审判所需证据材料通知书》,提出补充完善证据意见,特别是结合微信聊天记录、手机短信、通话清单和银行交易流水等客观性证据,要求围绕刘某某的毒品上家、下家以及其他与指控毒品犯罪主观故意有关的关系人等全面收集证据。如通过刘某某供述锁定其到汕尾后仅与"陈生"一人联系及见面,继而补充多起毒品犯罪案件的毒贩及相关证人证言,查明抓获的毒品上家陈某某从未经营燕窝生意,从而否定刘某某到汕尾陆丰向陈某某购买燕窝的狡辩。同时下家谢某某证实,刘某某从汕尾陆丰购买毒品回来即与毒品下家谢某某联系贩卖,充分反映刘某某贩卖毒品的主观故意。

四是系统解释运用客观性证据。庭审过程中,承办检察官注重从证据裁判规则的适用分歧进行针对性评价说理,重视运用客观性证据搭建框架,重构犯罪事实,通过证明法律事实努力还原客观事实。强调当言词证据与之冲突时,应以客观性证据为主导,进行优先审查、充分挖掘、科学解释和全面验证,不能以庭审证词与庭前书面证言部分内容前后不一为由,否定客观性证据的效力,进而否定证言中其他定罪事实的真实性和关联性,而应运用客观性证据检验印证言词证据的真实性和证明力。

五是依法纠正侦查违法行为。针对案件审理中暴露的侦查取证不规范和违法取证等问题,如公安机关前期不重视对刘某某租住处的搜查工作、未及时开展抓捕毒品上家陈某某及下家谢某某等同案人工作、在举报人不到案配合办案制作询问笔录时多次出具不客观真实的证明材料称周某在逃未归案、不重视对刘某某无罪辩解的查证及证据收集等,检察机关在庭审后依法向公安机关发出纠正违法通知书,督促及时整改和补正瑕疵证据。侦查单位已于 2018 年 4 月 8 日复函反馈落实整改情况。

三、如何理解检察官的职责使命

2019 年修订后的《检察官法》第 3 条明确规定:"检察官必须忠实执行宪法和法律,维护社会公平正义,全心全意为人民服务。"《人民检察院组织法》第 2 条第 2 款明确规定:"人民检察院通过行使检察权,追诉犯罪,维护国家安全和社会秩序,维护个人和组织的合法权益,维护国家利益和社会公共利益,保障法律正确实施,维护社会公平正义,维护国家法制统一、尊严和权威,保障中国特色社会主义建设的顺利进行。”其中第一句话就点得很明确:“通过行使检察权,追诉犯罪。”除此之外,在《刑法》第2条中也明确规定:“用刑罚同一切犯罪行为作斗争。”《刑事诉讼法》第2条中也明确规定,“保证准确、及时地查明犯罪事实,正确应用法律,惩罚犯罪分子”。作为检察官,行使检察权的首要任务,就是惩治犯罪,同犯罪作斗争,这是忠实执行宪法和法律的根本和基础。

《宪法》第134条规定:“中华人民共和国人民检察院是国家的法律监督机关。”这表明检察机关的《宪法》定位是法律监督机关,法律监督是检察官的主责主业。比如,在审查起诉案件时,如果缺乏个别证据,律师的立场可能是据此认为不构成犯罪,作为检察官,我们的立场应当是通过补充侦查,完善夯实证据,达到有效有力指控犯罪的目的。所以,公诉人的立场与律师的立场是完全不同的。

比如,在刘某某案中,在一审被判无罪后,检察官始终秉持打击犯罪的客观立场,进行了一系列工作:省人民检察院指定部门负责人及专业化办案小组听取广州市人民检察院关于本案的工作汇报,全面评估法院拟判无罪的因由,指导下级人民检察院积极完善证据,加强补证工作,收集好有利于指控犯罪的证据,为后续的支持抗诉程序打好基础,也多次向最高人民检察院报告本案办理的过程,并专题报告了本案的舆情应对情况,落实好最高人民检察院指示精神,纠正一审法院在裁判文书尚未生效情况下上传中国裁判文书网的做法。

从证据的“三性”入手,补充完善证据、正确运用证明规则、准确查明犯罪事实,核实每一个证据来源。证据的合法性和真实性,是证明案件事实的基础性、根本性问题。在二审阅卷时,多次到侦查单位,一一列明证据瑕疵之处,提出补正要求,要求侦查机关完善相关取证手续,将瑕疵证据转变为具有真实性、合法性的定案依据,夯实了证据合法性这个大前提。补充完善了毒品上家证言和手机通话记录等证据,进一步否定了被告人购买燕窝的辩解,也排除了查获毒品为举报人所留的不合理怀疑,确保证据达到毒品罪的证明标准。

在这一点意义上讲,我们既要防止入罪之错,也要防止出罪之错。为此,一定要做到以下几点。

一是让人民群众感受到公平正义。如果案件是依法公正办理的,也是符合法律规定的,但是释法说理不充分、不细致、不全面,或者在接待当事人的时候,板着脸、态度也不好,那么当事人可能并不能感受到公平正义,或者一个案子下来,心里不痛快,非得要较真,因为没有感受到,所以非得要较真,可能不断上诉、上访、申诉、控告,就像小说《我不是潘金莲》中描述的状况一样。实践中,这种案件并不少。正义有实体正义,也有程序正义,让人民群众感受到公平正义,这是更高层面、更高标准的公平正义,是对司法人员的更高要求。维护公平正义,不仅要求在司法办案中实现案件的实体正义、程序正义,还要求让人民群众能感受到、内心认同、真心接受。

二是要注意更好地释法说理。我们在司法办案中,要更加理性、平和,更加细致、周全,特别是在法律文书中,要更加注重有效地释法说理。实际上,修改后的《人民检察院刑事诉讼规则》对释法说理增设了一系列明确的要求,如第 165 条规定,办案部门应当在规定期限内办结控告、申诉案件,并做好释法说理工作;第 291 条规定,对于经复议复核维持原不批准逮捕决定的,人民检察院向公安机关送达复议复核决定时应当说明理由;第 343 条规定,需要退回补充调查的案件,应当出具补充调查决定书、补充调查提纲,写明补充调查的事项、理由、调查方向、需要补充收集的证据及其证明作用。规定和要求都十分明确,是“应当”做,而不是“可以”做。

三是要强化引导侦查工作机制。对重大敏感案件,要第一时间提前介入,坚持同步发现问题、解决问题,力争把办案瑕疵消解在侦查环节;发挥“捕诉一体”优势。在审查逮捕时就要注重实质化审查,将取证意识、取证标准及时传导给侦查机关,对符合逮捕条件,但离起诉标准差距较大的案件,要在作出批捕决定的同时制作继续侦查提纲,有重点地引导侦查,防止案件“带病”进入审查起诉环节;消除“捕后诉前”监督盲区。对能够及时调取补充的,边审查边补充,对于确需退回公安机关补充侦查的案件,要讲清退补原因,指明侦查方向,明确取证要求,争取一次性补充到位。

四是激活自行补充侦查。证据面前,不要“等靠要”,摆脱证据面前的“拿来主义”,要积极开展自行补充侦查,遇到困难,可以请侦查人员协助。对于可以即时取得的证据,要主动收集、固定和完善,防止案件证据因人为因素或时过境迁而灭失;对补查内容相对简单但可能影响定罪量刑的关键证据,比如核实嫌疑人的年龄、调查关键证人等自行补查更为适宜的,要尽可能自行补查。

四、如何做到“在办案中监督，在监督中办案”

检察机关是《宪法》规定的法律监督机关，同时也是办案机关，监督与办案统一于检察职能，监督和办案都是我们的主责主业。时任最高人民检察院检察长张军提出：“在办案中监督，在监督中办案。”办案和监督，一个是针对嫌疑人，适用捕诉等手段，依照刑事诉讼程序，追究刑事责任；另一个是针对侦查人员，适用调查处理等手段、适用法律监督规则，提出纠正违法或整改建议。监督离不开被监督单位的办案，办案也是监督的重要线索渠道，对诉讼违法行为的核实、纠正，既是监督，也体现为办理案件。但二者是目标、对象、程序不同的两件事，不是一回事，不能混为一谈。不能片面理解为“监督就是办案，办案就是监督”。

“在办案中监督”中的“办案”，是指办理诉讼案件，重点强调在办理诉讼案件过程中发现了重要监督线索不能置之不理，而应通过内部移转程序启动监督，及时予以纠正；“在监督中办案”中的“办案”，是指办理诉讼违法案件，重点强调的对于构成诉讼违法的事项，应当启动监督程序，使之成为案件。二者各有所指、各有侧重，逐次递进，既提出了在办理诉讼案件之外开展监督的要求，也指明了监督案件化的方向。

虽然对于轻微违法一般提出口头纠正意见，只有对于严重违法情形，才能形成案件化的监督事项，从总量上而言，形成案件的还比较少，但不能把办理诉讼违法案件只当作办理诉讼案件的一个过程、一个动作，好像只是附属品，不能“说起来重要，忙起来不重要”。因此，“在办案中监督，在监督中办案”并不是将监督和办案混在一起，不分彼此，不是“一条腿走路”，而是强调二者内在关联、有机衔接的基础上，应当“两条腿走路”，实现均衡发展。这种适当分离的理念，不仅反映了新时代检察工作的基本规律，而且具有很强的现实性和针对性。

在本案的侦查阶段，侦查机关办案中，确实存在一些瑕疵，在一定程度上，影响了指控效果。比如，刘某某提出其没有贩卖毒品，查获的毒品是举报人周某带上车的。经查，举报人周某向公安机关举报被告人刘某某贩卖毒品，但其公安机关在案发1年后向关键证人周某取证，其证言中对于被告人刘某某向谁贩卖毒品、贩卖多少毒品及其是否共同乘坐刘某某车辆前往案发地的陈述前后不一，且无法与微信聊天记录相互印证；其在出庭作证时亦当庭否认有毒品买家的存在。因此虽然在被告人刘某某的车上发现了案涉的毒品，但是被告人刘某某供称该毒品所在位置是证人周某下车前所坐的副驾驶位，被告人就此提出该毒品是由周某携带上车，现有证据无法排除被告人刘某某提出毒品归周某所有的辩解。

在二审阶段，通过检察、公安有效配合，将有关证据得到了补强和合理解释。存在的问题主要如下。(1)不重视刘某某租住处的搜查工作。公安机关没有利用监控视频资源等条件及时找到刘某某在番禺的租住处，错过扩大战果，补强证据的机会。(2)前期未及时开展抓捕毒品上家陈某及下家谢某等同案人的工作。(3)未以制作、称重、笔录或照相、录像等方式证实毒品称重取样过程，固定好证据。(4)在证人陈某、周某的证言之间存在当天是否有当面举报、事后是否有发放举报奖金等矛盾的情况下，未能及时提供手机通信清单或微信聊天记录等客观证据以排除案件侦破经过存在的疑点。(5)在举报人不到案配合办案制作询问笔录的情况下，多次出具不客观真实的证明材料谎称“同案人”周某在逃，未能归案。(6)前期不重视对刘某某无罪辩解的查证，收集可能存在的无罪或罪轻证据，在一审审判阶段不能及时按一审法院的要求履行侦查人员出庭作证的法定义务。

该案是一起广受关注的一审判无罪案件，在二审阶段，广东省人民检察院办案人员通过挖掘出重要新证据，并引导侦查机关取证，使该案实现重大“反转”。最终将该案成功抗诉，实现无罪至无期徒刑的逆转，并通过该案的办理，成功追诉另一起重大毒品犯罪案。该抗诉案获得了《法制日报》(2020 年 8 月 1 日起更名为《法治日报》)、《检察日报》、《南方日报》等媒体的广泛报道，被中央电视台新闻频道专题深入介绍，入选最高人民检察院 2019 年公布的“检察机关依法惩治和预防毒品犯罪典型案例”，并入选《国家公诉——共和国70 周年典型案例及法律文书评析》。

规范与文书

《中华人民共和国刑事诉讼法》

第二百三十六条　第二审人民法院对不服第一审判决的上诉、抗诉案件，经过审理后，应当按照下列情形分别处理：

(一)原判决认定事实和适用法律正确、量刑适当的，应当裁定驳回上诉或者

抗诉,维持原判;

(二)原判决认定事实没有错误,但适用法律错误,或者量刑不当的,应当改判;

(三)原判决事实不清楚或者证据不足的,可以在查清事实后改判;也可以裁定撤销原判,发回原审人民法院重新审判。

原审人民法院对于依照前款第三项规定发回重新审判的案件作出判决后,被告人提出上诉或者人民检察院提出抗诉的,第二审人民法院应当依法作出判决或者裁定,不得再发回原审人民法院重新审判。

《中华人民共和国刑法》

第五十七条　对于被判处死刑、无期徒刑的犯罪分子,应当剥夺政治权利终身。

在死刑缓期执行减为有期徒刑或者无期徒刑减为有期徒刑的时候,应当把附加剥夺政治权利的期限改为三年以上十年以下。

第六十四条　犯罪分子违法所得的一切财物,应当予以追缴或者责令退赔;对被害人的合法财产,应当及时返还;违禁品和供犯罪所用的本人财物,应当予以没收。没收的财物和罚金,一律上缴国库,不得挪用和自行处理。

第三百四十七条　走私、贩卖、运输、制造毒品,无论数量多少,都应当追究刑事责任,予以刑事处罚。

走私、贩卖、运输、制造毒品,有下列情形之一的,处十五年有期徒刑、无期徒刑或者死刑,并处没收财产:

(一)走私、贩卖、运输、制造鸦片一千克以上、海洛因或者甲基苯丙胺五十克以上或者其他毒品数量大的;

(二)走私、贩卖、运输、制造毒品集团的首要分子;

(三)武装掩护走私、贩卖、运输、制造毒品的;

(四)以暴力抗拒检查、拘留、逮捕,情节严重的;

(五)参与有组织的国际贩毒活动的。

走私、贩卖、运输、制造鸦片二百克以上不满一千克、海洛因或者甲基苯丙胺十克以上不满五十克或者其他毒品数量较大的,处七年以上有期徒刑,并处罚金。

走私、贩卖、运输、制造鸦片不满二百克、海洛因或者甲基苯丙胺不满十克或者其他少量毒品的,处三年以下有期徒刑、拘役或者管制,并处罚金;情节严重的,处三年以上七年以下有期徒刑,并处罚金。

单位犯第二款、第三款、第四款罪的,对单位判处罚金,并对其直接负责的主管人员和其他直接责任人员,依照各该款的规定处罚。

利用、教唆未成年人走私、贩卖、运输、制造毒品,或者向未成年人出售毒品的,从重处罚。

对多次走私、贩卖、运输、制造毒品,未经处理的,毒品数量累计计算。

广州市人民检察院
刑事抗诉书(节选)
穗检公一诉刑抗〔2018〕1号

广州市中级人民法院以(2017)粤01刑初283号《刑事判决书》书对本院提起公诉的被告人刘某某涉嫌贩卖毒品一案,判决被告人刘某某无罪。本院依法审查后认为,该判决事实认定错误,导致法律评价错误,依法应当提出抗诉。理由如下:

一、现有证据足以证实被告人刘某某实施了贩卖毒品的客观行为

本案是公安机关线人参与侦查破获的贩卖毒品案件,结合物证、证人证言、微信聊天记录、短信、抓获经过、现场勘验笔录、扣押物品清单及毒品成分鉴定意见等证据,足以证实被告人刘某某与线人联系携带毒品驾驶涉案汽车去至案发现场准备贩卖,后被公安机关抓获,公安机关抓获被告人刘某某时在其驾驶的车辆副驾驶位下方缴获白色晶体一包,重1000.06克,检出甲基苯丙胺成分。

被告人刘某某和证人周某的微信聊天显示,案发前一天两人一直在谈买卖毒品,被告人刘某某前往粤东从不法分子处购得毒品,并准备在案发当天通过证人周某出货,案发当天聊的内容也是两人在哪里见面,准备给证人周某找的下家出货等有关贩卖毒品的内容。另外被告人刘某某的手机短信包含大量毒品买卖关联内容,可以看出其从事毒品买卖已经至少一年,案发前一天还有证人周某以外的其他人准备向被告人刘某某购买毒品以贩卖牟利。在案发当月被告人刘某某名下银行卡有多次大笔存取款记录,这符合惯常毒品交易通过银行卡支付和提取毒资的特征,其未能合理解释。即便没有被告人刘某某的供述,现有在案其他客观证据和言词证据已经足以形成完整证据链条,证实被告人刘某某实施了贩卖毒品的行为,且

被抓获时从其车辆处缴获了准备用于贩卖的毒品。

二、现有证据足以证实被告人贩卖毒品的主观故意，其无罪辩解不成立

第一，被告人刘某某辩解其系卖燕窝的微商与本案的证据矛盾；

第二，被告人刘某某辩解其不了解毒品与本案的证据矛盾；

第三，被告人刘某某辩解毒品系证人周某放在其车上的与本案的证据矛盾。

综上，被告人刘某某提出其系卖燕窝的微商，不了解毒品，毒品系证人周某放在其车上的辩解明显不符合常情、常理，与已经形成完整密闭证据链条的其他在案证据相互矛盾，可信性低。证据采信标准中的“排除合理怀疑”原则是指被告人提出的辩解合理，且无其他证据予以推翻时，应当采信其辩解。但“排除合理怀疑”并不等同于“排除一切怀疑”，对于被告人刘某某提出的辩解内容本身就不合理，且与其他在案证据相矛盾，不应适用“排除合理怀疑”原则。否则将会导致司法实践中出现被告人一份无理辩解就能推翻形成证据链条的其他全案证据的情况，与《中华人民共和国刑事诉讼法》第五十三条确定的“重证据、重调查研究、不轻信口供”原则相违背。

三、取证瑕疵并未切断证据链条，不能成为被告人刘某某无罪的判决理由

第一，公安机关一年后向证人取证不影响证人证言的真实性、客观性、关联性；

第二，关于贩卖毒品的数量，证人周某的证言与其他证据可相互印证；

第三，证人周某是否有乘坐被告人的车辆、被告人刘某某向谁贩卖毒品不影响被告人贩卖毒品事实的认定。

综合上述三点分析，现有证据足以证实被告人刘某某贩卖毒品的事实，得出唯一排他性结论。广州市中级人民法院（2017）粤01刑初283号《刑事判决书》事实认定错误，导致一审判决法律评价错误，为维护司法公正，准确惩治犯罪，依照《中华人民共和国刑事诉讼法》第二百一十七条的规定，特提出抗诉，请依法判处。

此致

广东省人民检察院

2018年2月12日

陕西省宝鸡市环境保护局凤翔分局不全面履职监督案*

摘要与关键词

摘要：在行政公益诉讼实践中，行政机关是否“依法履职”是检察机关启动法律监督程序的要件之一，更是人民法院认定行政机关是否违法的基础，而对“履职”标准的认定，司法机关与行政却始终存在争议。近年来，学界基于大量行政公益诉讼生效裁判，主要从“行为标准”与“结果标准”对是否依法履行职责展开讨论，两种标准均有案例佐证与理论支持，均对检察机关进一步完善行政公益诉讼程序具有理论指导意义。最高人民检察院指导案例（检例49号）“陕西省宝鸡市环境保护局凤翔分局不全面履职监督案”是以“行为标准”判断行政机关是否依法全面履行职责的典型案件，其核心要义在于，司法机关从公益保护最大化角度将“是否穷尽监管措施”作为是否履职的判定依据。随着行政公益诉讼司法实践的不断丰富，单一的“行为标准”或“结果标准”已不能准确适用于复杂多样的行政公益诉讼案件中，需兼采两种标准，并结合职权要件来综合判断。

关键词：未依法履行职责；行为标准；结果标准；职权要件

* 本案例来自最高人民检察院第十三批指导性案例（检例第49号），本文作者：白静。

案情与程序

2014年5月,陕西长青能源化工有限公司(以下简称长青能化)年产60万吨甲醇工程项目建成,并经陕西省环境保护厅审批投入试生产至2014年12月31日。2014年11月24日,陕西省发布《关中地区重点行业大气污染物排放限值》地方标准,燃煤锅炉颗粒物排放限值为20毫克/立方米,自2015年1月1日起实施。长青能化试生产期间,燃煤锅炉大气污染物排放值基本处于地方标准20毫克/立方米以上,国家标准50毫克/立方米以下。

2015年1月1日,长青能化试生产期满后未停止生产且燃煤锅炉颗粒物排放值持续在20毫克/立方米以上50毫克/立方米以下。

2015年7月7日,陕西省宝鸡市环境保护局凤翔分局(以下简称凤翔分局)向长青能化下达《环境违法行为限期改正通知书》,责令其限期改正生产甲醇环保违规行为,否则将予以高限处罚。长青能化没有整改到位,凤翔分局未作出高限处罚。2015年11月18日,凤翔分局向长青能化下达《行政处罚决定书》,限其于1个月内整改到位,并处以5万元罚款。但该企业并未停止甲醇项目生产,颗粒物超标排放问题依然没有得到有效解决,对周围大气造成污染。

2015年11月下旬,陕西省宝鸡市人民检察院在办案中发现凤翔分局可能有履职不尽责的情况,遂指定凤翔县人民检察院开展调查。凤翔县人民检察院查明:长青能化超期试生产且颗粒物超标排放,而凤翔分局虽对长青能化作出行政处罚,但未依法全面履职。2015年12月3日,凤翔县人民检察院向凤翔分局发出《检察建议书》,建议其依法履职,督促长青能化上线治污减排设备,确保环保达标。

2016年1月4日,凤翔分局书面回复凤翔县人民检察院称:2015年12月24日对长青能化下达《责令限制生产决定书》,责令该公司限产;2015年12月30日作出《排污核定与排污费缴纳决定书》,对长青能化2015年10月至12月颗粒物超标排放加收排污费。

针对凤翔分局回复意见,凤翔县人民检察院进一步查明:凤翔分局作出责令限制生产决定、加收排污费等措施后,长青能化虽然按要求限制生产,但其治污减排设备建设项目未正式投入使用,颗粒物排放依然超过限值。

鉴于检察建议未实现应有效果,2016 年 5 月 11 日,凤翔县人民检察院向凤翔县人民法院提起行政公益诉讼。凤翔县人民法院受理后,认为符合起诉条件,但不宜由凤翔县人民法院管辖。经向宝鸡市中级人民法院请示指定管辖,2016 年 5 月 13 日,宝鸡市中级人民法院依法裁定本案由宝鸡市陈仓区人民法院管辖。2016 年 11 月 10 日,宝鸡市陈仓区人民法院对本案公开开庭审理。

2016 年 12 月 28 日,陕西省宝鸡市陈仓区人民法院作出一审判决,确认被告凤翔分局未依法全面履行对相对人长青能化环境监管职责的行为违法。

检察机关履职情况

凤翔县人民检察院在充分调查环境违法事实、行政机关不依法履职或者不全面履职行为的客观表现、主观过错、与国家利益或者社会公共利益遭受侵害后果的关系,并全面收集相关的法律依据、政策要求、文件规定等,在查清事实的基础上,向有监管职责的行政机关发出检察建议,并在行政机关书面回复后,进一步调查,行政机关是否已依法全面履行职责,违法行为是否仍在持续。经调查后,诉前检察建议的目的未实现,行政机关在法定期限内仍未依法全面履行职责,且无其他法定事由,检察机关依法向人民法院提起公益诉讼。

类案学理研讨

该指导性案例裁判要旨部分指出:“行政机关在履行环境保护监管职责时,虽有履职行为,但未依法全面运用行政监管手段制止违法行为,检察机关经诉前程序仍未实现督促行政机关依法全面履职目的的,应当向人民法院提起行政公益诉讼。”这是对“未依法履行职责”标准的界定。需要指出的是,该指导案例的判决做出时,检察机关提起行政公益诉讼尚属试点阶段,《行政诉讼法》也未修改,指导案例对“不依法履行职责”的界定,填补了试点期间相关法律空白。但 2017 年修改后的《行政诉讼法》,虽新增行政公益诉讼条款,但仍未对“不依法履行职责”作具体规定。[1] 因此,如何认定“未依法履行职责”的判断标准,始终是行政公益诉讼实践中的一个关键问题。上述指导案例确定的界定标准,对当前的司法实践,仍然具有参照和指引作用,并在《人民检察院公益诉讼办案规则》中得到吸收与完善。

检察机关提起行政公益诉讼实践中,行政机关明确表示拒绝履行或者完全不履行的情况很少,行政机关履行法定职责不全面、不充分、不彻底的情形比较常见,所以行政机关是否已经依法履职至今仍是司法机关与行政机关的争议焦点。[2] 对此,2021 年 7 月 1 日正式实施的《人民检察院公益诉讼办案规则》(以下简称《公益规则》)对“未依法履行职责”以列举式的方式做了具体规定。《公益规则》第 82 条规定,有下列情形之一的,人民检察院可以认定行政机关未依法履行职责:(1)逾期不回复检察建议,也没有采取有效整改措施的;(2)已经制定整改措施,但没有实质性执行的;(3)虽按期回复,但未采取整改措施或者仅采取部分整改措施的;(4)违法行为人已经被追究刑事责任或者案件已经移送刑事司法机关处理,但行政机关仍应当继续依法履行职责的;(5)因客观障碍导致整改方案难以按期执行,但客观障碍消除后未及时恢复整改的;(6)整改措施违反法律法规规定的;(7)其他没有依法履行职责的情形。上述规定,从司法解释的角度,确立了行政机关未依法履行职责的认定标准,既有传统“行为标准”——“是否穷尽行政监管手段履行职责”的含义,也对“行为标准”的外延做了进一步扩充,重点是将“是否及时采取有效整改措施”纳入其中。而“有效整改措施”对应的直接效果,是对国家利益和社会公共利益损害的有效救济,客观上也包含了“结果标准”的认定。

因此,单一的“行为标准”或“结果标准”已不能准确适用于复杂多样的行政公益诉讼案件中,需兼采两种标准,即“以法律规定的行政执法机关的法定职责为依据,以是否采取有效措施制止违法行为,是否全面运用法律法规、规章和规范性文件规定的行政监管手段,国家利益和社会公共利益是否得到了有效保护为标准”。最高人民检察院副检察长张雪樵将之归纳为“行为要件 + 结果要件 + 职权要件”的三要件标准。具体来说,行政机关依法履行职责应当以法律规定的行政执法机

---

〔1〕《行政诉讼法》第 25 条第 4 款规定:人民检察院在履行职责中发现生态环境和资源保护、食品药品安全、国有财产保护、国有土地使用权出让等领域负有监督管理职责的行政机关违法行使职权或者不作为,致使国家利益或者社会公共利益受到侵害的,应当向行政机关提出检察建议,督促其依法履行职责。行政机关不依法履行职责的,人民检察院依法向人民法院提起诉讼。

〔2〕张旭勇:《行政公益诉讼中“不依法履行职责”的认定》,载《浙江社会科学》2020 年第 1 期。

关法定职责为依据，对照行政机关的“三定”方案，以是否采取有效措施制止违法行为，是否全面运用法律法规、规章和规范性文件规定的行政监管手段，国家利益或者社会公共利益是否得到了有效保护进行综合判断。[1]

无论标准如何确定，“公益保护”始终是行政公益诉讼的立法目的所在，是行政公益诉讼的制度初心。司法实践中，鲜见行政机关自始至终完全不履行任何法定职责的案件。多数案件起源于行政机关、检察机关对是否全面充分履行职责存在分歧。有关行政机关职责事项的法律依据模糊、行政机关之间职责交叉、冲突的情形会长期存在，行政执法水平参差不齐、历史遗留的一些特殊问题等仍会继续困扰行政公益诉讼案件的具体处理。[2] 这需要检察机关作为公益诉讼起诉人，从国家利益或社会公共利益保护最大化角度出发，从行为要件、结果要件、职权要件角度，并充分考虑案件具体背景，选择最有利于公益受损问题解决的监督方式。

相关法律规范

《中华人民共和国环境保护法》

第十五条第二款　省、自治区、直辖市人民政府对国家环境质量标准中未作规定的项目，可以制定地方环境质量标准；对国家环境质量标准中已作规定的项目，可以制定严于国家环境质量标准的地方环境质量标准。地方环境质量标准应当报国务院环境保护主管部门备案。

《中华人民共和国大气污染防治法》

第五条　县级以上人民政府生态环境主管部门对大气污染防治实施统一监督管理。

县级以上人民政府其他有关部门在各自职责范围内对大气污染防治实施监督管理。

第七条　企业事业单位和其他生产经营者应当采取有效措施，防止、减少大气污染，对所造成的损害依法承担责任。

---

〔1〕 最高人民检察院第八检察厅编：《人民检察院公益诉讼办案规则的理解与适用》，中国检察出版社2022年版，第117页。

〔2〕 李瑰华：《行政公益诉讼中行政机关“依法履职”的认定》，载《行政法学研究》2021年第5期。

公民应当增强大气环境保护意识，采取低碳、节俭的生活方式，自觉履行大气环境保护义务。

第四十三条　钢铁、建材、有色金属、石油、化工等企业生产过程中排放粉尘、硫化物和氮氧化物的，应当采用清洁生产工艺，配套建设除尘、脱硫、脱硝等装置，或者采取技术改造等其他控制大气污染物排放的措施。

第九十九条　违反本法规定，有下列行为之一的，由县级以上人民政府生态环境主管部门责令改正或者限制生产、停产整治，并处十万元以上一百万元以下的罚款；情节严重的，报经有批准权的人民政府批准，责令停业、关闭：

（一）未依法取得排污许可证排放大气污染物的；

（二）超过大气污染物排放标准或者超过重点大气污染物排放总量控制指标排放大气污染物的；

（三）通过逃避监管的方式排放大气污染物的。

《中华人民共和国行政诉讼法》

第二十五条第四款　人民检察院在履行职责中发现生态环境和资源保护、食品药品安全、国有财产保护、国有土地使用权出让等领域负有监督管理职责的行政机关违法行使职权或者不作为，致使国家利益或者社会公共利益受到侵害的，应当向行政机关提出检察建议，督促其依法履行职责。行政机关不依法履行职责的，人民检察院依法向人民法院提起诉讼。

《人民检察院公益诉讼办案规则》

第八十二条　有下列情形之一的，人民检察院可以认定行政机关未依法履行职责：

（一）逾期不回复检察建议，也没有采取有效整改措施的；

（二）已经制定整改措施，但没有实质性执行的；

（三）虽按期回复，但未采取整改措施或者仅采取部分整改措施的；

（四）违法行为人已经被追究刑事责任或者案件已经移送刑事司法机关处理，但行政机关仍应当继续依法履行职责的；

（五）因客观障碍导致整改方案难以按期执行，但客观障碍消除后未及时恢复整改的；

（六）整改措施违反法律法规规定的；

（七）其他没有依法履行职责的情形。

《环境保护主管部门实施按日连续处罚办法》

第五条　排污者有下列行为之一，受到罚款处罚，被责令改正，拒不改正的，依法作出罚款处罚决定的环境保护主管部门可以实施按日连续处罚：

（一）超过国家或者地方规定的污染物排放标准，或者超过重点污染物排放总量控制指标排放污染物的；

（二）通过暗管、渗井、渗坑、灌注或者篡改、伪造监测数据，或者不正常运行防治污染设施等逃避监管的方式排放污染物的；

（三）排放法律、法规规定禁止排放的污染物的；

（四）违法倾倒危险废物的；

（五）其他违法排放污染物行为。

第十条　环境保护主管部门应当在送达责令改正违法行为决定书之日起三十日内，以暗查方式组织对排污者违法排放污染物行为的改正情况实施复查。

《建设项目环境保护管理条例》

第十五条　建设项目需要配套建设的环境保护设施，必须与主体工程同时设计、同时施工、同时投产使用。

第二十条第一款　环境保护行政主管部门应当对建设项目环境保护设施设计、施工、验收、投入生产或者使用情况，以及有关环境影响评价文件确定的其他环境保护措施的落实情况，进行监督检查。

《建设项目竣工环境保护验收管理办法》

第十四条　环境保护行政主管部门应自收到建设项目竣工环境保护验收申请之日起30日内，完成验收。

第十七条　第三款建设项目竣工环境保护验收申请报告、建设项目竣工环境保护验收申请表或者建设项目竣工环境保护验收登记卡未经批准的建设项目，不得投入生产或者使用。

某牧业公司被错列失信被执行人名单执行监督案*

摘要与关键词

摘要：某牧业公司与他人发生民间借贷纠纷，被法院判决归还借款本金及利息。判决生效后，原告申请强制执行，法院裁定冻结被执行人存款、名下房产一套，并将其纳入失信被执行人名单。经检察院审查核实，被执行人被冻结、查封的财产足以清偿生效法律文书确定的债务，不符合纳入失信被执行人名单的法定情形；法院作出的查封裁定书未向当事人送达。该牧业公司被纳入失信被执行人名单后，银行贷款被暂停发放，经营陷入困境。为此，检察院提出检察建议，纠正了违法执行行为。法院采纳了检察建议，并撤销了纳入失信被执行人名单的决定。该案被列入最高人民检察院第二十一批指导性案例，主题为“加强民事检察监督精准服务民企发展”。本案例深层次折射之法治图景，可以从制度价值追求、法官裁量空间、民事执行监督、强化检察建议和优化营商环境五个方面予以阐释。

关键词：失信被执行人名单；失信被执行人联合惩戒；民事执行监督；企业借贷纠纷；优化营商环境

案情与程序

张某奎系山西省临汾市某牧业公司法定代表人。该牧业公司是一家始建于

* 本案例来自最高人民检察院第二十一批指导性案例（检例第78号）。本文作者：石泽华。

2011年6月的现代化畜牧业养殖基地，是临汾市龙头企业之一。2014年10月至11月，由于经营运转中出现问题，需要资金周转，张某奎从朋友乔某处借贷部分资金。该牧业公司的收益周期较长，截至2016年1月，仅归还少部分利息，借款本金部分及部分利息未还。

乔某与某牧业公司、张某奎因民间借贷产生纠纷，起诉至临汾市尧都区人民法院。法庭上，张某奎称因经济困难，可分期偿还，乔某要求2个月内本息全部还完。2016年9月16日，山西省临汾市尧都区人民法院判决张某奎、某牧业公司归还乔某借款本金18万元及利息6.14万元，自2016年2月1日起至判决生效之日止，按约定月息2分的利率承担该借款利息。

判决生效后，乔某向尧都区人民法院申请强制执行。2017年3月9日，山西省临汾市尧都区人民法院关于乔某与张某奎、某牧业公司民间借贷纠纷作出(2017)晋1002执166号执行裁定书。经查，被执行人张某奎、某牧业公司名下有银行存款，依照《民事诉讼法》第240、242条，最高人民法院《关于适用〈中华人民共和国民事诉讼法〉的解释》第487条之规定，裁定冻结被执行人张某奎、某牧业公司银行存款281280元和其他资金，期限为1年，裁定立即执行。同时，查封张某奎名下房产一套，同时还决定将某牧业公司、张某奎纳入失信被执行人名单。

在此情况下，某牧业公司的银行贷款被暂停发放，资金链出现断裂，企业经营陷入困境。该查封裁定作出后，执行法院未送达当事人。[1]

检察机关履职情况

受理情况：山西省临汾市尧都区人民检察院发现乔某与某牧业公司、张某奎民间借贷纠纷一案执行行为违法，并予以立案审查。2017年11月22日，临汾市尧都区人民检察院依法受理某牧业公司提出的申请执行监督一案。

审查核实：经审查执行案卷，检察机关发现：一是被执行人被法院冻结、查封的

---

〔1〕 案情与程序参见某牧业公司被错列失信被执行人名单执行监督案(检例第78号，见最高人民检察院于2020年发布的第二十一批指导性案例，主题为“加强民事检察监督 精准服务民企发展”)；临汾市某牧业公司执行监督案件，见山西省检察院于2020年发布的第一批10件具有较强代表性的“涉企”典型案例，主题为“全省检察机关支持和服务企业家创新创业营造良好法治环境专项工作”；《一次有效监督救活一个企业——临汾市尧都区检察院切实保障民企合法权益》，载《山西法制报》2020年9月3日，第1版。

财产足以清偿生效法律文书确定的债务，不符合纳入失信被执行人名单的法定情形；二是法院作出的查封裁定书未向当事人送达。同时，检察机关了解到，某牧业公司被纳入失信被执行人名单后，银行贷款被暂停发放，经营陷入困境。

监督意见：尧都区人民检察院经审查认为，执行法院存在以下不当情形。一是将张某奎纳入失信被执行人名单属于适用法律错误。根据最高人民法院《关于公布失信被执行人名单信息的若干规定》第 3 条的规定，被采取查封、扣押、冻结等措施的财产足以清偿生效法律文书确定债务的，人民法院不得将被执行人纳入失信被执行人名单。本案执行程序中，被执行人张某奎、某牧业公司被冻结的存款和被查封的房产足以清偿生效裁判确定的债务。因此，执行法院将其纳入失信被执行人名单，显属违法。二是未向当事人送达执行裁定书。最高人民法院《关于人民法院民事执行中查封、扣押、冻结财产的规定》第 1 条规定："人民法院查封、扣押、冻结被执行人的动产、不动产及其他财产权，应当作出裁定，并送达被执行人和申请执行人……查封、扣押、冻结裁定书和协助执行通知送达时发生法律效力。"本案中法院制作执行裁定书后，长期未向当事人送达，违反了上述规定。

监督结果：2017 年 11 月 28 日，尧都区人民检察院向尧都区人民法院提出检察建议，建议该院依法纠正违法执行行为。尧都区人民法院采纳了检察建议，于 2017 年 12 月 8 日将执行裁定书送达当事人，并撤销了将张某奎、某牧业公司纳入失信被执行人名单的决定。

类案学理研讨

长期以来，"执行难"一直是困扰我国司法实践的一大难题，严重损害了申请执行人的合法权益，破坏了社会信用体系建设，给社会秩序正常运转带来负面影响。最高人民法院《关于人民法院解决"执行难"工作情况的报告》中指出："如果大量生效法律文书得不到执行，将严重损害胜诉当事人合法权益，损害法律权威和司法公信力，影响党和国家形象，影响人民群众对全面依法治国、建设社会主义法治国家的信心。"[1]

---

〔1〕 周强于 2018 年 10 月 24 日在第十三届全国人民代表大会常务委员会第六次会议上作的《最高人民法院关于人民法院解决"执行难"工作情况的报告》。

失信被执行人名单制度是应对“执行难”难题的一大创新举措。2007 年《民事诉讼法》第 231 条规定了在征信系统中记录及通过媒体公布不履行义务被执行人信息制度,2012 年修正后的《民事诉讼法》第 255 条也作出相同规定,由此规定了失信信息记录和公布措施。2011 年 7 月,中共中央、国务院在《关于加强和创新社会管理的意见》中提出建立健全社会诚信制度,并制定社会信用管理法律法规的要求。最高人民法院于 2013 年通过的《关于公布失信被执行人名单信息的若干规定》,细化和统一了法律适用标准,规范了具体操作程序,明确了信用惩戒的对象、措施,规定了失信被执行人名单的确定、录入、发布、变更、删除等措施程序,由此以司法解释正式建立失信被执行人名单制度。2017 年通过的最高人民法院《关于修改〈最高人民法院关于公布失信被执行人名单信息的若干规定〉的决定》)对上述规定进行了修正和完善。

失信被执行人名单制度自实施以来取得了良好的社会效果,司法公信力得到大幅度增强,提高了案件执结率,执法的效率也得到显著提升。[1] 正如有实务人士指出:“人民法院通过执法办案形成的被执行人失信信息具有极高的权威性,是社会信用信息中非常重要的组成部分,应当发挥其重要作用。”[2] 失信被执行人名单制度施行以来发生的一些社会问题,已经受到社会各界的广泛重视。作为法律监督机关,检察机关应当充分发挥法律监督职能针对此项制度施以适当监督,从而确保其实际效果符合制度预期,进而维护国家法律完整统一正确实施。

就本案而言,其深层次折射之法治图景,并不限于案件本身。下面从制度价值平衡、法官裁量空间、民事执行监督、强化检察建议和优化营商环境五个方面予以阐释。

一、失信被执行人名单制度中“惩戒”与“保护”的价值平衡

失信被执行人名单制度之所以发挥重要实践功能,很大程度上是因为它与失信被执行人信用惩戒制度紧密相连。2014 年,中央文明办、最高人民法院等八部门签署《“构建诚信惩戒失信”合作备忘录》,启动失信被执行人联合惩戒。2016 年,国家发展改革委、最高人民法院等 44 个部门、单位签署《关于对失信被执行人实施

---

[1] 参见高山:《失信被执行人名单制度:理论透析、问题维度和改进路径》,载《法学论坛》2020 年第 2 期。

[2] 刘涛、朱燕:《〈关于公布失信被执行人名单信息的若干规定〉的理解与适用》,载《人民司法》2013 年第 19 期。

联合惩戒的合作备忘录》,全面建立失信被执行人联合惩戒机制。同年,中共中央办公厅、国务院办公厅印发《关于加快推进失信被执行人信用监督、警示和惩戒机制建设的意见》。失信被执行人信用惩戒制度对于"推进全面依法治国,加快社会主义法治国家建设""弘扬社会主义核心价值观""推进社会信用体系建设""破解执行难,维护司法权威,提升司法公信力"等具有重要意义。[1]

系统化的惩戒措施因显著增加了被执行人的失信成本,由此在实践中发挥着警示、监督、惩罚、引导等规范功能。《关于公布失信被执行人名单信息的若干规定》虽然是直接规定失信被执行人名单信息制度的文件,但也关涉失信被执行人联合惩戒制度,由此构成后者赖以存在的基础性文件。该规定与《关于限制被执行人高消费及有关消费的若干规定》《失信企业协同监管和联合惩戒合作备忘录》等规范性文件共同形成包括法律、司法解释、部门规章等在内的失信被执行人信用惩戒制度体系。

但是,失信被执行人名单制度自身也存在一定的权利侵犯问题和执行偏差问题。《关于公布失信被执行人名单信息的若干规定》和《关于加快推进失信被执行人信用监督、警示和惩戒机制建设的意见》针对被执行人的合法权利作出了专门规定。不过,这些规定主要围绕于被执行人的程序性权利。就更深层次而言,此项制度本身所蕴含的失信被执行人之"惩戒"与"保护"的价值平衡问题,同样有必要被充分重视。正如最高人民检察院在发布本指导性案例时,关于指导意义指出,"规范适用失信被执行人名单制度,对于保证执行程序的公正性具有重要意义。失信被执行人名单制度以信用惩戒的方式约束被执行人,提高了执行活动的质量和效率,对于破解'执行难'起到了重要作用。在维护申请执行人利益的同时,执行的谦抑原则要求尽可能避免对被执行人合法权益造成损害"[2]。

一方面,失信被执行人之名单的公布"在某种意义上也是对公众知情权的一种保障",由此在市场经济条件下在保障交易相对人知情权方面将发挥重要作用,有利于保障其合法权益,规范对方违约风险,避免非必要损失,保障交易安全性和经

〔1〕 关于失信被执行人信用惩戒制度之重要意义的论述,参见刘贵祥:《加大信用惩戒力度 建立联合信用惩戒机制——〈关于加快推进失信被执行人信用监督、警示和惩戒机制建设的意见〉的解读》,载《人民法院报》2016年9月26日,第3版。

〔2〕 某牧业公司被错列失信被执行人名单执行监督案(检例第78号,最高人民检察院第二十一批指导性案例)。

济平稳性。[1] 另一方面,失信被执行人本身的实体权益同样有必要受到充分保障。失信被执行人名单公布,将使其隐私权、名誉权和财产权益受到巨大影响。在这个意义上,有一种观点是,“在强调严厉打击老赖、加大执行力度之际,我们需要倾听另外一种声音:部分被执行人原本并非老赖,而是因暂时性的资金流动困难导致短时间无法偿还债务,其相应权利应当受到保护”[2]。

第一,失信被执行人名单的信息公开方式和内容有待进一步完善。早期失信被执行人名单主要采取传统方式予以公开,如“面向全社会统一公布”,从而“通过公开曝光的方式将被执行人的失信情况公之于众,减损了失信被执行人的名誉,迫使其为了恢复名誉而积极履行法律文书确定的义务”;或者“向有关单位定向通报”,从而“由受通报单位在政府采购、招标投标、行政审批、政府扶持、融资信贷、市场准入、资质认定等方面对失信被执行人施以信用惩戒”。[3] 当前,互联网的发展极大程度更新了传统司法模式,这对公民权利保障来说则是一柄“双刃剑”。例如,部分地方法院利用商场、广场 LED 显示屏滚动播放失信被执行人名单,或者将失信被执行人名单在搜索引擎中公开,包括当事人姓名、身份证号等在内的隐秘信息通过大数据被极大程度曝光,有的甚至被随意用于不法营利行为。

此外,根据规定,法院可以直接将被执行人纳入失信被执行人名单,后者仅有申请纠正的事后救济权利,而无事前的听证和陈述申辩等权利。正因如此,最高人民检察院在发布本指导性案例时,关于指导意义指出,“检察机关应加强对执行法律文书送达的监督,保障当事人的知情权和申辩权。执行法院在作出查封、扣押、冻结被执行人财产的裁定后,应当依法送达申请执行人和被执行人。执行法院未送达当事人,既损害了当事人的诉讼权利,亦损害了司法权威”。[4] 在此基础上,还值得考虑的一个问题是:法院针对被执行人作出将其纳入失信被执行人名单之前,有无必要设置专门的听证程序以确保其陈述申辩权利?如果设置,如何在个别听证与集体听证之选取所涉及的个人隐私与执行效率之间取得平衡?这些问题都

---

〔1〕 参见李昌超:《失信被执行人名单制度施行中的问题及解决》,载《政法论丛》2017 年第 2 期。

〔2〕 上官俊峰:《失信被执行人信用惩戒制度的完善——以惩戒与保护的衡平为视角》,载《人民司法(应用)》2018 年第 28 期。

〔3〕 参见张先明:《最高人民法院公布五起有关失信被执行人名单制度的典型案例》,载《人民法院报》2013 年 11 月 6 日,第 3 版。

〔4〕 某牧业公司被错列失信被执行人名单执行监督案(检例第 78 号,最高人民检察院第二十一批指导性案例)。

值得进一步思考。

第二,即便被纳入失信被执行人名单,其财产权利同样须受应有保护。其一,根据最高人民法院《关于人民法院民事执行中查封、扣押、冻结财产的规定》规定,被执行人不得查封、扣押和冻结的财产情况,主要指向于保障失信被执行人基本生存和发展的例外财产,但其中关于子女教育的内容规定过于狭窄,关于直系亲属治疗的表述也过于宽泛。其二,值得考虑的一个问题是,如果失信被执行人未履行的生效法律文书所对应的财产金额较小,或者相对其自身财产比重极小,鉴于失信被执行人联合惩戒措施本身包含一定程度惩罚意味,由此将其纳入失信被执行人名单是否符合比例原则要求?当然,同时也要考虑的是,从此项制度所发挥的警示、引导等规范功能出发,财产数额不应成为个案衡量的绝对因素。据此需指出的是,失信被执行人名单制度应当作为法院已穷尽查控手段〔1〕之下的举措。对于部分法院不论个案情况而采取"一刀切"的情况,应当及时予以监督纠正。其三,实践中可能存在的一种个别情况是,由于少数地区法院未认真对待被查封、扣押、冻结的财产,导致原失信被执行人履行生效法律文书之后,其财产出现遗失、损毁等情况,这种情况需要重视。

第三,失信被执行人名单退出机制及其配套措施还不够完善。其一,失信被执行人名单的退出机制本身尚不够完善,失信被执行人名单"纳入易"而"退出难"。其二,将被执行人从失信名单中删除后,其个人信息如何周全保障?法院将原失信被执行人从名单中删除后,一方面原失信被执行人个人信息继续见诸网络等情况屡见不鲜,另一方面其他部门信息滞后导致惩戒实际期限延长。这是当前失信被执行人名单制度受到诟病的重要原因。其三,在联合惩戒的语境下,被执行人被纳入失信名单后,不仅将被限制高消费,其本人甚至子女还将因此受到教育、求职等方面的特殊对待,由此对失信被执行人之惩戒与其受教育权、劳动权等基本权利之间的平衡,成为当前社会热点话题。

第四,健全完善救济和纠错机制,适时考虑是否纳入国家赔偿制度体系。一方面,最高人民法院《关于公布失信被执行人名单信息的若干规定》第3条规定了不

〔1〕 这一观点受到法院系统认可。"人民法院的执行查控能力是失信被执行人名单认定的前提和基础,对失信被执行人实施联合惩戒,必须进一步提高执行查控工作能力。"刘贵祥:《加大信用惩戒力度 建立联合信用惩戒机制——〈关于加快推进失信被执行人信用监督、警示和惩戒机制建设的意见〉的解读》,载《人民法院报》2016年9月26日,第3版。

应被纳入名单的情形和法院撤销程序，第 10 条规定了法院主动删除失信信息情形，第 11、12 条规定了当事人申请纠正的情形及其审查、复议程序。据此，被执行人若被错误纳入失信被执行人名单，救济的主要渠道是向执行法院申请纠正，关于“理由是否成立”的审查及复议决定也都由法院自行作出。本执行监督案例的意义之一在于，被执行人向检察机关申请执行监督程序，这是向执行法院申请纠正之外的可行渠道。除了“申请法院纠正”和“申请检察院执行监督”两条路径，未来还可以探索其他救济和纠错机制。另一方面，《国家赔偿法》第 38 条规定了法院对生效法律文书执行错误、造成损害时，赔偿请求人要求赔偿的程序。被执行人如果被错误地纳入失信被执行人名单，其不仅在名誉权、隐私权和工作、生活等方面将受到不同程度影响，在财产权益方面更将遭受相当程度损失。参考上述规定，如果被执行人被错误地纳入失信被执行人名单，其能否就因此遭受之各项损失申请国家赔偿？如果可以，失信被执行人信用惩戒制度便有必要针对被执行人的申请赔偿权，通过适当方式予以明确，同时结合相应细化规定使其具备现实可操作性，如明确赔偿的义务机关、申请程序以及计算标准等，以期建立长效工作机制。

二、失信被执行人名单制度中法官的自主裁量空间

在失信被执行人的名单确定上，一方面是在查控层面对被执行人财产信息之查控手段本身存在技术限制以及部分法院未穷尽查控手段，[1]另一方面是现有的具体判断标准在认定层面赋予法官较大的自主裁量空间。

在最高人民法院《关于公布失信被执行人名单信息的若干规定》中，失信被执行人的判定标准之一是“有履行能力而不履行生效法律文书”。但是，正如有论者指出，“法院通过对被执行人的财产状况进行调查，综合判定被执行人的实际履行能力，才能作出是否将被执行人纳入失信名单的决定”。[2] 这导致在实践中对于被执行人“有履行能力”的具体判断标准，存在很大的裁量空间，法院认定不一。要

---

〔1〕 这一观点受到法院系统认可。“人民法院的执行查控能力是失信被执行人名单认定的前提和基础，对失信被执行人实施联合惩戒，必须进一步提高执行查控工作能力。”刘贵祥：《加大信用惩戒力度　建立联合信用惩戒机制——〈关于加快推进失信被执行人信用监督、警示和惩戒机制建设的意见〉的解读》，载《人民法院报》2016 年 9 月 26 日，第 3 版。

〔2〕 李秀霞、赵晨笑：《失信被执行人信用惩戒机制的困境与破解》，载《山东法官培训学院学报》2019 年第 6 期。

么失信被执行人的范围被扩大,要么缩小了失信被执行人的范围。必须强调的是,失信被执行人一经认定和公布,对当事人影响巨大,必须依法、慎重认定,不得随意扩大失信被执行人的范围。

在本案中,被执行人张某奎、某牧业公司被冻结的存款和被查封的房产足以清偿生效裁判确定的借款债务,执行法院将其纳入失信被执行人名单违反了最高人民法院《关于公布失信被执行人名单信息的若干规定》第3条第2项“已被采取查封、扣押、冻结等措施的财产足以清偿生效法律文书确定债务的”的规定,由此扩大了失信被执行人范围。进一步来看,在该规定第3条规定的四种情况中,此种情况相较稍容易认定,此外,该条还提到“提供了充分有效担保的”和“被执行人履行顺序在后,对其依法不应强制执行的”,甚至规定了兜底条款“其他不属于有履行能力而拒不履行生效法律文书确定义务的情形”。如何理解第1项中的“充分有效担保”?第4项中的“其他”情形是否意味着法官有权针对该规定中第1条予以个案裁量?如果规范层面缺少关于这些问题的统一理解,那么实践层面的操作不一便很难杜绝。

除了具体判断标准,失信被执行人名单制度的启动模式也存在一定问题。根据最高人民法院《关于公布失信被执行人名单信息的若干规定》第5条第2款的规定,“申请执行人认为被执行人具有本规定第一条规定情形之一的,可以向人民法院申请将其纳入失信被执行人名单。人民法院应当自收到申请之日起十五日内审查并作出决定。人民法院认为被执行人具有本规定第一条规定情形之一的,也可以依职权决定将其纳入失信被执行人名单”。由此所确立的失信被执行人名单制度二元启动模式,导致了各级、各地法院在实际操作中存在较大差异。尽管其初衷或是便于当地法院因地制宜,但毋庸讳言,面对待执行案件的庞大基数和现有执行资源的有限性之间的矛盾,采取“一刀切”的方式处理成为许多法院在难以抉择下的最终选择,这使一些不符合条件,或者存在特殊情况的被执行人,也被纳入了失信被执行人名单。

三、检察机关在失信被执行人名单之民事执行监督中的定位

针对失信被执行人名单制度的法律性质,理论及实务界主要结合失信被执行人联合惩戒制度予以阐释,对此主要有“民事执行措施说”“惩罚措施说”“(惩罚性

的执行措施）二元说”[1]三种观点。无论失信被执行人名单是何种性质的措施，作为法律监督机关的检察机关都有必要充分发挥法律监督职能针对此项制度施以适当监督。问题在于，检察机关在此项制度之监督过程中，究竟应基于何种职能、行使哪些措施？

依照相关法律规定，人民检察院是国家的法律监督机关，有权对民事审判和执行活动实行法律监督。最高人民法院、最高人民检察院《关于民事执行活动法律监督若干问题的规定》第 3 条规定，“人民检察院对人民法院执行生效民事判决、裁定、调解书、支付令、仲裁裁决以及公证债权文书等法律文书的活动实施法律监督”；第 7 条规定，具有“（一）损害国家利益或者社会公共利益的；（二）执行人员在执行该案时有贪污受贿、徇私舞弊、枉法执行等违法行为、司法机关已经立案的；（三）造成重大社会影响的；（四）需要跟进监督的”等四种情形之一的民事执行案件，人民检察院应当依职权进行监督。当前，检察机关对民事审判、执行活动的监督主要体现在对法律适用、事实认定问题提起抗诉，对审判、执行工作中的违法行为实施监督。但是，在执行过程中检察机关尚未发挥足够作用，对失信惩戒的监督有待进一步完善。

第一，从监督情形来看，本案情形是被执行人不应被列入失信被执行人名单但被违法列入（“不应纳入而违法纳入”）。这对应的是最高人民法院《关于公布失信被执行人名单信息的若干规定》第 3 条所规定的四种类型。最高人民检察院在发布本指导性案例时，关于指导意义指出，“该项制度应当依法运用，否则将降低被执行人的社会信誉度，给其社会生活、商业经营等带来不便。执行法院查封、冻结的财产足以清偿债务的，将企业或其法定代表人纳入失信被执行人名单是不妥当的，检察机关应对违法执行行为予以监督，切实维护企业或个人合法权益”。[2]

除了本案关涉情形，针对被执行人应被列入失信被执行人名单但未被列入（“应纳入而不纳入”）、失信被执行人名单发布程序违法（如“未进行惩戒风险提

---

〔1〕 关于二元说的讨论，参见李昌超：《失信被执行人名单制度施行中的问题及解决》，载《政法论丛》2017 年第 2 期；李烁：《论失信联合惩戒的合法性及其补强——以〈对失信被执行人实施联合惩戒的合作备忘录〉为样本的分析》，载《中国法律评论》2021 年第 1 期。

〔2〕 某牧业公司被错列失信被执行人名单执行监督案（检例第 78 号，最高人民检察院第二十一批指导性案例）。

示”)或者公开方式及内容违法(如“相关诉讼文书送达的合法性”[1])、失信被执行人合法财产受到不法侵害、失信被执行人退出不及时或更新滞后等其他情况,当执行法院未及时采取相应措施予以纠正或者纠正有误时,检察机关也应按照法定程序予以监督,并通过检察建议等方式予以纠正。

第二,从程序顺位来看,本案中当事人向检察院申请立案是否以向执行法院申请纠正为前置程序？在本案中,尚无检察机关介入失信被执行人名单制度之具体规定,根据最高人民法院、最高人民检察院《关于民事执行活动法律监督若干问题的规定》,检察机关按照相应程序对执行法院提出检察建议。根据最高人民法院《关于公布失信被执行人名单信息的若干规定》第 11 条的规定,被纳入失信被执行人名单的公民、法人或其他组织认为有“(一)不应将其纳入失信被执行人名单的;(二)记载和公布的失信信息不准确的;(三)失信信息应予删除的”情形之一的,可以向执行法院申请纠正,可见该规定已经规定了被执行人申请纠正程序。这是否意味着,在程序上被执行人必须首先向执行法院申请纠正,然后才能向检察院申请执行监督呢？对执行法院之驳回决定的申请复议,又是否系必经程序？上述规定对此并未明确。

通常来讲,基于法律监督的谦抑原则和对职权主体的必要尊重,法律监督通常在相关权益遭受较严重损害结果时才介入。参考行政违法检察监督相关理论,一个关键问题是,对于其他机关负责的监督事项,若其他监督主体不作为,检察机关是否应介入？对此有不得介入、可以介入和通过检察建议等方式督促履行监督职责等不同观点。[2] 姜明安教授的看法是,当其他监督主体都不作为时,相应事项可以进入检察机关行政检察的范围。该观点指出,此时若检察机关再不介入,国家利益、社会公共利益或公民、法人其他组织的合法权益即将受到重大损害,从这个意义来看,检察监督可谓制止和纠正行政违法行为,维护上述权益的“最后一道防线”。[3] 当然,不论检察机关可否介入其他机关之监督事项,都应当有专门、严格

〔1〕“检察机关在履行监督职责时应注意审查相关诉讼文书送达的合法性,对执行法院送达违法的行为及时提出检察建议,监督执行法院予以纠正,保障当事人行使诉讼权利。”参见某牧业公司被错列失信被执行人名单执行监督案(检例第 78 号,最高人民检察院第二十一批指导性案例)。

〔2〕参见秦前红、石泽华:《新时代法律监督理念:逻辑展开与内涵阐释》,载《国家检察官学院学报》2019 年第 6 期。

〔3〕参见姜明安:《完善立法,推进检察机关对行政违法行为的监督》,载《检察日报》2016 年 3 月 7 日,第 3 版。

的法律进行规定；如果可以介入，还要规定介入的范围、程度、方式和程序等。[1] 从推进失信被执行人名单工作规范化法治化正规化建设的角度来看，向执行法院申请纠正和向检察院申请执行监督两种程序之间，在程序顺位上应属并列关系抑或先后关系，有必要通过相应规定予以明确。

四、在错列失信被执行人名单等民事执行监督中如何强化“检察建议”效能

根据《人民检察院组织法》的规定，检察建议是检察机关行使法律监督职权的重要方式。最高人民法院、最高人民检察院《关于民事执行活动法律监督若干问题的规定》第 11—13 条规定了民事执行监督检察建议的人民检察院之制发的程序及内容和人民法院之受理的程序及回复。2019 年 2 月公布施行的《人民检察院检察建议工作规定》，对检察建议的适用范围、程序和督促落实、监督管理等事项作出规定，其中第 5 条规定检察建议，包括再审检察建议、纠正违法检察建议、公益诉讼检察建议、社会治理检察建议、其他检察建议五种类型；第 9 条规定了人民检察院在履行对诉讼活动的法律监督职责中发现有关执法、司法机关具有五种具体情形之一的，可以向有关执法、司法机关提出纠正违法检察建议。[2]

在本案中，检察机关的个案监督，是否限于个案功效呢？尧都区人民检察院向尧都区人民法院提出检察建议，建议该院依法纠正违法执行行为。尧都区人民法院采纳了检察建议，将执行裁定书送达当事人，并撤销了将张某奎、某牧业公司纳入失信被执行人名单的决定。本案是山西省人民检察院开展“服务营商环境民事检察执行”专项活动中监督的一个案例。从检察建议的类型来看，本案中的检察建议属于“纠正违法检察建议”。根据报道，山西省检察系统“重点对法院在适用失信被执行人名单制度中是否存在应纳入而不纳入、不应纳入而违法纳入，是否进行惩戒风险提示及失信被执行人名单退出情况进行监督，通过专项活动，监督纠正一

---

〔1〕 参见秦前红：《两种“法律监督”的概念分野与行政检察监督之归位》，载《东方法学》2018 年第 1 期。

〔2〕 这五种具体，分别是：(1)人民法院审判人员在民事、行政审判活动中存在违法行为；(2)人民法院在执行生效民事、行政判决、裁定、决定或者调解书、支付令、仲裁裁决书、公证债权文书等法律文书过程中存在违法执行、不执行、怠于执行等行为，或者有其他重大隐患；(3)人民检察院办理行政诉讼监督案件或者执行监督案件，发现行政机关有违反法律规定、可能影响人民法院公正审理和执行的行为；(4)公安机关、人民法院、监狱、社区矫正机构、强制医疗执行机构等在刑事诉讼活动中或者执行人民法院生效刑事判决、裁定、决定等法律文书过程中存在普遍性、倾向性违法问题，或者有其他重大隐患，需要引起重视予以解决；(5)诉讼活动中其他需要以检察建议形式纠正违法的情形。

批违法使用失信被执行人名单制度的案件”，可见，检察机关的此种个案监督，在一定程度上还发挥着“建立对失信人员违法惩戒常态化监督机制，确保失信被执行人名单制度规范运行，推动形成共同维护诚信、惩戒失信的良好氛围，助力社会诚信体系建设”的作用。[1]

针对本案所体现的失信被执行人名单在制度实施中存在的问题，检察机关有无必要进一步制发专门的“社会治理检察建议”？在检察实践中，各级检察机关要平衡好检察建议的质量、数量和效果等诸要素的辩证关系。2018 年 10 月，最高人民检察院为加强校园安全向教育部发出“一号检察建议”。2020 年最高人民检察院工作报告中再次提出要持续推进“一号检察建议”的落实。社会治理检察建议在提出问题的同时，帮助相关部门寻找解决问题的办法，通过推动相关部门建章立制、堵塞漏洞、消除隐患，推进社会治理法治化、规范化。当然，除了部分已经在诉讼法中明确规定作为检察监督启动程序的检察建议类型，其他检察建议目前本质上还是一种柔性监督，其效力和作用的发挥与否，主要取决于自身的规范性以及内容的说服力和可行性等因素。以柔性措施实现刚性监督，对检察建议的内容和运行机制提出了更为严格的要求。[2] 如果未来确将针对失信被执行人名单制度制发专门的检察建议，那么这是必须注意到的重要问题。例如，在部分检察院层面先行先试制发检察建议，也许是一种试错成本相对较小的可行方案。

值得注意的是，相应检察建议之制发，既要加强检察建议工作的规范化从而确保其针对性和可操作性，也要充分听取被建议单位意见从而形成共识、共同落实，同时还要切实发挥专家咨询制度的作用。其一，应当注意提出既符合法律法规等要求，又明确具体、说理充分、论证严谨、语言简洁、有可操作性的建议内容。长远来看，因循《人民检察院组织法》第 21 条规定的“检察建议的适用范围及其程序，依照法律有关规定”，在恰当时机全面总结梳理，在法律层面明确检察建议的适用范围和程序，并在有关法律法规中补充相应落实内容，应有必要。其二，合力破解社会治理难题要注意提倡“双赢、多赢、共赢”的工作理念。“建设监督与被监督的良性、积极关系，努力实现双赢多赢共赢。监督和被监督只是法律上、工作中分工不

[1] 王文娅：《履行监督职能　确保失信被执行人名单制度规范运行》，载《检察日报》2020 年 9 月 16 日，第 5 版。

[2] 参见石泽华：《如何持续督导落实检察建议》，载《检察日报》2020 年 7 月 12 日，第 3 版。

同、职能不同,但目标是共同的。”[1]其三,检察建议之制发应当切实发挥专家咨询制度的作用,并考虑适时向专家论证制度延伸,同时其实际效果需要保证定期评估,并在此基础上考虑引进社会化第三方评估机制。唯有此,才可能使检察建议真正成为检察机关行使法律监督职权、参与社会治理的重要抓手。

五、检察机关在优化营商环境中的定位

中共中央《关于加强新时代检察机关法律监督工作的意见》强调,检察机关要依法维护企业合法权益,服务保障经济社会高质量发展。这要求检察机关转变司法理念,在依法履职促进民营经济健康发展中,将平等保护贯穿始终。法治是最好的营商环境。最高人民检察院原检察长张军多次强调,检察机关在办理涉及民营企业的案件时,要综合运用好刑事司法政策,“依法能不捕的不捕、能不诉的不诉、能不判实刑的就提出适用缓刑的建议”。近年来在依法保障和促进民营经济健康发展中,检察机关作出了一系列重要部署和举措。例如,2020 年 7 月,在疫情防控期间,最高人民检察院出台《关于充分发挥检察职能服务保障“六稳”“六保”的意见》,提出 11 条具体举措,对充分发挥检察职能服务保障作出细化要求;下发《关于开展涉非公经济控告申诉案件清理和监督活动的通知》,组织全国检察机关开展涉非公经济控告申诉案件清理和监督活动。2019 年以来,最高人民检察院先后发布数批保障民营企业发展的指导性案例、典型案例,为各级检察院保护民营企业合法权益、服务和保障非公有制经济健康发展提供指引和参考,同时有力地警示犯罪、宣传法治。

在本案中,检察机关对错列失信被执行人名单的违法行为发出检察建议,监督纠正了违法执行行为,避免了民营企业因不当信用惩戒而陷入困境,被称为“一次有效监督,救活一个企业”。[2] 最高人民检察院在发布本指导性案例时,关于本案要旨指出,“查封、扣押、冻结的财产足以清偿生效法律文书确定的债务的,执行法院不应将被执行人纳入失信被执行人名单……监督法院纠正对被执行人违法采取

---

〔1〕 张军:《强化新时代法律监督　维护宪法法律权威》,载《学习时报》2019 年 1 月 2 日,第 1 版。

〔2〕《一次有效监督　救活一个企业——临汾市尧都区检察院切实保障民企合法权益》,载《山西法制报》2020 年 9 月 3 日,第 1 版。

的信用惩戒措施，以维护企业的正常经营秩序，优化营商环境”[1]。

当然，检察机关在助力优化营商环境的过程中，也要坚持“不缺位、不越位”理念，避免代位执法、越位履职，同时强调以办案为中心、以监督为主业，通过办案实现监督。例如，在行政执法监督工作中，有的基层人民检察院多次开展检察机关与行政机关联合执法行动，甚至下发诸如《关于联合开展行政执法监督工作的实施方案》等文件，将其视作对行政执法行为的法律监督乃至大力宣传；还有的地方为了缓解公益诉讼案源问题，与环保行政部门联合开展环保执法行动，以期尽快发出检察建议。这些探索的初衷可鉴，但以检察代替行政的做法，分散了检察机关的有限资源及其工作人员的有限精力，也不完全契合法律监督的基本定位，需要注意。这也说明，检察机关对于行政执法行为开展的法律监督，主要应当针对涉及公民人身、财产权益的行政强制措施，以及行政机关在城建、环保、治安、文化等职能行使方面存在的乱作为、滥作为或者不作为等情形进行的监督，而不是取代行政机关，挺在一线、“自己作为”。[2] 与此相似，在民事执行检察监督中，检察机关针对民事执行活动开展的法律监督，也并非代替人民法院开展相应工作，而是针对人民法院的相关工作进行监督，以此既充分尊重被监督单位的自身职权和运作规律，也维护国家法律完整统一正确实施。

规范与文书

《人民检察院民事诉讼监督规则(试行)》

第一百零二条　人民检察院对人民法院在民事执行活动中违反法律规定的情形实行法律监督。

第一百零三条　人民检察院对民事执行活动提出检察建议的，应当经检察委员会决定，制作《检察建议书》，在决定之日起十五日内将《检察建议书》连同案件

[1] 某牧业公司被错列失信被执行人名单执行监督案(检例第78号，最高人民检察院第二十一批指导性案例)。

[2] 参见秦前红、石泽华：《新时代法律监督理念：逻辑展开与内涵阐释》，载《国家检察官学院学报》2019年第6期。

卷宗移送同级人民法院,并制作决定提出检察建议的《通知书》,发送当事人。

第一百零四条　人民检察院认为当事人申请监督的人民法院执行活动不存在违法情形的,应当作出不支持监督申请的决定,并在决定之日起十五日内制作《不支持监督申请决定书》,发送申请人。

《人民检察院检察建议工作规定》

第五条　检察建议主要包括以下类型:

(一)再审检察建议;

(二)纠正违法检察建议;

(三)公益诉讼检察建议;

(四)社会治理检察建议;

(五)其他检察建议。

第九条　人民检察院在履行对诉讼活动的法律监督职责中发现有关执法、司法机关具有下列情形之一的,可以向有关执法、司法机关提出纠正违法检察建议:

(一)人民法院审判人员在民事、行政审判活动中存在违法行为的;

(二)人民法院在执行生效民事、行政判决、裁定、决定或者调解书、支付令、仲裁裁决书、公证债权文书等法律文书过程中存在违法执行、不执行、怠于执行等行为,或者有其他重大隐患的;

(三)人民检察院办理行政诉讼监督案件或者执行监督案件,发现行政机关有违反法律规定、可能影响人民法院公正审理和执行的行为的;

(四)公安机关、人民法院、监狱、社区矫正机构、强制医疗执行机构等在刑事诉讼活动中或者执行人民法院生效刑事判决、裁定、决定等法律文书过程中存在普遍性、倾向性违法问题,或者有其他重大隐患,需要引起重视予以解决的;

(五)诉讼活动中其他需要以检察建议形式纠正违法的情形。

第十一条　人民检察院在办理案件中发现社会治理工作存在下列情形之一的,可以向有关单位和部门提出改进工作、完善治理的检察建议:

(一)涉案单位在预防违法犯罪方面制度不健全、不落实,管理不完善,存在违法犯罪隐患，需要及时消除的；

（二）一定时期某类违法犯罪案件多发、频发，或者已发生的案件暴露出明显的管理监督漏洞，需要督促行业主管部门加强和改进管理监督工作的；

（三）涉及一定群体的民间纠纷问题突出，可能导致发生群体性事件或者恶性案件，需要督促相关部门完善风险预警防范措施，加强调解疏导工作的；

（四）相关单位或者部门不依法及时履行职责，致使个人或者组织合法权益受到损害或者存在损害危险，需要及时整改消除的；

（五）需要给予有关涉案人员、责任人员或者组织行政处罚、政务处分、行业惩戒，或者需要追究有关责任人员的司法责任的；

（六）其他需要提出检察建议的情形。

第十二条　对执法、司法机关在诉讼活动中的违法情形，以及需要对被不起诉人给予行政处罚、处分或者需要没收其违法所得，法律、司法解释和其他有关规范性文件明确规定应当发出纠正违法通知书、检察意见书的，依照相关规定执行。

第三十条　法律、司法解释和其他有关规范性文件对再审检察建议、纠正违法检察建议和公益诉讼检察建议的办理有规定的，依照其规定办理；没有规定的，参照本规定办理。

最高人民法院、最高人民检察院《关于民事执行活动法律监督若干问题的规定》

第三条　人民检察院对人民法院执行生效民事判决、裁定、调解书、支付令、仲裁裁决以及公证债权文书等法律文书的活动实施法律监督。

第十一条　人民检察院向人民法院提出民事执行监督检察建议，应当经检察长批准或者检察委员会决定，制作检察建议书，在决定之日起十五日内将检察建议书连同案件卷宗移送同级人民法院。

检察建议书应当载明检察机关查明的事实、监督理由、依据以及建议内容等。

第十二条　人民检察院提出的民事执行监督检察建议，统一由同级人民法院立案受理。

第十三条　人民法院收到人民检察院的检察建议书后，应当在三个月内将审查处理情况以回复意见函的形式回复人民检察院，并附裁定、决定等相关法律文书。有特殊情况需要延长的，经本院院长批准，可以延长一个月。

回复意见函应当载明人民法院查明的事实、回复意见和理由并加盖院章。不采纳检察建议的，应当说明理由。

第十八条　有关国家机关不依法履行生效法律文书确定的执行义务或者协助执行义务的，人民检察院可以向相关国家机关提出检察建议。

第二十条　人民法院、人民检察院应当建立完善沟通联系机制，密切配合，互相支持，促进民事执行法律监督工作依法有序稳妥开展。

第二十一条　人民检察院对人民法院行政执行活动实施法律监督，行政诉讼法及有关司法解释没有规定的，参照本规定执行。

最高人民法院《关于人民法院民事执行中查封、扣押、冻结财产的规定》

第一条　人民法院查封、扣押、冻结被执行人的动产、不动产及其他财产权，应当作出裁定，并送达被执行人和申请执行人。

采取查封、扣押、冻结措施需要有关单位或者个人协助的，人民法院应当制作协助执行通知书，连同裁定书副本一并送达协助执行人。查封、扣押、冻结裁定书和协助执行通知书送达时发生法律效力。

第三条　人民法院对被执行人下列的财产不得查封、扣押、冻结：

（一）被执行人及其所扶养家属生活所必需的衣服、家具、炊具、餐具及其他家庭生活必需的物品；

（二）被执行人及其所扶养家属所必需的生活费用。当地有最低生活保障标准的，必需的生活费用依照该标准确定；

（三）被执行人及其所扶养家属完成义务教育所必需的物品；

（四）未公开的发明或者未发表的著作；

（五）被执行人及其所扶养家属用于身体缺陷所必需的辅助工具、医疗物品；

（六）被执行人所得的勋章及其他荣誉表彰的物品；

（七）根据《中华人民共和国缔结条约程序法》，以中华人民共和国、中华人民共和国政府或者中华人民共和国政府部门名义同外国、国际组织缔结的条约、协定和其他具有条约、协定性质的文件中规定免于查封、扣押、冻结的财产；

（八）法律或者司法解释规定的其他不得查封、扣押、冻结的财产。

第四条　对被执行人及其所扶养家属生活所必需的居住房屋，人民法院可以查封，但不得拍卖、变卖或者抵债。

第五条　对于超过被执行人及其所扶养家属生活所必需的房屋和生活用品，人民法院根据申请执行人的申请，在保障被执行人及其所扶养家属最低生活标准所必需的居住房屋和普通生活必需品后，可予以执行。

第十九条　查封、扣押、冻结被执行人的财产，以其价额足以清偿法律文书确定的债权额及执行费用为限，不得明显超标的额查封、扣押、冻结。

发现超标的额查封、扣押、冻结的，人民法院应当根据被执行人的申请或者依职权，及时解除对超标的额部分财产的查封、扣押、冻结，但该财产为不可分物且被执行人无其他可供执行的财产或者其他财产不足以清偿债务的除外。

最高人民法院《关于公布失信被执行人名单信息的若干规定》

第一条　被执行人未履行生效法律文书确定的义务，并具有下列情形之一的，人民法院应当将其纳入失信被执行人名单，依法对其进行信用惩戒：

（一）有履行能力而拒不履行生效法律文书确定义务的；

（二）以伪造证据、暴力、威胁等方法妨碍、抗拒执行的；

（三）以虚假诉讼、虚假仲裁或者以隐匿、转移财产等方法规避执行的；

（四）违反财产报告制度的；

（五）违反限制消费令的；

（六）无正当理由拒不履行执行和解协议的。

第三条　具有下列情形之一的，人民法院不得依据本规定第一条第一项的规定将被执行人纳入失信被执行人名单：

（一）提供了充分有效担保的；

（二）已被采取查封、扣押、冻结等措施的财产足以清偿生效法律文书确定债务的；

(三)被执行人履行顺序在后,对其依法不应强制执行的;

(四)其他不属于有履行能力而拒不履行生效法律文书确定义务的情形。

第九条 不应纳入失信被执行人名单的公民、法人或其他组织被纳入失信被执行人名单的,人民法院应当在三个工作日内撤销失信信息。

记载和公布的失信信息不准确的,人民法院应当在三个工作日内更正失信信息。

第十条 具有下列情形之一的,人民法院应当在三个工作日内删除失信信息:

(一)被执行人已履行生效法律文书确定的义务或人民法院已执行完毕的;

(二)当事人达成执行和解协议且已履行完毕的;

(三)申请执行人书面申请删除失信信息,人民法院审查同意的;

(四)终结本次执行程序后,通过网络执行查控系统查询被执行人财产两次以上,未发现有可供执行财产,且申请执行人或者其他人未提供有效财产线索的;

(五)因审判监督或破产程序,人民法院依法裁定对失信被执行人中止执行的;

(六)人民法院依法裁定不予执行的;

(七)人民法院依法裁定终结执行的。

有纳入期限的,不适用前款规定。纳入期限届满后三个工作日内,人民法院应当删除失信信息。

依照本条第一款规定删除失信信息后,被执行人具有本规定第一条规定情形之一的,人民法院可以重新将其纳入失信被执行人名单。

依照本条第一款第三项规定删除失信信息后六个月内,申请执行人申请将该被执行人纳入失信被执行人名单的,人民法院不予支持。

第十一条 被纳入失信被执行人名单的公民、法人或其他组织认为有下列情形之一的,可以向执行法院申请纠正:

(一)不应将其纳入失信被执行人名单的;

(二)记载和公布的失信信息不准确的;

(三)失信信息应予删除的。

第十二条 公民、法人或其他组织对被纳入失信被执行人名单申请纠正的,执行法院应当自收到书面纠正申请之日起十五日内审查,理由成立的,应当在三个工作日内纠正;理由不成立的,决定驳回。公民、法人或其他组织对驳回决定不服的,可以自决定书送达之日起十日内向上一级人民法院申请复议。上一级人民法院应当自收到复议申请之日起十五日内作出决定。

复议期间,不停止原决定的执行。

乔某与张某奎、临汾市某牧业有限公司民间借贷纠纷执行裁定书

山西省临汾市尧都区人民法院

(2017)晋1002执166号

申请执行人:乔某,女,1973年4月3日出生,汉族。

被执行人:张某奎,男,1963年7月23日出生,汉族。

被执行人:临汾市某牧业有限公司。

法定代表人:张某奎,公司经理。

本院在执行申请执行人乔某与被执行人张某奎、临汾市某牧业有限公司民间借贷纠纷一案中,经查,被执行人张某奎、临汾市某牧业有限公司名下有银行存款,依照《中华人民共和国民事诉讼法》第二百四十条、第二百四十二条,《最高人民法院关于适用〈中华人民共和国民事诉讼法〉的解释》第四百八十七条之规定,裁定如下:

冻结被执行人张某奎、临汾市某牧业有限公司银行存款281280元或其他资金,期限为一年。

本裁定立即执行。

执　行　员　张某青
执　行　员　乔某学
执　行　员　侯某庆
二〇一七年三月九日
书　记　员　王某笑

尚衡华松被诉股东损害赔偿责任纠纷抗诉案*

摘要与关键词

摘要:检察机关通过抗诉和再审检察建议,实现对民商事生效裁判结果的监督。在第77号检例中,检察机关充分运用调查核实权,精准把握抗诉标准,严格适用股东有限责任等产权制度,依法保护投资者的个人财产安全,切实维护人民群众切身利益,努力营造良好的营商环境。公司人格独立、股东有限责任是现代公司制度的基石,是司法过程中必须恪守的一项基本原则,而公司人格否认、股东连带责任只是该项制度的特殊情形和例外。因此,检察机关在履行民商事案件检察监督职权的过程中,应对其适用秉持谨慎的态度。若股东未滥用公司法人独立地位逃避债务并严重损害公司债权人利益,就不应对公司债务承担连带责任。这样的检察监督理念增强了民事诉讼监督的准确性,有力地推进了民事诉讼监督的高质量发展。

关键词:公司人格独立;股东有限责任;优化营商环境;抗诉监督

非公有制经济是我国国民经济的重要组成部分,在我国经济社会发展中具有重要的地位和作用。支持、引导和鼓励非公有制经济健康发展是社会主义市场经济体制的基本要求。保护民商事主体的合法权益,优化营商环境是完善社会主义市场经济体制的应有之义。

2020年7月28日,最高人民检察院召开以"加强民事检察监督,精准服务民企发展"为主题的新闻发布会,发布了第二十一批指导性案例,即检例第77号至第80

* 本案例来自最高人民检察院第二十一批指导性案例(检例第77号)。本文作者:赵溢鑫。

号，这是最高人民检察院首次围绕民营经济司法保护发布指导性案例。作为检例第77号的"尚衡华松被诉股东损害赔偿责任纠纷抗诉案"，为实践中如何适用《公司法》第20条第3款提供了指引，明确了股东未滥用公司法人独立地位逃避债务并严重损害公司债权人利益的，不应对公司债务承担连带责任。对于指导检察机关在具体办案中审慎适用公司人格法人制度，进一步维护我国现代公司制度，促进社会主义市场经济的发展具有典型意义。[1]

案情与程序

2007年11月，浩晔公司登记设立。为开发广东省惠州市某房产的房地产项目公司，浩晔公司多次对外借款。2010年1月，因浩晔公司无力清偿债务，广东省惠州市中级人民法院受理债权人对浩晔公司提出的破产申请。在容大公司提供5000万元破产重整保证金后，相关债权人于2011年5月撤回破产清算申请。2011年8月，尚衡华松与浩晔公司、惠州美地、陈某军、容大公司签订《投资合作协议》及补充协议，约定尚衡华松以2000万元受让惠州美地持有的浩晔公司100%股权，并向浩晔公司提供1.48亿元委托贷款，浩晔公司以案涉国有土地使用权等为尚衡华松的债权投资提供担保，惠州美地、陈某军、浩晔公司亦提供连带责任担保。

2011年8月9日，浩晔公司的股东变更为尚衡华松和陈某军，其中尚衡华松占股东出资额的99.9%。2011年8月10日，尚衡华松委托中国建设银行股份有限公司某分行将其1.48亿元款项借给浩晔公司，用于浩晔公司某项目运作和浩晔公司运营，浩晔公司和惠州美地依约提供抵押担保。同日，1.48亿元委托贷款和2000万元股权转让款转入浩晔公司。款项到位后，2011年8月至2012年4月，为完成破产重整程序中债务清偿及期间发生的借款、担保等相关衍生事宜，浩晔公司依照合同约定及容大公司、债权人陈某忠等人指令，先后向惠州美地、小马迪迪公司、一电科技等多家公司转账，款项共计1.605亿元。

2012年11月1日，诸某某将其持有的对浩晔公司债权中的800万元转让给赵

---

〔1〕 参见《最高检第二十一批指导性案例出炉记：以法之名，精准服务民企发展》，载最高人民检察院网，https://www.spp.gov.cn/spp/zdgz/202009/t20200923480663.shtml，2021年9月8日访问。

某新,并通知债务人。2012 年 11 月 5 日,赵某新向浙江省兰溪市人民法院起诉,要求浩晔公司归还欠款 800 万元,尚衡华松承担连带责任。

兰溪市中级人民法院一审认为,尚衡华松是浩晔公司的绝对控股股东,其滥用公司法人独立地位和股东有限责任,对浩晔公司进行不正当支配和控制,且未将贷款用于房地产开发,其转移资产、逃避债务的行为严重损害公司债权人利益,应当对浩晔公司的债务承担连带责任,遂判决浩晔公司归还赵某新 800 万元借款,尚衡华松承担连带责任。尚衡华松不服,上诉至浙江省金华市中级人民法院。金华市中级人民法院二审判决[(2014)浙金商终字第 279 号]驳回上诉,维持原判。尚衡华松申请再审,浙江省高级人民法院裁定驳回其再审申请。

检察机关履职情况

一、受理及审查情况

在一审、二审相继败诉,申请再审又被浙江省高级人民法院裁定驳回的情况下,尚衡华松坚持主张浩晔公司对外转款均有特定用途,并非转移资产,尚衡华松并不存在滥用公司法人独立地位和股东有限责任的行为,不应承担连带责任,并把维权胜诉的希望寄托到检察机关的民事检察监督程序上,遂于 2016 年 2 月向浙江省金华市人民检察院申请检察监督。[1]

该案系当地检察机关受理的人民法院适用《公司法》第 20 条第 3 款规定判决股东对公司债务承担连带责任,在穷尽法院救济途径后,股东进一步向检察机关申请监督的首起案件。该院高度重视,积极履行民事检察监督[2]职能,及时受案并成立了以部门负责人为组长、业务骨干共同参与的案件专班。经反复审阅原审卷宗,核实相关工商登记信息,并对本案关键证人进行询问,多次当面听取申请人及

〔1〕《民事诉讼法》第 209 条第 1 款规定:“有下列情形之一的,当事人可以向人民检察院申请检察建议或者抗诉:(一)人民法院驳回再审申请的;(二)人民法院逾期未对再审申请作出裁定的;(三)再审判决、裁定有明显错误的。”

〔2〕民事检察监督原则是我国民事诉讼法规定的一项基本原则,是人民检察院对于人民法院行使民事审判权和执行权行为的合法性进行的监督。这对于维护法制的统一,保障法院正确行使审判权和执行权,维护当事人合法权益,都具有重要的意义。《民事诉讼法》第 14 条规定:“人民检察院有权对民事诉讼实行法律监督。”

其委托代理人的意见后，办案组认为本案的监督重点在于：尚衡华松投资浩晔公司后，是否存在滥用公司法人独立地位和股东有限责任逃避公司债务的问题。同时，检察机关通过履行调查核实权获取了大量新证据，可证实浩晔公司于2011年8月至2012年4月期间的对外转款系清偿先前到期担保债务或撤销相应抵押，均系正当事由，并非恶意转移资产，逃避债务。

二、监督意见

2016年7月，金华市人民检察院以原审判决认定事实及适用法律确有错误为由，就本案向浙江省人民检察院提请抗诉。[1] 浙江省人民检察院经审查认为，尚衡华松并未支配控制浩晔公司的资金支出，在尚衡华松受让股权后，浩晔公司仍然由原股东惠州美地派人进行管理，公司管理人员未发生变化；浩晔公司向惠州美地等公司多次转款均具有明确用途，而非恶意转移资产；尚衡华松与浩晔公司、惠州美地等企业之间不存在人员、业务、财务的交叉或混同。因此，终审判决认定尚衡华松利用法人独立地位和股东有限责任逃避债务，属于认定事实和适用法律错误。据此，浙江省人民检察院依法作出浙检民（行）监（2016）33000000128号民事抗诉书，于2016年11月25日向浙江省高级人民法院提出抗诉。[2]

三、监督结果

根据检察机关的抗诉意见，浙江省高级人民法院作出了（2017）浙民抗字第3号民事裁定，决定提审本案。在案件再审过程中，浙江省人民检察院围绕原审认定事实错误和适用法律错误充分发表了抗诉意见。关于原审认定事实，浙江省人民检察院认为，原审认定申诉人尚衡华松（一审被告、二审上诉人）存在转移资产、逃避债务，严重损害债权人利益缺乏事实依据。理由是：（1）尚衡华松受让股权是为了浩晔公司的委托贷款提供担保；（2）从现有证据来看尚衡华松受让股权之后浩晔

---

〔1〕《民事诉讼法》第215条第2款规定："地方各级人民检察院对同级人民法院已经发生法律效力的判决、裁定，发现有本法第二百零七条规定情形之一的，或者发现调解书损害国家利益、社会公共利益的，可以向同级人民法院提出检察建议，并报上级人民检察院备案；也可以提请上级人民检察院向同级人民法院提出抗诉。"

〔2〕《民事诉讼法》第215条第1款规定："最高人民检察院对各级人民法院已经发生法律效力的判决、裁定，上级人民检察院对下级人民法院已经发生法律效力的判决、裁定，发现有本法第二百零七条规定情形之一的，或者发现调解书损害国家利益、社会公共利益的，应当提出抗诉。"

公司的资金支出并非由其支配;(3)从贷款去向及支付原因来看,原审认定尚衡华松有转移资产、逃避债务的行为事实依据不足。关于原审适用《公司法》第20条规定判令尚衡华松对浩晔公司债务承担连带责任,浙江省人民检察院认为,尚衡华松对浩晔公司提供委托贷款之后,为了债权担保需要,受让了浩晔公司股权,但其并未参与浩晔公司实际运营,没有证据证明其有滥用股东权利转移公司资产、逃避债务的行为;从现有证据来看,尚衡华松与浩晔公司等均不存在人员、业务、财务等方面的交叉或混同,尚衡华松作为股东亦不存在利用法人独立地位向自身关联公司转移浩晔公司资产的行为,并未有严重损害其他债权人利益的行为;法人人格独立是公司法的基本原则,人格否认制度构成要件的适用都应有损害公司的独立人格和股东的有限责任的情形。本案贷款未用于约定目的开发房地产,并非滥用股东有限责任的情形,不能作为否定法人人格的理由。〔1〕

2018年1月31日,浙江省高级人民法院依法作出(2017)浙民再116号民事判决,〔2〕认定案涉委托贷款以及股权转让款的对外支付有合理解释,现有证据不足以证明丙企业有滥用公司法人独立地位和股东有限责任逃避债务的行为,判决撤销一审、二审判决有关尚衡华松对案涉债务承担连带责任的判项,驳回赵某新对尚衡华松提出的诉讼请求。〔3〕

类案学理研讨

一、本案所涉关键事实的认定

"以事实为根据,以法律为准绳"是人民司法工作的一项基本原则。对此,我国

〔1〕 详见浙江省高级人民法院民事判决书(2017)浙民再116号。

〔2〕 《民事诉讼法》第218条规定:"人民检察院提出抗诉的案件,接受抗诉的人民法院应当自收到抗诉书之日起三十日内作出再审的裁定;有本法第二百零七条第一项至第五项规定情形之一的,可以交下一级人民法院再审,但经该下一级人民法院再审的除外。"在本案中,浙江省人民检察院提出抗诉的理由是"终审判决认定丙企业利用法人独立地位和股东有限责任逃避债务,属于认定事实和适用法律错误"。这一理由符合我国《民事诉讼法》第207条(原2012年《刑事诉讼法》第200条)第6项的规定,因而由浙江省高级人民法院直接再审,不能下放对该案的管辖权。

〔3〕 《民事诉讼法》第214条第1款规定:"人民法院按照审判监督程序再审的案件,发生法律效力的判决、裁定是由第一审法院作出的,按照第一审程序审理,所作的判决、裁定,当事人可以上诉;发生法律效力的判决、裁定是由第二审法院作出的,按照第二审程序审理,所作的判决、裁定,是发生法律效力的判决、裁定;上级人民法院按照审判监督程序提审的,按照第二审程序审理,所作的判决、裁定是发生法律效力的判决、裁定。"

的《人民法院组织法》、《人民检察院组织法》以及《民事诉讼法》等都有明确的规定。同时,《民事诉讼法》第 2 条还规定:“中华人民共和国民事诉讼法的任务,是……保证人民法院查明事实,分清是非,正确适用法律,及时审理民事案件……”这些规定都充分说明了查明案件事实、分清是非是正确办理案件的基础和前提,有着极端的重要性。在本案中,尽管所涉法律关系比较复杂,但双方争议的事实焦点仍比较明确和集中,即尚衡华松投资浩晔公司后,是否存在滥用公司法人独立地位和股东有限责任逃避公司债务的问题。

本案一审时,兰溪市人民法院认为,尚衡华松有滥用公司法人独立地位和股东有限责任,对浩晔公司进行不正当支配和控制,以及转移资产、逃避债务等严重损害债权人利益的行为。二审时,金华市中级人民法院驳回上诉,维持原判以及后来浙江省高级人民法院裁定驳回再审申请,说明都认可了一审法院对于案件事实的认定。

对于本案事实认定的转向始于金华市人民检察院受理丙企业的检察监督申请之后。经调阅原审案卷,核实相关工商登记信息,询问本案关键证人,多次当面听取申请人及其委托代理人的意见后,金华市人民检察院认为,相关证据可以证实甲公司于 2011 年 8 月至 2012 年 4 月的对外转款系清偿先前到期担保债务或撤销相应抵押,均具有正当事由,并非恶意转移资产,逃避债务。正是对于案件事实认定的这一新的结论,为本案后续纠错机制的启动奠定了扎实的基础,推动了该案裁判向着正确的方向发展。后来浙江省人民检察院提出抗诉、浙江省高级人民法院依法直接改判,都说明了金华市人民检察院对于案件事实认定的正确性。同时,在检例第 77 号形成过程中,金华市人民检察院的这一事实认定结论也经受住了最高人民法院、最高人民检察院等有关工作部门和专家苛刻的“挑刺”和检验。

二、本案所涉实体法律适用的学理分析

就本案的法律适用而言,主要涉及的是《公司法》第 3 条和第 20 条,即公司的人格独立及其否认条款。

(一)公司的人格独立

《公司法》第 3 条第 1 款规定:“公司是企业法人,有独立的法人财产,享有法人财产权。公司以其全部财产对公司的债务承担责任。”第 2 款规定:“有限责任公司

的股东以其认缴的出资额为限对公司承担责任;股份有限公司的股东以其认购的股份为限对公司承担责任。”该条系以1993年《公司法》第3条[1]为基础于2005年修订而成并一直沿用至今,这也是公司人格独立的规范表达。

1. 财产独立

公司的财产主要由两类构成:一是公司设立时的财产,即公司设立时股东认缴的出资和认购的股份;二是公司成立后在生产经营过程中取得的财产。公司的这些财产独立于其他社会组织的财产,也独立于股东的其他财产。公司对于这些财产独立享有所有权;股东对其出资的财产从实际占有、直接占有向价值占有、间接占有转化,出资财产所有权转化为股权,依法享有的是资产收益、参与重大决策和选择管理者等权利。[2] 正是这种财产的独立奠定了公司人格独立的物质基础,并决定和影响了公司人格独立的其他方面。

2. 名称独立

《民法典》第58条第2款规定:“法人应当有自己的名称……”《公司法》第7条规定,依法设立的公司,由公司登记机关发给公司营业执照。公司营业执照应当载明公司的名称、住所、注册资本、经营范围、法定代表人姓名等事项。公司的名称是与其他公司、其他社会组织、公司成员相区别的标志,是对外开展业务活动的名义基础,必须符合《企业名称登记管理规定》的要求,具有合法性、独立性、易于识别性。

3. 意思独立

公司的意思独立,即公司有独立于其他组织、独立于公司成员的决策、执行和监督机制。其中,股东会是公司的最高权力机构,也是公司的意思形成机构,依法行使决定公司的经营方针和投资计划、审议批准董事会的报告等职权;董事会是由股东会选举产生,由全体董事组成的行使经营决策和管理权的公司必设的集体业务执行机关;监事会是公司的法定监督机构,负责对公司的业务活动进行监督检

---

〔1〕《公司法》由第八届全国人民代表大会常务委员会第五次会议于1993年12月29日通过,自1994年7月1日起施行。其第3条第1款规定:“有限责任公司和股份有限公司是企业法人。”第2款规定:“有限责任公司,股东以其出资额为限对公司承担责任,公司以其全部资产对公司的债务承担责任。”第3款规定:“股份有限公司,其全部资本分为等额股份,股东以其所持股份为限对公司承担责任,公司以其全部资产对公司的债务承担责任。”

〔2〕马俊驹、余延满:《民法原论》(第4版),法律出版社2010年版,第132—133页。

查,以有效维护公司和股东的利益。[1]

4. 责任独立

公司既然拥有独立的财产,那么对其民事活动就应独立承担民事责任,并且,和财产的独立一样,公司和公司成员的责任也是独立的。在法律上有着严格的区别,不能互为转移。公司对其法定代表人、其他工作人员执行职务的行为和代理人在代理权限范围内所为的行为承担责任,并且是以其所有的或经营管理的全部财产对外承担无限责任,而公司的股东则仅以其认缴的出资和认购的股份为限对外承担有限责任。

可以说,公司人格独立、股东有限责任是现代公司制度的基石,是司法过程中必须恪守的一项基本原则,不能随意突破。

(二)公司的人格否认

1. 公司人格否认的历史渊源和基本内涵

诚如前言,公司人格独立、股东有限责任是我们必须恪守的一项基本原则。正是这一原则的存在使公司制度得以最终确立、公司组织得以迅猛发展。然而,这一原则又如同一把"双刃剑",在推动经济增长的同时,出现了一定程度的不合目的性,既充当奋发进取者的"保护伞",又被敲诈舞弊者作为"护身符",一些投资者将其作为谋取法外利益、规避侵权责任的工具,对债权人利益的保护不利。为了克服这些弊端,纠正公司人格的滥用,实现公平、正义的伦理价值目标,英国法院首创了"刺穿法人面纱"的法律原则,且该原则很快为两大法系所认可,这就是"法人人格否认"("公司人格否认")制度的滥觞。

所谓"公司人格否认",是指在具体的法律关系中,基于特定事由,否认公司的独立人格,而要求公司成员对公司的债务或行为承担个人责任。公司人格否认的效力是对人的,而非对事的,是基于特定原因的,而非普遍适用的,因而公司人格否认原则并不是对公司制度本身的否定,而恰恰是对公司人格本质、内涵的严格恪守,对有限责任原则的修正,以实现利益均衡和公平、正义这一法律的基本理念。[2]

2. 公司人格否认的域外适用理念

英美法系和大陆法系在公司人格否认法理的适用方面有一定的差别。英美法

---

〔1〕 范健主编:《商法学》,高等教育出版社2019年版,第140—148页。

〔2〕 马俊驹、余延满:《民法原论》(第4版),法律出版社2010年版,第134—136页。

系将维护和实现公平、正义的法理理念作为适用公司人格否认的一般法理依据，而不局限于任何固有的理由和固定的适用范围，并把该法理的适用看作一种司法规制或事后的救济，而不是一种立法规制或事先的预设。恰恰相反，大陆法系在继受公司人格否认法理的同时却倾向于尽量限定和缩小该法理的适用范围，主张如果能在契约、侵权等现行法规中解决问题，则尽量不适用该法理。即使适用，也要确定法律根据，严格适用条件。所以，德国、日本都强调该法理是以成文法上的禁止权利滥用、诚实信用等条款为基本法律依据的，并力图将法人人格否认法理的适用类型化。

3. 公司人格否认在我国的立法与司法实践

1992 年，党的十四大明确提出了我国经济体制改革的目标是建立社会主义市场经济体制。大会同时要求，围绕社会主义市场经济体制的建立，要抓紧制订总体规划，有计划、有步骤地进行相应的体制改革和政策调整。在这一背景下，第八届全国人民代表大会常务委员会第五次会议于 1993 年 12 月 29 日通过了《公司法》，并于 1994 年 7 月 1 日起施行。这是与构建社会主义市场经济体制相适应的一部重要法律，也是新中国第一部《公司法》。这部法律通过至今分别于 1999 年、2004 年、2013 年、2018 年 4 次修正和 2005 年 1 次修订。总览《公司法》的 5 次修改，尤以 2005 年修订时的变革幅度最大，其变革之一就是新增了公司人格否认制度，并一直保留延续至今。

关于新增这一制度的原因，2005 年 2 月 25 日在第十届全国人民代表大会常务委员会第十四次会议上原国务院法制办公室主任曹康泰关于《公司法（修订草案）》的说明中曾明确指出就是为了“防止公司股东滥用有限责任，损害公司债权人利益和社会公共利益”。因为，实践中存在一些公司股东滥用有限责任逃废债务、逃避法律义务，损害公司债权人利益和社会公共利益的情况。有意见提出公司法应当针对这一情况建立相应的防范机制。但考虑到目前我国相关的司法实践经验尚不足，在公司法中对“滥用有限责任”作出明确界定有一定困难，美国、德国、法国、日本等国家也是通过判例个案处理这个问题的，修订草案在总则中作了原则性规定：“公司股东应当遵守法律、行政法规和公司章程，依法行使股东权利，不得滥用其有限责任损害社会公共利益、公司债权人利益或者其他利害关系人的利益。”

滥用有限责任的具体标准,可由人民法院在司法实践中具体掌握。[1]

尽管2005年修订的《公司法》,在公司人格否认方面最终形成的法条文本相比上述修订草案中的原则性规定有所拓展,但仍然是原则性的。其第20条第1款规定:"公司股东应当遵守法律、行政法规和公司章程,依法行使股东权利,不得滥用股东权利损害公司或者其他股东的利益;不得滥用公司法人独立地位和股东有限责任损害公司债权人的利益。"第2款规定:"公司股东滥用股东权利给公司或者其他股东造成损失的,应当依法承担赔偿责任。"第3款规定:"公司股东滥用公司法人独立地位和股东有限责任,逃避债务,严重损害公司债权人利益的,应当对公司债务承担连带责任。"

4. 各界对于公司人格否认的谨慎反应

公司人格否认理论的探讨最早发端于英国1897年Salomon v. A. Salomon & Co. Ltd. 一案。尽管这一理论很快被两大法系认可,后来又被世界各国引用,迄今已有120多年的历史,但就该理论法制化的进程而言,则实在是难言迅速。截至2004年,也仅有英国、法国、意大利等少数国家将之付诸立法,由此可见这一制度构建的困难。在这样的背景下,我国于2005年修订《公司法》时明确规定了这一制度,实属难能可贵。但就我国各界对这一制度的反应来说,应当说是相当谨慎,分述如下。

就立法而言,2005年修订《公司法》时,原国务院法制办公室即感到相关的司法实践经验不足,对公司股东"滥用有限责任"在认定上有困难。因此,对于公司人格否认制度仅作原则规定,具体如何适用,交给人民法院在具体的个案中去判断。

就司法而言,2005年以后,尽管有关《公司法》的司法解释已经出台了不少,但涉及公司人格否认方面的解释仍然处于空白状态。这种立法状况,造成了在司法实践中,鲜有法院以《公司法》第20条为依据,判决公司股东承担责任的案例。实务界有学者就明确表示:"从目前来说,我们的态度和原则就是谨慎,这完全是基于维护公司独立人格制度考虑。"[2]虽然在本检例中,兰溪市人民法院、金华市中级

〔1〕 国务院法制办公室主任曹康泰于2005年2月25日在第十届全国人民代表大会常务委员会第十四次会议上关于《中华人民共和国公司法(修订草案)》的说明,载http://www.npc.gov.cn/wxzl/gongbao/2005-10/27/content5343120.htm,2021年9月25日访问。

〔2〕 中国审判编辑部:《"揭开公司面纱"——法人人格否认制度理论与实务研讨》,载《中国审判》2008年第4期。

人民法院就此做出了尝试,但也随着金华市人民检察院、浙江省人民检察院的监督纠错而告结束。

就学界而言,对于我国是否应确立公司法人格否认制度,在2005年《公司法》修订之前就有一些学者持否定态度。[1] 2005年之后,学者们在普遍肯定这一制度构建的必要性的同时,更多地关注的是这一制度存在的问题以及如何将这一制度细化落地。有学者认为,公司法人格否认制度成文法的意义在于给了法院裁判债权人权益保护案件的一个“兜底性”条款。当法院能够利用已有的债法制度解决问题的情形下,就不宜适用公司法人人格否认制度,只有当债权人的权益必须给予保护,而已有的债法制度无法解决的情形下,才有考虑适用公司法人格否认制度的必要。而即便是适用这一制度,也只有依据一定的标准认定股东实施的某种行为构成滥用公司法人人格行为之后,才可以要求股东承担连带责任。[2]

鉴于以上所述,在具体的司法实践中,应严格适用公司股东有限责任制度,依法保护股东的个人财产安全。公司人格独立和股东有限责任是公司法的基本原则。否认公司独立人格,由滥用公司法人独立地位和股东有限责任的股东对公司债务承担连带责任,是股东有限责任的例外。在具体案件中应依据特定的法律事实和法律关系,综合判断和审慎适用,依法区分股东与公司的各自财产与债务,维护市场主体的独立性和正常的经济秩序。

三、人民检察院运用调查核实权对于生效民事裁判的检察监督

在我国,人民检察院有权对民事审判活动实行法律监督,然调查核实权如何行使,无论是1991年还是2007年修订的《民事诉讼法》均不十分明确,直至2012年《民事诉讼法》修订时才首次明确规定“人民检察院因履行法律监督职责提出检察建议或者抗诉的需要,可以向当事人或者案外人调查核实有关情况”。这是检察机关为履行民事诉讼监督的职责需要,可以行使调查核实权的最初法律依据。从此以后,人民检察院在民事诉讼监督领域的调查核实权制度不断走向完善。2013年最高人民检察院发布的《人民检察院民事诉讼监督规则(试行)》规定了民事检察

---

〔1〕 参见孟勤国、张素华:《公司法人格否认理论与股东有限责任》,载《中国法学》2004年第3期;范健、赵敏:《论公司法中的严格责任制度》,载《中国法学》1995年第4期。

〔2〕 石纪虎:《论股东滥用公司法人格行为的认定——兼议〈公司法〉第20条第3款之完善》,载《湘潭大学学报(哲学社会科学版)》2011年第3期。

调查核实权的适用范围、手段方式及操作流程。本案系《人民检察院组织法》修订前行使调查核实权办理民事抗诉案件的有效范例,这也说明依法行使调查核实权是检察机关正确、有效办理民事监督案件的必要措施。2018 年新修订的《人民检察院组织法》也明确规定检察机关在行使诉讼活动法律监督职权时,可以进行调查核实。在民事检察领域,检察机关可以针对案件事实和审判人员、执法人员违法行为两种情况行使调查核实权,其中针对案件事实的调查核实较为常见。但是,由于民事检察调查核实权的法律规定过于原则、模糊等,导致在司法实践中长期存在这一权力的运用不够畅通、作用发挥不够、有限等问题。

2021 年 2 月 9 日最高人民检察院第十三届检察委员会第六十二次会议通过了新的《人民检察院民事诉讼监督规则》,并于 2021 年 8 月 1 日起施行。随着该规则的通过和实施,人民检察院的调查核实权制度得到了极大的丰富和发展。该规则第四章第三节"调查核实"用了 10 个条文(第 62 条至第 71 条)对需要调查核实的情形、对象、措施、程序、检察机关之间的协同、法律责任等作了系统的规定。与此同时,为了进一步深入和细化调查核实权制度,一些地方人民检察院还出台了专门的规范性文件。如 2021 年 9 月 28 日河南省人民检察院第十三届检察委员会第三十一次会议通过了《河南省检察机关民事检察调查核实办法》,这些都是推动人民检察院民事检察中调查核实权制度不断趋于完善的有益举措。

四、检察监督的运行机制及在保障人民法院依法正确行使审判权方面的重要意义

在我国,为了保障人民法院审判权的依法正确行使,除了人民法院系统内部的审判监督机制,人民检察院作为国家专门的法律监督机关的检察监督也发挥着重要的作用。

(一)人民法院系统内部的审判监督机制

根据《人民法院组织法》的规定,人民法院是国家的审判机关,依照法律规定独立行使审判权。通过审判刑事案件、民事案件、行政案件以及法律规定的其他案件,惩罚犯罪,保障无罪的人不受刑事追究,解决民事、行政纠纷,保护个人和组织的合法权益,监督行政机关依法行使职权,维护国家安全和社会秩序,维护社会公平正义,维护国家法制统一、尊严和权威,保障中国特色社会主义建设的顺利进行。

就普通法院的层级而言,包括了最高人民法院、高级人民法院、中级人民法院和基层人民法院。上下级人民法院的关系是业务上的监督关系,即最高人民法院监督地方各级人民法院和专门人民法院的审判工作,上级人民法院监督下级人民法院的审判工作。

就民事案件的审判监督而言,包括本级人民法院的审判监督和上级人民法院的审判监督。在本级人民法院的审判监督方面,院长负有监督本院审判工作的职责,对于本院已经发生法律效力而又有错误嫌疑的判决、裁定、调解书,在院长或者院长委托的副院长主持下由审判委员会讨论决定是否应当再审。《民事诉讼法》第 205 条第 1 款规定,各级人民法院院长对本院已经发生法律效力的判决、裁定、调解书,发现确有错误,认为需要再审的,应当提交审判委员会讨论决定。在上级人民法院对下级人民法院的审判监督方面,第 205 条第 2 款规定,最高人民法院对地方各级人民法院已经发生法律效力的判决、裁定、调解书,上级人民法院对下级人民法院已经发生法律效力的判决、裁定、调解书,发现确有错误的,有权提审或者指令下级人民法院再审。第 206、207 条规定,当事人对已经发生法律效力的判决、裁定,认为有错误的,可以向上一级人民法院申请再审。当事人的申请符合法定的 13 种情形之一的,人民法院应当再审。

(二)人民检察院的检察监督职权和办案机制

1. 人民检察院的检察监督职权

根据《人民检察院组织法》的规定,人民检察院是国家的法律监督机关。通过行使检察权,追诉犯罪,维护国家安全和社会秩序,维护个人和组织的合法权益,维护国家利益和社会公共利益,保障法律正确实施,维护社会公平正义,维护国家法制统一、尊严和权威,保障中国特色社会主义建设的顺利进行。在检察院系统的层级设置上,人民检察院分为最高人民检察院、省级人民检察院、设区的市级人民检察院和基层人民检察院。上下级人民检察院的关系是领导关系,即最高人民检察院领导地方各级人民检察院和专门人民检察院的工作,上级人民检察院领导下级人民检察院的工作。

根据《人民检察院组织法》第 20 条的规定,人民检察院有权对诉讼活动实行法律监督。就民事案件的检察监督而言,《民事诉讼法》第 215 条规定,最高人民检察院对各级人民法院已经发生法律效力的判决、裁定,上级人民检察院对下级人民法院已经发生法律效力的判决、裁定,发现有本法第 207 条规定情形之一的,或者发现调解书损害国家利益、社会公共利益的,应当提出抗诉。地方各级人民检察院对同级人民法院已经发生法律效力的判决、裁定,发现有本法第 207 条规定情形之一的,或者发现调解书损害国家利益、社会公共利益的,可以向同级人民法院提出检察建议,并报上级人民检察院备案;也可以提请上级人民检察院向同级人民法院提出抗诉。各级人民检察院对审判监督程序以外的其他审判程序中审判人员的违法行为,有权向同级人民法院提出检察建议。第 216 条规定,有下列情形之一的,当事人可以向人民检察院申请检察建议或者抗诉:(1)人民法院驳回再审申请的;(2)人民法院逾期未对再审申请作出裁定的;(3)再审判决、裁定有明显错误的。人民检察院对当事人的申请应当在 3 个月内进行审查,作出提出或者不予提出检察建议或者抗诉的决定。当事人不得再次向人民检察院申请检察建议或者抗诉。第 217 条规定,人民检察院因履行法律监督职责提出检察建议或者抗诉的需要,可以向当事人或者案外人调查核实有关情况。第 218 条规定,人民检察院提出抗诉的案件,接受抗诉的人民法院应当自收到抗诉书之日起 30 日内作出再审的裁定;有本法第 207 条第 1 项至第 5 项规定情形之一的,可以交下一级人民法院再审,但经该下一级人民法院再审的除外。

2. 人民检察院的办案机制

从以上我国四级检察机关的机构设置以及上下级检察机关之间的关系,可以清楚地看到我国检察一体化的制度优势。而一体化办案正是上下级检察机关领导关系结构的题中应有之义。另外,《人民检察院民事诉讼监督规则》第 8 条规定,最高人民检察院领导地方各级人民检察院和专门检察院的民事诉讼监督工作,上级检察院领导下级检察院的民事诉讼监督工作……上级人民检察院可以依法统一调用辖区的检察人员办理民事诉讼监督案件,调用的决定应当以书面形式作出。被调用的检察官可以代表办理案件的人民检察院履行相关检察职责。这正是对上下级检察机关领导关系结构应有之义的再一次阐释,亦是对四级检察机关办理民事检察监督案件司法资源的合理分配。民事抗诉案件更应充分发挥检察一体化的办案优势,针对法院的生效判决,上下级检察机关联动办案,同级检察机关通过调查核实主要负责案件事实认定和证据采信部分,上一级检察机关负责法律适用及全案审查,这既保证了司法亲历性原则,也保证了上下级相互协作,合理分配了检察资源。

(三)检察监督在保障人民法院依法正确行使审判权方面的重要意义

上述来自法院系统和检察院系统的双重监督,其共同的目的都在于保证法律的正确实施,切实维护当事人的合法权益。就检例77号产生的启示和积极意义而言,最起码有以下两个方面。

第一,审判机关和检察机关在审判和审查股东损害公司债权人利益的案件时,应当严格区分企业正当融资担保与恶意转移公司资产逃避债务损害公司债权人利益违法行为的界限。如果公司股东没有利用经营权恶意转移公司资产谋一己之私,没有损害公司债权人利益的,依法不应当对公司债务承担连带偿还责任。就本检例而言,在通过法院系统内部的审判纠错机制已经不能及时有效维护当事人合法权益的情况下,作为国家专门法律监督机关的浙江省及金华市人民检察院及时介入,并通过法律赋予的检察监督权的充分行使,最终使案件得到了公正解决,这不仅是针对个案,而且其示范意义影响深远。

第二,审判机关和检察机关应积极发挥审判和监督职责,形成合力,共同推动法治化营商环境建设。公司有限责任是具有标志性的现代企业法律制度,旨在科学化解市场风险,鼓励投资创造财富。产权是市场经济的基础、社会文明的基石和社会向前发展的动力,投资者无法回避市场风险,因而需要筑牢企业家个人和家庭与企业之间的财产风险"防火墙"。对于依法出资和合法经营的,即使企业关闭停产,也能守住股东个人和家庭的合法财产底线,真正让有恒产者有恒心。本检例对于优化营商环境、保护企业家的投资创业热情具有重意义,也为完善市场秩序提供法治保障作出了重要贡献。

规范与文书

《中华人民共和国公司法》

第二十条　公司股东应当遵守法律、行政法规和公司章程,依法行使股东权利,不得滥用股东权利损害公司或者其他股东的利益;不得滥用公司法人独立地位和股东有限责任损害公司债权人的利益。

公司股东滥用股东权利给公司或者其他股东造成损失的,应当依法承担赔偿责任。

公司股东滥用公司法人独立地位和股东有限责任,逃避债务,严重损害公司债权人利益的,应当对公司债务承担连带责任。

《中华人民共和国民事诉讼法》(2017年修正)

第二百条　当事人的申请符合下列情形之一的,人民法院应当再审:

(一)有新的证据,足以推翻原判决、裁定的;

(二)原判决、裁定认定的基本事实缺乏证据证明的;

(三)原判决、裁定认定事实的主要证据是伪造的;

(四)原判决、裁定认定事实的主要证据未经质证的;

(五)对审理案件需要的主要证据,当事人因客观原因不能自行收集,书面申请人民法院调查收集,人民法院未调查收集的;

(六)原判决、裁定适用法律确有错误的;

(七)审判组织的组成不合法或者依法应当回避的审判人员没有回避的;

(八)无诉讼行为能力人未经法定代理人代为诉讼或者应当参加诉讼的当事人,因不能归责于本人或者其诉讼代理人的事由,未参加诉讼的;

(九)违反法律规定,剥夺当事人辩论权利的;

(十)未经传票传唤,缺席判决的;

(十一)原判决、裁定遗漏或者超出诉讼请求的;

(十二)据以作出原判决、裁定的法律文书被撤销或者变更的;

(十三)审判人员审理该案件时有贪污受贿,徇私舞弊,枉法裁判行为的。

第二百零八条　最高人民检察院对各级人民法院已经发生法律效力的判决、裁定,上级人民检察院对下级人民法院已经发生法律效力的判决、裁定,发现有本法第二百条规定情形之一的,或者发现调解书损害国家利益、社会公共利益的,应当提出抗诉。

地方各级人民检察院对同级人民法院已经发生法律效力的判决、裁定,发现有本法第二百条规定情形之一的,或者发现调解书损害国家利益、社会公共利益的,可以向同级人民法院提出检察建议,并报上级人民检察院备案;也可以提请上级人民检察院向同级人民法院提出抗诉。

各级人民检察院对审判监督程序以外的其他审判程序中审判人员的违法行为,有权向同级人民法院提出检察建议。

浙江省高级人民法院民事判决书

(2017)浙民再116号(节录)

……

浙江省人民检察院抗诉认为,原审认定事实和适用法律错误:

一、原审认定存在转移资产、逃避债务,严重损害债权人利益缺乏事实依据。1.尚衡华松受让股权的目的是为了浩晔公司的委托贷款提供担保。本案尚衡华松、陈某军于2011年8月9日受让浩晔公司的股权,尚衡华松占有浩晔公司99.9%的股权,陈某军占有0.1%的股权,股权转让款2000万元由尚衡华松支付。股权转让协议书第九条明确,惠州市美地房产开发有限公司(以下简称惠州美地)转让股权的目的是为了浩晔公司从尚衡华松借款提供担保,同时惠州美地在浩晔公司全额清偿委托贷款本息之日收购标的股权。可见,尚衡华松受让股权,成为股东的目的是为了浩晔公司的委托贷款提供担保。2.从现有证据看尚衡华松受让股权之后浩晔公司的资金支出并非由其支配。申请监督阶段尚衡华松提供了陈某军2015年11月16日出具的情况说明一份,其中载明:因尚衡华松取得浩晔公司股权是要获得惠州美地将来还款的担保,所以尚衡华松并没有取得或行使浩晔公司任何实际股东的权利,惠州美地也没有将浩晔公司的控制权或经营权给尚衡华松,浩晔公司的管理体系和经营体系全部由惠州美地实施,其行政及财务印鉴等由惠州美地委派到浩晔公司的人员管理及使用,其收到的上述1.68亿元融资也实际都是由浩晔公司支配使用,其中大部分用于归还浩晔公司债务或项目开发建设,部分款项被法院扣划。金华市人民检察院于2016年5月12日对陈某军制作的询问笔录确认上述说明出具的真实性,且笔录内容也印证了上述情况。故上述证据可证实尚衡华松并未参与浩晔公司经营,并非浩晔公司资金支出的支配人。3.从贷款去向及支付原因看,原审认定尚衡华松有转移资产、逃避债务的行为事实依据不足。二审法院对贷款去向已经查明,2011年8月10日,2000万元股权转让款和1.48亿元委托贷款转入浩晔公司的账户内,并且查明了支出明细。二审认为,仅在一天内，尚衡华松向三家公司汇出款项达8000万元，尚衡华松和浩晔公司未提供证据证明与上述三家公司及其他收款公司存在正常的业务往来，也未作出合理解释，从目前证据看，尚衡华松存在转移资产、逃避债务。申请监督阶段，尚衡华松提供了新的证据证明上述支付原因在于浩晔公司自身已有债务的正常清偿和贷款担保需要。关于二审判决涉及的8000万元的支付原因，尚衡华松提供了案外人陈某忠与深圳迪可可实业有限公司（以下简称迪可可公司）的《借款合同》，浩晔公司出具的《担保保证书》及惠州市国土资源局大亚湾分局出具的《土地使用权登记电脑机读资料结果》等证据。上述借款合同、担保保证书、机读资料虽为复印件，但与陈某军出具的情况说明、陈某忠出具的情况说明内容一致，且该节事实在金华市人民检察院对陈某军的调查笔录中也得到印证，广东省深圳市福田区人民法院（2013）深福法民一初字第2039号民事判决也载明，确认了浩晔公司于2011年8月26日代迪可可公司还款三笔合计8000万元。综合上述证据，可以证明案涉8000万元是用于清偿浩晔公司已有到期担保债务。关于向惠州美地支付1600万元，向深圳市一电科技有限公司（以下简称一电科技）支付1280万元的原因，陈某军出具的情况说明及在金华市中级人民法院对其所作的询问笔录中陈述，是由于惠州美地和一电科技合作贷款，用惠州美地的22套商铺抵押的，因22套商铺要用于向尚衡华松提供抵押，所以支付款项用于还款并将22套商铺的抵押权解除。结合上述证据可以证明这两笔款项支付原因系为了抵押担保需要，难以认定尚衡华松有恶意转移资产的行为，亦无其他证据证明浩晔公司因此存在财产减损而严重损害债权人利益的情形。另外，2012年3月12日，浩晔公司另有2760万元转入"网点—分行间款项往来待转暂收户"，依据浙江省高级人民法院（2014）浙执异终字第15号、第16号民事判决，该2670万元系汇入深圳市小马迪迪儿童用品有限公司（以下简称小马迪迪公司），由小马迪迪公司用于为案涉1.48亿元委托贷款合同提供质押担保。针对这笔支出，依据中国建设银行股份有限公司深圳分行（以下简称建行深圳分行）与小马迪迪公司签订的保证金质押合同约定，该笔2670万元保证金系为浩晔公司与中国建设银行委托贷款合同项下的1.48亿元债务提供质押担保。从现有证据看其支出的目的也在于为浩晔公司贷款提供担保，而非恶意转移浩晔公司资产。

二、原审适用《中华人民共和国公司法》第二十条规定判令尚衡华松对浩晔公司债务承担连带责任适用法律错误。首先,依据《中华人民共和国公司法》第二十条第三款规定,公司股东滥用公司法人独立地位和股东有限责任,逃避债务,严重损害公司债权人利益的,应当对公司债务承担连带责任。本案中,尚衡华松对浩晔公司提供委托贷款之后,为了债权担保需要,尚衡华松受让了浩晔公司股权,其未参与浩晔公司实际运营。浩晔公司及原股东惠州美地为办理委托贷款抵押等需要向好运公司等支付款项,在此过程中并没有证据证明尚衡华松有滥用股东权利转移公司资产、逃避债务的行为。其次,从现有证据看,尚衡华松与浩晔公司、好运公司、宁甬公司、浙甬公司、一电科技、惠州美地、小马迪迪公司等均不存在人员、业务、财务等方面交叉或混同,尚衡华松作为股东亦不存在利用法人独立地位,向自身关联公司转移浩晔公司资产的行为,并未有严重损害其他债权人利益的行为。最后,法人人格独立是公司法的基本原则,人格否认制度构成要件的适用都应有损害公司的独立人格和股东的有限责任的情形。本案贷款未用于约定目的开发房地产,并非滥用股东有限责任的情形,不能作为否定法人人格的理由。

……